Was andere an diesem Buch begeistert

Alle gegenwärtige Forschung hat uns gezeigt, dass der wichtigste Faktor für langfristiges Lebensglück in guten nahen Beziehungen liegt, vor allem in Familien. Sie sind auch der wichtigste Schutzfaktor gegen seelische Belastungen.

Schwierige Phasen in Familienbeziehungen umzuwandeln in ermutigende gemeinsame Entwicklungen, ist eine der speziellen Gaben von David und Claudia Arp. Mit ihren über dreißig Jahren Erfahrung haben Sie großartige Lösungen für die besonderen Probleme entwickelt, denen Eltern und Kinder während der Teenagerkrise gegenüberstehen. Ich wünsche diesem ausgezeichneten Buch die Verbreitung, die es verdient.

Dr. Arne Hofmann
Facharzt für Psychotherapeutische und Innere Medizin,
Traumaexperte,
Träger des Verdienstkreuzes am Bande des Verdienstordens der Bundesrepublik Deutschland

Wie gelingt es, in der Teeniezeit eine gute Beziehung zu den Kindern zu halten und ihnen gute Wegbegleiter zu bleiben? In diesem Buch finden Eltern umsetzbare Antworten auf die großen Herausforderungen der Pubertätszeit: Umgang mit der digitalen Welt, Selbstwert, Gruppendruck, Gefühlschaos, Geschlechtsentwicklung, Werte und Überzeugungen.

Die Autoren sind Praktiker mit sozialwissenschaftlicher Kompetenz und reichlich eigener Erziehungserfahrung. Alle Inhalte sind wissenschaftlich abgesichert und mit zahlreichen Elterninterviews ergänzt.

Ein geniales Ratgeberbuch, das Eltern nicht nur hilft, Jugendliche zu verstehen, sondern ihnen eine Anleitung bietet, ihr pubertierendes Kind wertschätzend zu erziehen und auf dem Weg zum Erwachsenwerden liebevoll zu begleiten.

Susanne & Marcus Mockler
Paar- und Familientherapeutin
Journalist und Kommunikationstrainer
Eltern von acht Kindern

Ein köstlicher Ratgeber, der weder von idealen Eltern noch von idealen Teenagern ausgeht und durch Anschaulichkeit, Realitätsnähe und Fachkompetenz gekennzeichnet ist.

Friederike Klenk
Referentin, Seelsorgerin, Pädagogin und
Mutter von drei Kindern

Dieses Buch hilft Eltern, das mitunter stachelige Verhalten ihrer Teenager zu verstehen und liebevoll abzufedern. Es ist voller praktischer Tipps, wie man die Reise durch die Pubertät so gestalten kann, dass die Jugendlichen eines Tages als gefestigte Personen mit eigenen Werten und sozialer Kompetenz ins Erwachsenenleben treten können.

Gleichzeitig ist die Neuausgabe des Bestsellers ein Update, das sich aktuellen Herausforderungen wie dem Einfluss des Internets auf die junge Generation sowie der zunehmenden Zahl von Alleinerziehenden und Patchwork-Familien besonders annimmt – ein zeitgemäßer Blick auf die Welt, der den Autoren hervorragend gelungen ist.

Beate Zobel
Übersetzerin,
Mutter von drei Kindern

Claudia und David Arp

Und plötzlich sind sie 13

oder

Die Kunst, einen Kaktus zu umarmen
Reiseführer durch die Pubertät

Deutsch von Beate Zobel

BRUNNEN
Verlag GmbH · Giessen

Diese Publikation enthält Links zu Webseiten Dritter, auf deren Inhalte der Verlag keinen Einfluss hat. Es wird deshalb keine Haftung dafür übernommen.

Aus Gründen der besseren Lesbarkeit wird im Folgenden zumeist das generische Maskulinum verwendet, also z. B. von „dem Teenager" gesprochen. Bei konkreten Beispielen wechseln sich männliche und weibliche Bezeichnungen und Pronomen teilweise ab. Wo nur männliche Begriffe und Pronomen stehen, gelten diese im Sinne der Gleichbehandlung grundsätzlich für alle Menschen und beinhalten keine Wertung.

MIX
Papier | Fördert gute Waldnutzung
FSC® C014496

48. Auflage 2025

© 1996/2022 Brunnen Verlag GmbH, Gießen
Übersetzung, Beratung und Textbeiträge: Beate Zobel
Lektorat: Konstanze von der Pahlen, Brunnen Verlag
Umschlaggestaltung: Daniela Sprenger, Brunnen Verlag
Umschlagillustration: BONNINSTUDIO/Stocksy; Adobe Stock
Satz: Brunnen Verlag
Druck: GGP Media GmbH, Pößneck
Gedruckt in Deutschland
ISBN Buch 978-3-7655-3682-3
ISBN E-Book 978-3-7655-7652-2
www.brunnen-verlag.de

Für Beate Zobel,
unsere gute Freundin und Übersetzerin
Du bist eine echte Wortkünstlerin, ausgezeichnete Kritikerin, wertvolle Mitarbeiterin und unsere deutsche Stimme.

Danke auch an Linda, Manuel und Jonathan, die uns wichtige Einblicke in die Herausforderungen gewährt haben, denen Teenager in der heutigen digitalen Welt während der Kaktus-Zeit gegenüberstehen.

In großer Dankbarkeit,
Claudia und David Arp
August 2022

Inhalt

Vorwort

Einleitende Gedanken von Claudia und David Arp

Herzlich willkommen! Wir freuen uns, Ihnen die vollständig überarbeitete, aktualisierte und erweiterte Ausgabe von „Und plötzlich sind sie 13“ vorlegen zu können, Ihrem Reiseführer durch die Pubertät. Die Welt der Heranwachsenden hat sich in den dreizehn Jahren, seit wir dieses Buch zuletzt überarbeitet haben, sehr verändert.

Wir müssen uns bewusst machen, dass gerade die erste Generation heranwächst, die von klein auf mit dem Handy vertraut ist. Vor wenigen Jahren schleppten die Schüler noch schwere Ranzen voller Bücher, Hefte und Stifte. Heute ist der Rucksack leicht, oft werden nur noch Tablet und Handy gebraucht. In der letzten Ausgabe von „Und plötzlich sind sie 13“ haben wir den Eltern noch erklärt, was Facebook ist. Jetzt ist Facebook eher die Plattform der älteren Generation, WhatsApp, Twitter und YouTube werden generationsübergreifend genutzt, während die Jugendlichen sich gern bei Instagram, Snapchat, TikTok und Discord aufhalten. Bis Sie dieses Buch lesen, wird sich das vielleicht schon wieder verändert haben.

Wir möchten Sie mit der Welt der Teenager von heute vertraut machen. Lassen Sie sich auf diese abenteuerliche, nervenaufreibende, holprige, beglückende Reise durch die Pubertät ein. Sie können als Familie unbeschadet durch diese Zeit kommen – die Pubertät ist kein Krieg zwischen den

Generationen. In der Pubertät will man die Welt entdecken, ist leidenschaftlich und intensiv. Teenager brauchen den Abstand zu ihren Eltern und die Nähe zu Gleichaltrigen. Sie testen Grenzen aus, das ist normal. Aber machen Sie sich keine Sorgen. Es ist möglich, gute Beziehungen zu den Heranwachsenden zu führen und ihren Übergang von der Kindheit ins Erwachsenenleben bewusst zu gestalten. Dabei wollen wir Sie und Ihre Teenager unterstützen.

Während die Überarbeitung dieses Buches zum Abschluss kommt, ist – hoffentlich – auch das Ende der Corona-Pandemie in Sicht. Anstrengende Jahre liegen hinter uns. Manche Jugendlichen hatten mit depressiven Verstimmungen und Ängsten zu kämpfen, während andere die ruhige Zeit im Lockdown genießen konnten. Weder eine Pandemie noch sonstige Herausforderungen müssen immer nur negativ sein, auch nicht die Phase der Pubertät. Es können Jahre werden, in denen Sie auf besondere, neue Weise mit Ihren Teenagern verbunden sind. Wir wollen Sie dazu motivieren, die Beziehungen mit Ihren Kindern bewusst zu pflegen – eine Investition, von der Sie Ihr restliches Leben profitieren werden.

Hier das Feedback einer Mutter von drei Kindern, deren Reise durch die Pubertät sich gerade dem Ende zuneigt:

Wir sind aus dem Gröbsten raus – und damit meine ich nicht die Windelphase, sondern die Tatsache, dass bald auch mein jüngstes Kind volljährig sein wird. Da fällt mir wieder dieses Buch in die Hand. Ich hatte es damals gelesen, als die Pubertät noch wie eine bedrohliche Unbekannte vor uns aufragte. Danach vergaß ich es – dachte ich.

Nun stelle ich rückblickend fest, dass die Prinzipien, die ich in den letzten Jahren angewandt, anderen empfohlen und für meine eigenen Erkenntnisse gehalten habe, tatsächlich diesem Buch entstammen. Beziehung und Kommunikation, die beiden Werte, für die Claudia und David Arp sich mit höchster Priorität stark machen, waren zu den Leitplanken geworden, die meine Kinder und mich auf dem Weg gehalten haben, von ihrer Kindheit bis zur Volljährigkeit.

Wir haben miteinander Höhen und Tiefen erlebt, aber die Beziehung zueinander und die Kommunikation zwischen uns standen für mich immer an erster Stelle, manchmal auch unter Verzicht auf gesellschaftliche Normen und Erwartungen. Egal, was finanziell sinnvoll, gesund, logisch und für die spätere Laufbahn gut gewesen wäre – das Wichtigste war immer, dass die Kinder mir alles sagen können und sich in der Beziehung zu mir sicher fühlen.

Ich verdanke den Autoren dieses Buches das Glück, mit meinen erwachsen werdenden Kindern herzlich verbunden geblieben zu sein. Ihre kritische Offenheit in unseren Gesprächen hält mich jung.

Auf den folgenden Seiten teilen wir manche unserer eigenen Erfahrungen, dazu die Geschichten anderer Eltern von Teenagern. Sie waren bereit, ihre Gedanken und Erlebnisse einzubringen, natürlich mit geänderten Namen oder anonym. Wir lassen entwicklungspsychologische Fachleute zu Wort kommen und geben Einblicke in die neuere Gehirnforschung. Überall im Text haben wir unter der Überschrift „Was Experten sagen“ hilfreiche Einsichten eingestreut. All das soll dazu dienen, die Gründe für das Verhalten der Teenager nachvollziehbar zu machen.

Das Buch enthält viele Tipps, wie Sie eine gute Beziehung zu Ihrem Teenager aufbauen bzw. bewahren können. Am Ende jedes Kapitels finden Sie Ideen zum Gespräch. Solange Sie miteinander reden, können Sie auch Lösungen für die Probleme finden, die immer wieder auftauchen werden. Wir ermutigen Sie, dabei die Erwartungen an sich und Ihre Kinder nicht zu hoch zu setzen. Alle werden Fehler machen. Sie als Eltern werden mal zu streng, mal zu nachlässig sein. Es wird Missverständnisse und Meinungsverschiedenheiten geben, manchmal wird es so aussehen, als hinge die Beziehung zwischen Ihnen und Ihrem Teenager an einem seidenen Faden. Was dann? Im Gespräch bleiben, immer wieder neu den Kontakt suchen – dann wird Ihre gemeinsame Reise durch die Pubertät gelingen.

Und noch etwas: Versuchen Sie nicht, jeden Vorschlag dieses Buches umzusetzen! Es reicht völlig, wenn Sie sich ein paar Anregungen herauspicken, die zu Ihnen und Ihrer Familie passen.

Nun wünschen wir Ihnen eine entspannte Zeit mit diesem Buch und hoffen, dass die Reise für Sie und Ihre (angehenden) Teenager nicht nur herausfordernd, sondern auch erfüllend sein wird.

Alles Gute!
David und Claudia Arp

Kapitel eins

Vier Säulen einer stabilen Beziehung – Navigation durch die Pubertät

»Meine Eltern lieben mich überhaupt nicht. Ich kann kommen und gehen wie ich will. Selbst wenn ich die ganze Nacht wegbleibe, sagen sie nichts. Ich bin ihnen einfach egal.

Ein Sechzehnjähriger

Wer mit etwa dreizehn- bis sechzehnjährigen Teenies zu tun hat, kann sich nie sicher sein, was von einem erwartet wird. Reden oder schweigen, lachen oder weinen, Nähe oder Distanz? Manchmal wechseln die Stimmungen von Teenagern rasend schnell, wie das Auf und Ab einer Achterbahn, bei der man nie weiß, in welcher Richtung es nach der nächsten Kurve weitergeht. Hatten die Eltern mit ihrem Teenager gestern noch ein vernünftiges Gespräch auf Augenhöhe, kann er heute plötzlich uneinsichtig und verzweifelt sein wie ein Dreijähriger. Doch auch wenn Eltern sich dann manchmal an die Kleinkindzeit erinnert fühlen, ihre Teenager sind in einer ganz anderen Situation: Hormone wirken auf sie ein, sie müssen sich in der digitalen Welt behaupten und von den Erwachsenen trennen sie manchmal Welten.

Für Jugendliche in der Pubertät verliert die Familie an Bedeutung, während Freunde immer wichtiger werden. Gleichzeitig reagieren Teenager impulsiv, lassen sich unüberlegt auf Abenteuer ein, scheuen auch vor riskanten Unternehmungen nicht zurück und ignorieren die besorgten Einwände ihrer Eltern. Wenn die Erwachsenen im falschen Moment oder auf die falsche Weise die Nähe ihrer Kinder suchen, haben sie das Gefühl, einen Kaktus umarmen zu wollen. Das kann richtig wehtun. Kein Wunder, dass es vielen Eltern Angst macht, wenn sie bei ihren Kindern die ersten Anzeichen der Pubertät entdecken.

Wie begründet diese Angst manchmal sein kann, zeigt die folgende Geschichte.

„Den Sommer, als Simon dreizehn wurde, werde ich nie vergessen“, erzählte Kristin. „Alles fing ganz harmlos an. Die Kinder hatten Sommerferien und Simon, unser Ältester, wollte gern einige Zeit bei meinen Eltern verbringen. Als frischgebackener Teenager freute er sich auf eine Zeit ohne die kleinen Geschwister, außerdem konnte er auf dem Pferdehof der Großeltern mitarbeiten und ein bisschen Geld verdienen.

Simon arbeitete fleißig mit seinem Opa zusammen, sie reparierten Zäune und hielten die Ställe sauber. Gelegentlich mussten die Großeltern in die Stadt, um Besorgungen zu machen. Dann luden sie Simon ein, mitzukommen und vielleicht zusammen etwas essen zu gehen. Aber Simon sagte immer ab, er sei zu müde von der ungewohnten Arbeit, eine Begründung, die seine Großeltern natürlich akzeptierten.

Simon war wirklich müde, aber das war nicht der Grund, warum er allein im Haus seiner Großeltern bleiben wollte“, seufzte Kristin. „Meine Eltern hatten in diesem Sommer zwei neue Autos gekauft, einen kleinen, hellgrauen Opel und einen dunkelblauen BMW, der es unserem Jungen angetan hatte. Die Schlüssel hingen immer entweder am Schlüsselboard neben der Tür oder sie steckten im Zündschloss.“

Wir ahnten schon, in welche Richtung Kristins Geschichte weitergehen würde. Simon liebte Autos. Obwohl es bis zum

Führerschein noch Jahre dauern würde, bat er seine Eltern immer wieder, ihm das Autofahren beizubringen.

In diesen Augustwochen konnte Simon der Versuchung nicht widerstehen. Er beschloss, sich das Fahren selbst beizubringen. Immer wenn die Großeltern weg waren, setzte er sich ans Steuer des neuen BMW. In seiner ersten „Fahrstunde" beschränkte er sich auf die lange, asphaltierte Einfahrt zum Hof. Dann wagte er sich auf den Feldweg neben dem Haus, wo er unermüdlich Kurven fuhr und das Lenken übte. Als er sich sicher genug fühlte, lenkte er den Wagen auf die hügelige Landstraße, die zu dem Pferdehof führte.

Alles ging gut. Bis sich eines Tages ein Wolkenbruch über der Gegend entlud, während Simon Auto fuhr. Auf einem rutschigen Straßenabschnitt verlor er die Kontrolle, das Auto kam von der Fahrbahn ab, schlitterte über den Seitenstreifen, stieß mit dem Kotflügel gegen die Steinblöcke am Straßenrand, drehte sich um hundertachtzig Grad und krachte mit dem Heck erneut dagegen.

Am Abend erzählte ein blasser Simon seinen Großeltern, jemand hätte das Auto geklaut und damit einen Unfall gebaut. Gemeinsam gingen sie zur Unfallstelle und betrachteten den Schaden, doch die Großeltern nahmen Simon die Geschichte nicht ab. Irgendwann gab er alles zu, beschämt und voller Angst. Da sagte sein Opa: „Simon, eine Sache ist jetzt ganz wichtig. Du bist unser Enkelsohn. Oma und ich haben dich sehr lieb, ganz egal, was mit dem Auto ist. Wir sind froh, dass dir nichts passiert ist. Um alles andere sollen sich deine Eltern kümmern."

Ein paar Tage später, als Simons Eltern und Geschwister auf den Hof fuhren, fiel ihnen gleich auf, dass der neue BMW nicht an seinem Platz stand. Als Simon aus dem Haus trat, um sie zu begrüßen, kam sofort die Frage: „Sind Oma und Opa nicht da? Ihr Auto steht ja gar nicht im Hof." Simon versuchte zu lächeln. „Oma und Opa sind da, es ist alles in Ordnung. Den Rest erzähle ich euch später." Ralf und Kristin waren beunruhigt und versuchten, von den Großeltern zu erfahren, was los war, doch die verrieten nichts. Erst als seine Geschwister im Bett waren, erzählte Simon die ganze Geschichte.

In dieser Nacht schliefen Ralf und Kristin schlecht. Wie sollten sie sich jetzt verhalten? Was hatten sie bloß falsch gemacht? Hätten sie den Großeltern vorher sagen müssen, wie sehr Simon sich für Autos interessierte? Hätte man die Autoschlüssel verstecken müssen? Aber Simon war kein kleiner Junge mehr, vor dem man alles in Sicherheit bringen konnte, was ihm vielleicht gefährlich werden könnte. Schließlich versuchten sie, die Sache positiv zu sehen. Niemand war verletzt worden, niemand würde eine Strafanzeige stellen. Die Steinblöcke am Straßenrand waren bis auf ein paar Lackspuren, die sich entfernen ließen, unversehrt.

Aber natürlich konnten Ralf und Kristin die Angelegenheit nicht einfach auf sich beruhen lassen. Außerdem würden sie für die Reparatur aufkommen müssen, die Versicherung zahlte in diesem Fall nicht. Und – war diese Geschichte vielleicht nur ein Vorgeschmack auf die bevorstehenden Jahre der Pubertät?

Am nächsten Tag luden sie Simon zur Eisdiele ein, um in aller Ruhe mit ihm zu reden. Zunächst löffelten sie schweigend ihr Eis. Mit einem Seufzen begann Ralf schließlich: „Als du klein warst, konnten wir dich vor allem Bösen beschützen. Wenn du den anderen Kindern Sand auf den Kopf geschaufelt hast oder mit Steinen nach Autos werfen wolltest, dann haben wir dich davon abgehalten. Aber das ist jetzt eine andere Dimension. Stell dir mal vor, da wäre ein anderes Auto gekommen und es hätte Verletzte gegeben!"

„Oder auch ohne Gegenverkehr, du selbst hättest bei dieser

Aktion ernsthaft verletzt werden und für dein restliches Leben behindert sein können. Und ja, du hättest auch sterben können." Ralf schwieg und auch Simon starrte schweigend auf die Tischplatte. Als Simon gar nicht reagierte, sprach Kristin sanft, aber eindringlich weiter: „Simon, wir haben dich lieb, das weißt du. Aber wir müssen dir auch klar machen, welche Folgen dein Verhalten hätte haben können. Es wird noch viele Situationen geben, in denen du unbeobachtet sein wirst und Lust haben wirst, etwas Verbotenes zu tun. Du musst dir überlegen, nach welchen Regeln du leben willst. Letztlich wird das deine Entscheidung sein."

Sie saßen noch lange in der Eisdiele, während Ralf und Kristin mit ihrem Sohn über seine zunehmende Eigenverantwortung sprachen. Der Schreck von dem Unfall saß Simon noch in den Gliedern, er war offen für die Worte seiner Eltern und entschlossen, in Zukunft klügere Entscheidungen zu treffen.

Trotzdem musste auch eine Strafe sein und die Eltern überlegten sich, welche Konsequenzen sinnvoll wären. Doch an erster Stelle stand die Vergebung, die sie Simon ausdrücklich zusprachen. Sie wollten nicht zu lange bei dem verharren, was sich nicht mehr ändern ließ, sondern daraus gute Schlüsse ziehen und zuversichtlich weitergehen.

Als wir später mit Kristin über das Ereignis sprachen, meinte sie: „Wir glauben, dass Simon aus dieser Erfahrung einiges gelernt hat. Unser Ziel war nicht, dass er sich schlecht fühlte und der Vorfall ihn langfristig belastete. Er sollte keine Angst vor zukünftigen Fehlentscheidungen haben und sich auch nicht als Versager oder als Sorgenkind fühlen. Also beschlossen wir nach dem Gespräch in der Eisdiele, dass die Sache damit erledigt war, und es gab keine größeren Gespräche mehr."

„Wie habt ihr es geschafft, den Vorfall nicht mehr zu erwähnen?", fragte Claudia.

„Ich habe mir schon manchmal auf die Zunge gebissen", grinste Kristin. „Es war nicht so einfach. Aber wir wollten auf keinen Fall die Beziehung zu Simon beschädigen, also haben wir ihm ganz bewusst gezeigt, dass wir ihm auch in Zukunft vertrauen würden."

Können Sie mit dieser Geschichte etwas anfangen? Wenn Sie Kinder im entsprechenden Alter haben, fällt es Ihnen wahrscheinlich nicht schwer, sich in Simons Eltern hineinzuversetzen. Solche Dinge passieren immer wieder. Nicht jedes Mal ist am Ende das Auto kaputt, aber die meisten Familien haben ihre eigene Version der BMW-Geschichte. Doch auch Eltern, denen solche Erfahrungen bisher erspart geblieben sind, machen sich Sorgen um ihre Teenager. Die Jahre der Pubertät können einem Angst machen. Jugendliche sind oft risikofreudig und überlegen nicht lange, bevor sie etwas tun. Die Sorgen, die das bei den Eltern auslöst, sind berechtigt; Statistiken über die Sterblichkeitsrate bei Jugendlichen belegen das.[1]

Aber die Veränderungen in der Pubertät bringen nicht nur Risiken, sondern auch Chancen mit sich. Mit ein bisschen Unterstützung können die Jugendlichen ihre Abenteuer genießen und gleichzeitig Gefahren vermeiden. Doch das geht nur, wenn Eltern und Kinder gemeinsam unterwegs sind. Sie müssen Kontakt halten und miteinander reden, dann kann die Reise durch die Pubertät zu einer positiven Erfahrung für alle Beteiligten werden.

Was Experten sagen

Das größte Ziel darf nicht sein, die Pubertät einfach nur zu überleben. Stattdessen sollen Jugendliche in dieser Zeit aufblühen dürfen. Es gehört zu ihrem Wesen, Grenzen zu testen und Neues auszuprobieren. Dabei wird ihr Charakter heranreifen und sie können zu Erwachsenen werden, die ein erfülltes Leben führen.[2]

In Verbindung bleiben

Als unsere Kinder auf die Pubertät zugingen, haben wir bewusst geschaut, wie andere Familien es schaffen, entspannt und gut gelaunt durch diese Jahre zu gehen. Was war deren Geheimnis? Gab es bestimmte Prinzipien, die manche Familien für sich entdeckt hatten? Wir hielten auch nach Psychotherapeuten Ausschau, die selbst Eltern waren und deren Kinder gut durch die scheinbar so schwierigen Jahre gekommen waren. Von allen Seiten bekamen wir viele gute Ratschläge, die sich letztlich auf zwei Punkte reduzieren ließen:

- miteinander im Gespräch bleiben
- eine gute Beziehung zueinander pflegen

Diese beiden einfachen Tipps wurden für uns und unsere Jungen extrem hilfreich; deshalb geben wir sie gern an alle weiter, die diesen Lebensabschnitt noch vor sich haben – oder schon mittendrin stecken.

Der Weg durch die Pubertät

Jetzt ist der richtige Zeitpunkt, um zu entscheiden, wie Sie Ihr Kind durch die Pubertät begleiten wollen, nicht erst, wenn Ihr Teenager schon mit dem BMW gegen die Mauer gefahren ist oder sich mitten in einer emotionalen Krise befindet. Sie brauchen einen Plan, wie Sie die kommenden Jahre meistern wollen. Dafür werden wir Ihnen aber kein Regelwerk vorlegen, an das Sie und Ihre Kinder sich halten müssen, sondern wir wollen einige Grundsätze aufzeigen, die Ihnen helfen werden, nicht vom Weg abzukommen.

Stellen Sie sich das Ganze wie ein Navigationsgerät vor, das Ihren aktuellen Standort markiert und die Route anzeigt, die

Sie zum Ziel führen wird. Wir wollen Ihnen Tipps geben, wie Sie eine gute Beziehung mit Ihrem Teenager führen können, während seine Selbstständigkeit und Unabhängigkeit immer weiter zunehmen.

Die Vorstellung, dass ihr Teenager eines Tages das Nest verlassen wird, ist für Eltern oft beängstigend – aber der Moment wird kommen, egal, ob ihr Kind dann darauf vorbereitet sein wird oder nicht. Mit einer stabilen, vertrauensvollen Beziehung können Sie Ihm helfen, die Höhen und Tiefen der Pubertät gut zu überstehen und sich auf das Erwachsenenleben vorzubereiten.

Das Navigationsgerät, das wir Ihnen an die Hand geben, hat vier Funktionen: Schritt halten, Verantwortung übertragen, Beziehung bauen und locker bleiben. Wir haben jedem dieser vier Bereiche einen Teil des Buches gewidmet.

1. Schritt halten – Stimmt die Beziehung zu Ihrem Teenager?

Immer wenn wir dachten, jetzt verstehen wir unsere Kinder, hatten sie sich schon wieder verändert. Hatten wir endlich die Antwort auf eine Herausforderung gefunden, dann tauchte eine andere auf. Ständig mussten wir uns anpassen, weil immer neue Anforderungen an uns gestellt wurden.

Um mit der Entwicklung ihrer Kinder Schritt zu halten, müssen Eltern ihr Verhalten laufend ändern.

Diese Veränderung ist nötig, damit wir dieselben bleiben – so paradox das auch klingen mag. Wir haben unsere Kinder im Kindergartenalter genauso lieb wie davor, als sie noch Krabbelkinder waren. Doch unsere Liebe drückt sich anders aus. Dieser Prozess der Anpassung findet ständig und unmerklich statt. Oft erkennen wir erst im Rückblick, wie sehr sich unser Verhalten im Laufe der Jahre verändert hat.

Das gilt natürlich ganz besonders dann, wenn Kinder in

die Pubertät eintreten. Um ihnen gegenüber gleichermaßen liebevoll und verlässlich zu bleiben, müssen die Eltern sich im Gleichschritt mit ihren Kindern entwickeln. Egal ob Eltern zu lange in alten Mustern verharren oder zu schnell davon ausgehen, ihre Kinder seien jetzt groß, in beiden Fällen leiden die Beziehungen.

Eltern müssen immer wieder eine Bestandsaufnahme machen und sich selbst, ihre Kinder und die familiären Beziehungen begutachten. Dazu gehört die Frage, wohin man möchte und was man tun muss, um gemeinsam dort hinzukommen. Machen Sie sich bewusst, dass Ihre Rolle sich während der Pubertät Ihrer Kinder ständig verändern wird.

2. Verantwortung übertragen – Hilfestellung für Teenager

Wie schnell oder langsam sollen Teenager in die Eigenverantwortung entlassen werden? Ihr Drang nach Selbstständigkeit ist gut und richtig, aber nicht jede Freiheit ist altersgerecht.

Die Aufgabe der Eltern ist es, den Kindern immer mehr Verantwortung zu übertragen, aber in der jeweils angemessenen Dosierung.

» Unsere Probleme begannen damit, dass ich unserem Dreizehnjährigen nicht erklärt hatte, was mein Ziel war. Eigentlich hätte ich ihm gern gezeigt, wie man weise Entscheidungen trifft und ein verantwortungsbewusster Erwachsener wird. Doch er dachte immer, ich wolle ihn nur kontrollieren.

Ein Vater

Für die Gratwanderung zwischen Helfen und Kontrollieren haben wir als Familie zwei Instrumente gefunden, die uns und unseren Kindern sehr geholfen haben.

Das Erste könnte man als ein „Übergangsritual“ bezeichnen, dem wir den Namen „TeenPrep-Projekt“ gegeben haben. Dabei steht „Prep“ für „preparation“, also Vorbereitung – ein Konzept, das in den Monaten vor dem dreizehnten Geburtstag zum Einsatz kommt und das Kind auf den Beginn der Pubertät vorbereiten soll.

Das zweite Instrument haben wir „Jahresbox“ genannt. Das ist ein Plan, wonach ein Teenager von Jahr zu Jahr mehr Freiheiten und mehr Verantwortung erhält, bis er dann mit dem achtzehnten Geburtstag in die vollständige Selbstverantwortung eintreten wird.

Beide Instrumente halfen uns, in Kontakt mit unseren Kindern zu bleiben, während wir sie schrittweise losließen. Dabei lief nicht alles glatt und wir gingen mit unseren drei Jungen auch durch herausfordernde Phasen. Aber wir haben mittlerweile von Tausenden von Eltern gehört, dass ihnen „TeenPrep“ und die „Jahresbox“ geholfen haben, ihre Teenager auf dem Weg durch die Pubertät altersgerecht zu begleiten.

Den Kindern Verantwortung zu übertragen, heißt auch, ihnen zu vertrauen und ihre Fehlentscheidungen auszuhalten, statt falsche Wege zu verhindern. Nachdem man jahrelang für Schutz und Sicherheit der Kleinen gesorgt hat, ist es für viele Eltern von Jugendlichen schwer, damit aufzuhören. Ein Freund von uns hat das so ausgedrückt: „Es ist nicht die Aufgabe der Eltern, den Kindern die Taschen zu tragen. Das können die Kinder selbst, es ist ihre Verantwortung.“

Wenn Eltern ihre Kinder jedoch als einen Teil von sich selbst wahrnehmen, können die Kinder sich nicht altersgerecht entwickeln.

Was Experten sagen

„Mein Kind ist nicht mein Arm“ ist ein gedanklicher Ansatz, der helfen will, sich eine zu enge Bindung bewusst zu machen. Eltern und Kinder, die sich jeweils als eigenständige Personen sehen, können einander auch Fehler zugestehen und damit Entwicklung zulassen.[3]

Meine Teenager erinnern mich immer wieder daran, wenn ich mich zu sehr in ihr Leben einmische. „Mama, denk dran, ich bin nicht dein Arm!“, ist bei uns zu einem geflügelten Wort geworden. Es bedeutet, sie wollen Verantwortung für ihr eigenes Leben übernehmen und Entscheidungen treffen und werden dabei auch negative Konsequenzen erleben und verletzt werden. Ich versuche, meinen Teil gut zu machen, aber sie sind verantwortlich für ihren Teil. Wenn bei ihnen etwas schiefgeht, ist das ihr Problem, ihr Arm wird schmerzen, nicht meiner.

Eine Mutter

Wichtig ist, dass Eltern sich immer wieder selbst fragen, ob es ihnen in einer bestimmten Situation um das Wohl des Kindes oder um ihr eigenes Wohlbefinden geht. Wird der Erfolg der Eltern nicht durch das Verhalten ihrer Teenager definiert, dann können die Eltern es riskieren, den Kindern immer mehr Eigenverantwortung zu übertragen.

3. Beziehung bauen – Hindernisse ausräumen

Haben wir das Navi eingeschaltet, ist das Ziel festgelegt und wird die Route durch die Pubertät angezeigt? Dann müssen wir noch herausfinden, wo Staus und Baustellen auf der Strecke lauern. Bei welchen Stichworten bricht unsere Kommunikation regelmäßig zusammen? Welche Themen sorgen immer für Spannungen? Geht es um den Umgang mit dem Handy und den sozialen Medien? Um Haare, Make-up und Outfits, den Zustand des eigenen Zimmers, Hausaufgaben und die Mithilfe im Haushalt? Es gibt unendlich viele potenziell schwierige Themen.

Manche Dinge müssen Eltern durchsetzen, weil sie sonst gegen das Gesetz verstoßen oder ihr Kind sich in ernsthafte Gefahr begeben würde. Andere Dinge entsprechen vielleicht nicht dem, was Eltern sich wünschen; aber um der guten Beziehung willen ist es besser, ein Auge zuzudrücken. Doch was ist was?

Ist es entscheidend, wie mein Kind sich anzieht, welche Musik es hört, ob seine Haare pink oder abrasiert sind, ob es plötzlich ein Tattoo hat und wo es sich Piercings stechen lässt? Oder sind eine vernünftige Einstellung und gute Werte vielleicht wichtiger? Kann das Kind negativen Einflüssen widerstehen? Hat es eine klare Haltung in Bezug auf Alkohol und Drogen? Kann ich davon ausgehen, dass mein Teenager sich nicht in sexuelle Abenteuer stürzt?

Es gibt wirklich wichtige Themen, auf die wir auch in diesem Buch eingehen werden, wie Mobbing und Cybermobbing, Pornografie und der Einfluss der sozialen Medien. Die junge Generation wächst mit dem allzeit verfügbaren Internet auf, sie sind Digital Natives, deren Identität sich unter völlig anderen Bedingungen entwickelt als die ihrer Eltern.

Wir wollen dazu beitragen, dass Sie klar definieren können, was in Ihrer Familie wichtig ist und was nicht. Das wird Ihren Umgang mit den Teenagern entspannen. Sie werden dann mit Ihrem Reden und Tun dazu beitragen, dass Ihre Kinder die wichtigen Werte übernehmen.

Natürlich ist das nur Theorie. In der Praxis wird vieles schiefgehen, Sie selbst und Ihre Kinder werden Fehler machen. Dann kommt es darauf an, trotzdem weiter miteinander zu reden und den entstandenen Schaden soweit möglich zu beheben. Auch wenn Sie sich gelegentlich sehr verrannt haben: Es ist immer möglich innezuhalten, eine Kurskorrektur vorzunehmen und die Beziehung wiederherzustellen.

4. Locker bleiben – akzeptieren, was man nicht ändern kann

Als unsere Kinder noch Teenager waren, dachten wir oft an diesen berühmten Satz: „Gott gebe mir die Kraft, Dinge zu ändern, die ich ändern kann, die Gelassenheit, Dinge hinzunehmen, die ich nicht ändern kann und die Weisheit, das eine von dem anderen zu unterscheiden.“[4]

Es ist nicht einfach, locker zu bleiben, wenn man sich für Dinge verantwortlich fühlt, die man nicht beeinflussen kann.

Je länger wir über diesen Satz nachdenken, desto mehr Dinge werden uns einfallen, die außerhalb unserer Kontrolle liegen. Dieses Thema wird uns hier in diesem Buch noch öfter beschäftigen. Wir müssen lernen, klar zu unterscheiden zwischen dem, was wir beeinflussen können, und allem anderen, was wir akzeptieren müssen, weil es nicht in unsere Zuständigkeit fällt.

Locker bleiben? Gemeinsam geht es besser!

Vielleicht möchten Sie sich mit anderen Eltern zusammentun und gemeinsam dieses Buch lesen? Es kann sehr ermutigend sein, sich mit anderen Teenager-Eltern auszutauschen. Wir haben im Laufe der Jahre viele solcher Gruppen ins Leben gerufen und immer wieder beobachtet, wie sehr die Teilnehmer davon profitiert haben. Allein die Tatsache, dass andere Familien Ähnliches erleben wie man selbst, kann schon sehr entlastend sein.

Einmal ging es in einem dieser Treffen darum, dass Teenager schrecklich vergesslich sein können. Fordert man sie auf, vier Dinge zu machen, erledigen sie oft nur eines und vergessen den Rest. Wir sprachen darüber, dass dies mit der Gehirnentwicklung der Teenager zu tun hat, die vorübergehend fast nicht fähig sind, klar zu denken. Man muss sich ihr Gehirn wie eine große Baustelle vorstellen.

Als wir uns das nächste Mal trafen, erzählte eine Mutter:

Ich hatte mich oft über meine Tochter geärgert, weil ich dachte, ihre Vergesslichkeit sei nur eine Ausrede, wenn sie keine Lust hatte, das zu tun, was ich wollte. Plötzlich tat es mir richtig leid, wie oft ich deshalb mit ihr geschimpft hatte. Ich erzählte ihr, was ich über die Gehirnentwicklung gelernt hatte, und entschuldigte mich bei ihr. Davor hatten wir schon länger nicht mehr vernünftig miteinander reden können. Doch an diesem Abend waren wir ganz offen, wir weinten zusammen und viele Gefühle kamen hoch.

Zum guten Schluss

Funktioniert das wirklich? Wir können es Ihnen nicht versprechen. Ein Buch allein kann keine Wunder tun. Aber wir glauben, dass Sie als ganze Familie besser durch die Zeit der Pubertät kommen, wenn Sie so viel wie irgend möglich in die Beziehung investieren und dem Gespräch miteinander die höchste Priorität geben – gerade auch in den konfliktreichen Phasen. Dazu wollen wir Sie ermutigen und das Buch soll Ihnen helfen, den Kontakt zu Ihren Teenagern zu halten. Vielleicht werden Sie dabei sogar herausfinden, dass man einen Kaktus umarmen kann.

Miteinander reden

Es ist eine Sache, dem Teenager gute Fragen zu stellen, aus denen ein Gespräch entstehen kann (zum Beispiel: „Wie geht es dir eigentlich so als Teenie? Was findest du dabei besonders schwer? Gibt es auch Sachen, die du an deinem Alter gerade richtig cool findest?“).

Eine andere Sache ist es, den richtigen Moment dafür zu finden. Teenager haben nicht immer Lust zum Reden. Verschwenden Sie Ihre gut überlegten Fragen nicht in Momenten, in denen Sie nicht viel mehr als ein „Ok“ oder „Alles gut“ erwarten können.

Wir werden später im Buch noch ausführlich darauf eingehen. Hier schon einmal ein paar Hinweise, die uns eine Mutter schrieb:

» Ich habe die Erfahrung gemacht, dass ich meine Teenager nicht zu einem Gespräch zwingen kann, sie müssen in der richtigen Stimmung sein. Also versuche ich, Redestimmung herzustellen.

Essen hilft fast immer.

Oder ich lasse mir das erklären, was sie gern tun (Computerspiele).

Manchmal lasse ich mir von ihnen am Handy Musik, Sportarten, lustige Memes[5] oder Bilder von Freunden zeigen. Das präge ich mir ein, um später wieder darauf Bezug nehmen zu können.

Was immer geht: Ich hole sie mit dem Auto irgendwo ab und frage, wie es war.

Manchmal bitte ich sie, mir in der Küche, am Computer oder im Garten zu helfen. Dabei fangen sie manchmal an zu reden.

Oder wir gehen zusammen shoppen, unterwegs essen wir etwas (es darf dann auch mal ungesund sein) und kommen ins Gespräch.

Teil eins

Schritt halten
Stimmt die Beziehung zu Ihrem Teenager?

Kapitel zwei

Kann man Teenager verstehen?

» Was ist nur mit meiner Tochter los? Seit sie zwölf geworden ist, kommt sie mir vor wie ein Vulkan, der jederzeit ausbrechen kann. Dabei hatten wir immer eine herzliche Beziehung zueinander.

Eine Mutter

» Als unser Sohn vierzehn war, haben wir uns super verstanden. Aber seit er fünfzehn ist, geht gar nichts mehr. Es ist, als würde er sich rückwärts entwickeln.

Ein Vater

Eine andere Mutter berichtet:

» Meine Jüngste versicherte mir noch vor einem Jahr, dass sie auf keinen Fall so aufsässig werden wollte wie ihre älteren Geschwister. Damals war sie zwölf. Ich freute mich: „Das ist aber schön – und wenn du dann später trotzdem mal nicht gut drauf sein solltest, ist das auch nicht so schlimm."

Inzwischen ist sie dreizehn und ja, sie ist in letzter Zeit vergesslich und ziemlich vorlaut geworden. Doch sobald es ihr auffällt, entschuldigt sie sich sofort. Ich kann direkt sehen, wie sich die Rädchen in ihrem Kopf drehen, wenn sie bemerkt, dass sie sich nun doch so verhält, wie sie es nie wollte. Die Arme! Dann drücke ich sie ganz fest und sage ihr, wie lieb ich sie habe. Es ist ja auch wirklich nicht leicht, dieses Alter!

Dabei mache ich mir immer wieder bewusst, was ich eigentlich will. Ich wünsche mir, dass meine Kinder zu gefestigten Persönlichkeiten heranreifen, die sich ihrer Fähigkeiten und Grenzen bewusst sind und auch die Stärken und Schwächen anderer Menschen im Blick haben. Sie sollen Erwachsene werden, die anderen gegenüber freundlich und hilfsbereit sind.

Vielleicht geht es Ihnen so ähnlich wie dieser Mutter. Diese Zeit des Übergangs kann sowohl für die Eltern als auch für den frischgebackenen Teenager eine Herausforderung sein. Als Eltern wollen wir unserem Kind, das „plötzlich 13" ist, dabei helfen, sich zu einem stabilen, ausgewogenen Teenager zu entwickeln. Fragt sich bloß, wie.

Man weiß heute, dass während der stacheligen Kaktusjahre viel passiert, körperlich, emotional, auch im Gehirn. Darauf wollen wir in diesem Kapitel eingehen und die Entwicklung, die bis weit in die Zwanzigerjahre hineinreichen kann, in verschiedene Stufen unterteilen. Dann werden wir vier exemplarische Teenager skizzieren, die Ihnen helfen sollen, Ihre eigenen Kinder zu verstehen. Auch verschiedene Elterntypen werden wir uns anschauen und feststellen, dass auch Sie an sich arbeiten können, damit das Familienleben harmonischer wird.

Phasen der Pubertät

Bei allen Veränderungen, die Ihr Kind durchlaufen wird, ist es hilfreich, im Voraus die Abfolge der fünf typischen Phasen der Pubertät zu kennen. Wobei individuelle Unterschiede natürlich erheblich sind und es hier nur um die Grundzüge der Entwicklung gehen kann. Letztlich wird jeder Teenager sein eigenes Tempo vorlegen, das von vielen Faktoren beeinflusst wird und in kein Schema passt.

1. Die Vorpubertät, 8 bis 10 Jahre

Eine für Eltern und Kinder meist ruhige und angenehme Zeit. Der Hormonspiegel steigt bei manchen Mädchen bereits an, was sich in einem Wachstumsschub zeigt. Bei den Jungen tut sich da noch nichts. Die Kinder lernen, logisch zu denken, sind vielseitig interessiert und hören meist gern auf ihre Eltern. Eine Phase, die man einfach nur genießen kann!

2. Die Präadoleszenz, 10 bis 12 Jahre

Die Hormonpegel steigen nun bei Jungen und Mädchen, mit vielfältigen Auswirkungen. Manche Eltern haben das Gefühl, ihre Kinder würden sich über Nacht verändern. Bei anderen vollziehen sich die Prozesse allmählicher. Es gibt große Unterschiede zwischen den Geschlechtern und auch von Kind zu Kind. Manche Mädchen sind an ihrem 13. Geburtstag schon ausgewachsen, während manche Jungen im selben Alter noch wie Grundschüler wirken.

3. Die Frühadoleszenz, 12 bis 14 Jahre

Jetzt spielen die Hormone verrückt. Mädchen denken viel über ihr Aussehen nach und können launisch und extrem verletzlich werden, manche Jungen ebenfalls. Im Schnitt wachsen die Jungen jetzt zehn Zentimeter pro Jahr. Die Meinung der Gleichaltrigen wird immer wichtiger, während Eltern, Lehrer und andere Autoritätspersonen hinterfragt werden.

4. Die mittlere Adoleszenz, 14 bis 18 Jahre

Die meisten Teenager erreichen jetzt ihre endgültige Größe, aber einige Jungen wachsen auch noch, wenn sie schon über zwanzig sind. In diesen Jahren fällt es den Teenagern oft schwer, Autoritäten zu akzeptieren, und sie drehen sich im Wesentlichen um sich selbst. Die Gleichaltrigen spielen weiterhin eine sehr wichtige Rolle.

Im Gehirn der Jugendlichen passiert rund um das 14. Lebensjahr besonders viel. Die Teenager können inzwischen etwas rationaler denken, handeln aber oft noch nicht rational. Das hängt mit ihrer Gehirnentwicklung zusammen. Das erwachsene Gehirn verarbeitet Gefühle in den Frontallappen, wo auch die Impulskontrolle erfolgt (erst denken, dann handeln). Bei Jugendlichen findet die Verarbeitung der Emotionen in der Amygdala statt, einer Gehirnregion, die für das impulsive Handeln zuständig ist (erst handeln, dann denken).

In dieser Phase agieren die Jugendlichen oft unüberlegt, was für Eltern manchmal schwer zu ertragen ist.

5. Die Spätadoleszenz oder der Übergang ins Erwachsenenalter, 18 bis 25 Jahre

Offiziell gelten Jugendliche mit achtzehn Jahren als Erwachsene und sehen auch so aus, sind aber oft noch nicht auf das Erwachsensein vorbereitet. Sie möchten ihre eigenen Entscheidungen treffen, brauchen aber teilweise noch Unterstützung. Während einige Achtzehnjährige recht gut zurechtkommen, dauert die Entwicklung des Gehirns bei manchen bis in die Mitte der Zwanzigerjahre. Doch eines Tages werden alle Eltern feststellen, dass sich ihr ehemals verrückter Teenager in einen „normalen“, vernünftigen Erwachsenen verwandelt hat.

Was Experten sagen

Die Gefühlslage der Jugendlichen in der Pubertät kann stark schwanken – Stolz, Scham, Angst und andere Gefühle wechseln sich ab. Die zahlreichen unangenehmen Erlebnisse in dieser Zeit tief greifender Veränderungen können leichter verarbeitet werden, wenn die Beziehungen zu den Eltern und Lehrern, zu anderen Erwachsenen und zu Gleichaltrigen verlässlich und aufrichtig sind. Jugendliche, deren Selbstbewusstsein gestärkt wird und die angemessene Unterstützung erfahren, werden die schwierigen Wegabschnitte besser meistern.

Auch wenn alle Jugendlichen diese Entwicklungsphasen durchlaufen, gibt es doch sehr große individuelle Unterschiede. Wir selbst haben uns oft gefragt, wie es möglich ist, dass leibliche Geschwister, die unter denselben Bedingungen aufwachsen, sich so unterschiedlich entwickeln können. Einer unserer Söhne war so ein Organisationstalent, dass er nicht nur sein eigenes Leben perfekt im Griff hatte, sondern auch gleich noch gut durchdachte Pläne für alle anderen aufstellte. Dagegen sah einer seiner Brüder das ganze Leben so entspannt, dass wir phasenweise schon froh waren, wenn er es schaffte, morgens aus dem Bett zu kommen. Wir haben beide nach denselben Prinzipien erzogen, aber sie waren grundverschiedene Typen.

Vier verschiedene Teenager

Während wir unsere Kinder und auch deren Freunde beobachteten, stellten wir fest, dass manche Eigenschaften und Verhaltensweisen immer wieder in ähnlicher Kombination auftraten. So entstand unsere Systematik der vier Typen von Teenagern – von denen drei zu unserer Familie gehörten. Vielleicht kommt ihnen die eine oder andere Schilderung auch bekannt vor?

Diese Systematik soll uns davor bewahren, unrealistische Erwartungen an die Jugendlichen zu richten, und will helfen, die Schattenseiten einzuordnen. Zuerst werden wir zwei extravertierte Jugendliche vorstellen, dann zwei, die eher introvertiert sind. Natürlich sind das nur exemplarische Schilderungen, wahrscheinlich wird Ihr Kind eine Kombination aus den beschriebenen Eigenschaften aufweisen.

1. Die Energiebündel

Mein Sohn ist voller Energie und meistens gut drauf. Sein Handy ist fast immer im Einsatz. Wenn er mit seinen Freunden nicht online in Verbindung ist, hängt er mit ihnen ab. Manchmal lässt er sich auch zu riskantem Verhalten verleiten. Meistens ist er gutmütig und freundlich, aber oft ist er zu spontan und handelt ohne nachzudenken.

Eine Mutter

Sara

Sara ist fünfzehn und immer unterwegs. Zu Hause ist sie nur zum Essen und Schlafen, ihr Leben spielt sich überall dort ab, wo ihre Freunde sind. Sie ist der Mittelpunkt jeder Party, immer gut drauf und voller Elan. Für ihre Freunde würde sie alles tun. Sie hat auch immer Lust, neue Leute kennenzulernen, persönlich oder online. Wenn irgendwo etwas los ist, dann ist Sara mittendrin. Von Gleichaltrigen lässt sie sich stark beeinflussen.

Zu Hause mischt sie mit ihrer fröhlichen Art die ganze Familie auf, was ihre Eltern und Geschwister manchmal auch stressig finden. Sara hat nichts gegen ihre Familien einzuwenden, aber die Freunde sind ihr viel wichtiger. Einen Abend allein zu verbringen, käme ihr wie eine Strafe vor.

Die sozialen Medien sind ein wichtiger Teil von Saras Leben. Sie freut sich riesig über Likes, aber wenn unter ihren Posts negative Kommentare stehen, dann ärgert sie das sehr.

Sie weiß, worauf es beim Posen ankommt, und macht tolle Selfies, die sie gern ins Netz stellt – auch solche, die sie besser nur ihren Freundinnen geschickt hätte. Die Gefahr, dass sie Verhaltensweisen wie Sexting und Vaping entwickelt, ist groß.

Sara will grundsätzlich das Richtige tun und startet immer wieder Aktionen, die wirklich gut sind. Nur leider hält sie nie lange durch und hinterlässt viele angefangene Projekte – während sie sich immer wieder voller Begeisterung auf neue Themen stürzt. Gleichzeitig versucht sie, in der Schule mitzukommen. Ihre Lehrer sind im Großen und Ganzen auch zufrieden mit ihr, wobei alle überzeugt sind, dass Sara viel besser sein könnte, wenn sie sich mehr anstrengen würde.

2. Die Verantwortungsträger

» Meine Tochter war schon immer sehr verantwortungsbewusst. Sie wollte die Dinge im Griff haben – auch das Verhalten anderer Menschen, besonders das ihrer jüngeren Schwester. Außerdem ist sie ziemlich ungeduldig und kann extrem sarkastisch sein. Da ich selbst auch gern den Ton angebe, geraten wir oft aneinander.

Eine Mutter

Mark

Mark ist ein organisatorisches Naturtalent, in Krisenmomenten bringt er sich super ein. Er ist der geborene Anführer. Man merkt sofort, wenn er den Raum betritt, sein Selbstvertrauen würde für die ganze Familie ausreichen. Anders als bei Sara ist ihm die Meinung anderer egal. Ohnehin machen alle, was er sagt, und er kann sie zum Guten motivieren – oder auch zu weniger Gutem. Mark ist risikofreudig und überlegt oft nicht, welche Konsequenzen sein Tun haben wird. Noch mehr als andere Jugendlichen liebt er Abenteuer und probiert gern Neues aus.

Wie auch andere willensstarke, begeisterungsfähige Jugendliche ist Mark dominant, dabei auch sehr selbstzentriert. Geduld und Mitgefühl fehlen ihm oft. Die Lehrer loben ihn für seine schnelle Auffassungsgabe, könnten aber gut und gern auf seinen beißenden Sarkasmus verzichten.

Auch in den sozialen Medien bezieht Mark überall Stellung und spart nicht mit kritischen Kommentaren. Keine Frage: Er hat das Potenzial, Verantwortung zu übernehmen und in der Welt etwas zu bewegen – fragt sich nur, in welche Richtung.

3. Die Ruhigen

Unsere Tochter war ein ruhiges Baby, ein fröhliches Kleinkind und ein folgsames Schulkind. Sie hat nur ein paar Freunde, aber die mögen sie wirklich und verstehen ihren Sinn für trockenen Humor. Wir sind froh, dass sie so unkompliziert ist, und wenn sie nicht gerade am Handy ist, dann kommt man wirklich gut mit ihr klar. Nur die Hausaufgaben werden zunehmend zum Problem, es wird immer schwieriger, sie zum Lernen zu motivieren.

Eltern

Tino

Tino ist eher introvertiert und immer froh, wenn man ihn in Ruhe lässt. Man könnte meinen, die Gaming Industrie sei nur seinetwegen entwickelt worden und soziale Bindung besteht für ihn darin, stundenlang online mit seinen Freunden zu spielen.

Die anderen schätzen an Tino seine unkomplizierte und ruhige Art. Es muss schon viel passieren, dass er sich über etwas aufregt. Aber wenn er wütend wird, dann kann er extrem ausrasten, und alle fürchten sich vor ihm. Auch ihm selbst machen diese krassen Gefühle, die er neuerdings manchmal hat, Angst.

Tino ist beliebt unter seinen Altersgenossen, er ist ein guter Zuhörer und alle feiern seinen trockenen Humor, wobei er viel ruhiger ist als Sara und Mark. Doch Tino kann auch ziemlich dickköpfig sein. Leider hat er zusätzlich einen Hang zu allem, was süchtig macht. Dabei bleibt er so unauffällig und freundlich, dass sein Umfeld lange Zeit gar nichts bemerkt. Manche dieser ruhig veranlagten Jugendlichen werden zu Mobbingopfern, wenn sie besonders schüchtern sind und kaum Freunde haben.

Das größte Problem für Tino ist, dass er sich nur schwer zu etwas aufraffen kann. Es ist ihm einfach nicht wichtig, welche Noten er in der Schule schreibt. „Tino ist ein sehr angenehmer Schüler", sagen die Lehrer im Gespräch mit den Eltern, „aber vielleicht könnten Sie uns sagen, wie wir ihn dazu bringen können, sich ein bisschen mehr anzustrengen?" Doch wenn es irgendwann „klick" macht und Tino Lust hat, sich in eine Aufgabe hineinzuknien, dann staunen alle, mit welcher Ausdauer und Hingabe er sich investieren kann.

4. Die Ernsthaften

Unser Sohn war schon immer sehr emotional, aber auch verantwortungsbewusst. Es kann Spaß machen, mit ihm zusammen zu sein, aber wenn man sich mit ihm anlegt, muss man aufpassen! Er braucht lange, um Verletzungen zu verzeihen. Gleichzeitig ist er sehr mitfühlend und er kann ein echter Freund sein, der erbittert gegen Ungerechtigkeit kämpft und gerne anderen hilft.

Eltern

Lisa

Bei Lisa fällt zuerst ihre Gewissenhaftigkeit auf. Sie ist nach außen ruhig, aber ihr Gefühlsleben gleicht einer Achterbahn, sie schwankt zwischen Highs und Downs. Doch anders als Sara, die ihre Gefühle offen zeigt, verbirgt Lisa eher, wie es ihr wirklich geht. Genau wie alle anderen muss auch sie mit den Prozessen in ihrem Gehirn klarkommen, die ihr intensive Gefühle bescheren und den Wunsch nach innigen Beziehungen zu Gleichaltrigen wecken. Leider ist sie aber so in sich gekehrt, dass es ihr schwerfällt, Kontakte zu knüpfen. Aber wenn sie Teil einer Clique geworden ist, lässt sie sich leicht beeinflussen und wird auch schnell zum Mobbingopfer. Die sozialen Medien spielen in ihrem Leben eine große Rolle, was sich positiv und negativ auswirken kann.

Lisa hat auch eine philosophische Ader. Wenn ihre Freunde sie nicht dabei stören, dann denkt sie gern in Ruhe über alles nach und überrascht die Erwachsenen gelegentlich mit ihren wohldurchdachten Ansichten. Sie ist kreativ und je nach Veranlagung investieren Teenager wie Lisa endlose Stunden in die Programmierung neuer Computeranwendungen oder Games, schreiben Texte oder nutzen ihren Laptop, um Musik zu komponieren.

Unter günstigen Bedingungen können Lisas Teenagerjahre sehr schön sein. Auch die Lehrer sind grundsätzlich mit ihr zufrieden, raten ihr aber, nicht alles so ernst zu nehmen. Denn Lisa kann emotional auch richtig abstürzen. Dann sieht sie alles negativ, versinkt in Selbstmitleid und ist ganz sicher, dass keiner sie mag. Angst und Depression sind für Lisa eine ständige Bedrohung und für belastende Themen wie den Klimawandel ist sie zu sensibel.

Welche Mischung haben Sie in Ihrer Familie?

Kommt Ihnen manches von dem, was Sie gerade gelesen haben, bekannt vor? Wir wollen mit diesen Typbeschreibungen kein Schubladendenken fördern, sondern Eltern helfen, ihre Teenager zu verstehen und angemessen mit ihnen umzugehen.

In unserem Modell zählen die „Energiebündel" und die „Verantwortungsträger" zu den extravertierten Persönlichkeiten, während die „Ruhigen" ebenso wie die „Ernsthaften" zu den introvertierten Menschen zählen.

Ist Ihr Kind eine Kombination aus verschiedenen Persönlichkeitsmerkmalen, vielleicht 60 % Anführer und 40 % Energiebündel? Oder ist es zu 70 % ernsthaft und 30 % ruhig? Auch bei den Mischungen steht meist ein Charakterzug im Vordergrund.

Wir haben drei Söhne und jeder war als Teenager anders.

Unser Verantwortungsträger „Mark" traf mühelos Entscheidungen, war willensstark und unabhängig – der geborene Leiter. Für uns als Eltern stellte er manchmal auch eine Herausforderung dar, besonders, wenn er sich von seinen abenteuerlichen Plänen nicht abbringen ließ.

Unser „Tino" war meistens ausgeglichen und freundlich. Gab es in der Familie Spannungen, dann sah er in die Runde und fragte: „Wir haben doch nicht den Humor verloren, oder?" Mit seiner Begabung, das Komische in jeder Situation zu erkennen, konnte er die Lage oft entschärfen. Andererseits ließ er sich für die Schule nie begeistern, obwohl er eigentlich ein kluges Köpfchen ist. „Ich will ja gar keine Einsen schreiben", erklärte er einmal, als sein Vater mit ihm über die Noten sprach. „Warum denn nicht?", fragte David. „Weil ich kein Streber bin. So ein Leben wäre mir viel zu einseitig."

Wir hatten auch einen ruhigen Sohn, der introvertiert war, einen scharfen Verstand hatte und zu Perfektionismus neigte.

Er konnte endlos nachrechnen, auf welcher Note er in einem bestimmten Fach stand, um dann kurz vor der Notenabgabe alles zu geben und sich schnell noch auf die nächstbessere Note hochzuarbeiten.

Wir dürfen uns nichts vormachen: Ein ruhiger Künstler wird niemals so motiviert sein wie ein Anführer-Typ, während ein typischer Verantwortungsträger nicht über das Einfühlungsvermögen eines introvertierten Jugendlichen verfügt. Aber wenn wir als Eltern wissen, wie die Persönlichkeiten unserer Teenager ungefähr gelagert sind, dann können wir ihre Stärken fördern und ihnen helfen, mit ihren Schwächen umzugehen. Im Grunde sind „Schwächen" doch nichts anderes als „Bereiche mit Wachstumspotenzial".

Wenn Stärken überhandnehmen, dann verwandeln sie sich in Schwächen. Andererseits können sich aus Schwächen auch wunderbare Stärken entwickeln. Ein dickköpfiger Jugendlicher kann ein guter Leiter werden. Wer sehr wählerisch ist, hat offenbar einen Sinn für die Details. Wer verschwenderisch mit Geld umgeht, kann Großzügigkeit entwickeln. Und ein sturer Teenager kann ein entschlossener Erwachsener werden.

Bei allem, was wir an unseren Teenagern beobachten, uns wünschen und fördern wollen, sollten unsere Erwartungen immer realistisch bleiben. Nicht an jeder Schwäche muss mit Gewalt gearbeitet werden, Charakterzüge können sich auch von selbst verändern. Das ist nicht grundsätzlich so, aber gerade bei Teenagern kann man oft tief greifende Veränderungen beobachten. Da ist es gut, wenn wir den Jugendlichen immer auch den Freiraum geben, die Person zu sein, die sie gerade sind.

Was Experten sagen

Temperament und Persönlichkeit – oft verwenden wir diese Begriffe synonym. Es gibt jedoch einen Unterschied. Das Temperament ist angeboren; jeder Mensch kommt mit einem bestimmten Naturell auf die Welt. Manche Babys sind weinerlich, andere ruhig, manche neugierig, wieder andere besonders empfindlich.

Die Persönlichkeit hingegen beschreibt das Verhalten eines Menschen.

Das Temperament ist wie eine Leinwand. Das Bild, das der Mensch darauf malen wird, ist seine Persönlichkeit.[6]

Wie Sie Ihrem Teenager begegnen, hat natürlich auch etwas mit Ihrer eigenen Persönlichkeit zu tun.

Eine sprühende „Sara-Mutter“ kann mit ihrer Energie für einen introvertierten Teenager ziemlich anstrengend sein. Eine nachdenkliche „Lisa-Mutter“ erwartet vermutlich zu viel von ihrem Kind, während der verantwortungsvolle „Mark-Vater“ zu viel Kontrolle ausüben will. Im Gegensatz dazu könnte ein tiefenentspannter „Tino-Vater“ so nachsichtig sein, dass sein Teenager daraus ableitet, dem Vater nicht wichtig zu sein.

Von daher ist es wesentlich, dass Eltern nicht nur über ihre Teenager, sondern auch über sich selbst nachdenken und ihre eigenen Stärken und Schwächen nicht weniger aufmerksam beobachten als die ihrer Kinder.

Was Experten sagen

Studien an Teenagern haben gezeigt, dass die Entwicklung des Temperaments auch sehr davon abhängt, ob die Eltern die besonderen Eigenschaften ihres Kindes akzeptieren. Wenn ein Jugendlicher sich von seinen Eltern verstanden, geliebt und akzeptiert weiß, kann er eine gefestigte Persönlichkeit werden und Resilienz entwickeln. Das Elternhaus kann für einen jungen Menschen ein stabiles Fundament und zugleich die Startrampe ins Leben sein, von der aus er mutig in die Welt ziehen wird.[7]

Das Wissen anwenden

Wie ist das bei Ihnen – wie passt Ihr eigenes Temperament zu dem Ihrer Familienmitglieder? Jede Familie hat ihre ganz eigene Dynamik. Wir können uns weder das eigene Temperament noch das unserer Kinder aussuchen. Aber wir können uns und die anderen beobachten, gewisse Muster im Verhalten erkennen und lernen, damit umzugehen. So können wir einander immer besser verstehen und die Besonderheiten jedes Einzelnen schätzen. Wenn alle sich ein bisschen Mühe geben, dann können sich die unterschiedlichen Persönlicheiten gegenseitig ergänzen und zu einem harmonischen Ganzen werden.

In unserer Familie war David der Ruhige. Wenn Konflikte in der Luft lagen, dann schaffte er es, Claudia und die Teenager zum Lachen zu bringen. Damit war die Situation meist schon entschärft. Andererseits brauchte er manchmal auch erst einen kleinen Schubs, ehe er in Gang kam.

Claudia übernahm gern die Verantwortung und neigte auch dazu, es mit der mütterlichen Fürsorge zu übertreiben. Ihr fiel es oft schwer, den Dingen ihren Lauf zu lassen und von ihrer prinzipientreuen Art abzuweichen. Andererseits war sie es auch, die Schwung in die Bude brachte, wenn alle unmotiviert waren. Und sie war und ist eine große Ermutigerin.

Mit jedem Kind, das in die Pubertät kam, entwickelte sich in unserer Familie eine neue Dynamik. Einer unserer Söhne hatte ein ähnliches Temperament wie Claudia, beide waren gesprächig und hatten sich immer etwas zu erzählen. Aber da beide auch gern Kritik äußerten und gleichzeitig empfindlich reagierten, wenn sie selbst kritisiert wurden, konnten sie sich gegenseitig auch schnell verletzen. Da war es immer wieder nötig, um Vergebung zu bitten.

Die Beziehung zwischen Claudia und dem anderen Sohn,

der grundsätzlich entspannt und wohlwollend war, gestaltete sich ganz anders. Ihm gegenüber musste sie lernen, nicht zu viele Frage zu stellen, sonst schaltete er auf Durchzug und ignorierte sie. Mit diesem Sohn kam David wiederum gut zurecht, weil die beiden ähnlich veranlagt sind und dieselben Stärken und Schwächen haben. Die Herausforderung für David bestand darin, dass die Schwächen dieses Sohnes für ihn zum Spiegel seines eigenen Verhaltens wurden. Gar nicht so einfach, wenn man zuschauen muss, wie ein Teenager mit denselben Dingen kämpft wie man selbst!

Was Experten sagen

Jeder Mensch hat seine ganz bestimmten, angeborenen Verhaltensweisen. Aber abhängig von unserem Temperament und den Erfahrungen, die wir machen, entwickeln wir uns in bestimmte Richtungen. In der Pubertät verändern sich Teenager massiv, was für sie selbst und für ihre Eltern herausfordernd sein kann. Eltern müssen dieser Entwicklung zusehen, ohne sie wirklich beeinflussen zu können. Entscheidend ist, dass beide – Eltern und Kind – offen sind für das, was geschieht, und die jeweils veränderte Person würdigen, die von Phase zu Phase zum Vorschein kommt.[8]

Ein letzter Gedanke hierzu: Eltern haben zwar großen Einfluss auf ihre Kinder, aber sie sind nicht allein für die Persönlichkeit und die Entscheidungen ihrer Teenager verantwortlich. Es gibt noch andere Faktoren wie die Familiendynamik (z. B. die Geburtsreihenfolge der Kinder), den familiären Stress (z. B. geringes Einkommen, Suchtproblematik, Missbrauchserfahrungen und familiäre Spannungen), den Wohnort (teurer Vorort oder einkommensschwache Gegend), Kriminalität und so weiter.

Deshalb wollen wir alle Eltern ermutigen: Seien Sie nachsichtig mit sich selbst! Nicht alles hängt von Ihnen ab, Ihre Einflussmöglichkeiten haben Grenzen. Aber Sie brauchen auch nicht untätig zu sein. Eine Sache, die alle Eltern tun können: Achten Sie ganz bewusst auf Ihren Erziehungsstil und Ihr eigenes Verhalten. Hier können Sie auf jeden Fall ansetzen. Sie können sich selbst verändern und das wird sich auf die Beziehung zu Ihren Kindern auswirken.

Drei Erziehungsstile

So wie wir und unsere Kinder gewissen Persönlichkeitstypen zugeordnet werden können, so gibt es auch verschiedene Erziehungsstile, welche die Beziehung zwischen uns und unseren Kindern prägen. Diese wollen wir jetzt unter die Lupe nehmen.

1. Überbordende Fürsorge

Stellen wir uns vor, unsere heranwachsenden Kinder wären Pflanzen, die in einem Gewächshaus eingepflanzt sind. Lässt man sie zu lange unter den geschützten Bedingungen wachsen, werden sie schwache Pflanzen mit einem zu kleinen Wurzelballen, der ihnen in der freien Natur weder Halt geben noch sie versorgen kann. Das gilt auch für Jugendliche, die überbehütet werden.

Überfürsorgliche Eltern wollen ihr Kind vor den Fehlern bewahren, die sie selbst in ihrer Jugend gemacht haben. Sie kontrollieren alles, was ihr Kind tut, sind von Angst und Unsicherheit beherrscht und trauen ihrem Kind nicht zu, selbst die richtige Entscheidung zu treffen. Es ist, als wollten sie eine Pflanze, die dringend aufs freie Feld gehört, weiterhin im Gewächshaus behalten. Das Selbstvertrauen dieser Kinder ist schwach und sie können dem Einfluss der Gleichaltrigen nichts entgegensetzen. Manchmal gehen sie in Opposition und lehnen dann grundsätzlich jeden Vorschlag der Erwachsenen ab.

Wenn man den Kindern alle Konsequenzen ihrer falschen Entscheidungen erspart, lernen sie nicht, in der realen Welt zu überleben. Nicht nur, dass dies der Entwicklung der Kinder schadet, unter diesen Bedingungen kann sich auch keine liebevolle Beziehung zwischen Eltern und Kindern bilden. Jugendliche, die so erzogen wurden, verhalten sich ihren Eltern gegenüber oft ablehnend.

2. Ungeduldiges Überfordern

Das Gegenteil ist ebenso schädlich. Manche Eltern reißen die Pflanzen schon vor der Zeit aus den geschützten Beeten, um sie ins Freie zu setzen. Aber wenn die Pflanzen noch zu zart sind, können sie dort nicht gedeihen. Ungeduldige Eltern glauben, ihre Kinder würden über Nacht erwachsen, und lassen ihnen zu früh zu viele Freiheiten, ohne sie allmählich an die Selbstverantwortung heranzuführen. Sie drängen ihre Teenager in Situationen, denen sie nicht gewachsen sind.

Auch diese Kinder sind ihren Altersgenossen hilflos ausgeliefert und können sich gegen Gruppenzwang nicht wehren. Sie haben nicht gelernt, Entscheidungen zu treffen, und sind es nicht gewohnt, Verantwortung für ihr Handeln zu übernehmen.

Was Experten sagen

Überfürsorgliche Eltern sind zu nahe an ihren Kindern und geben den Heranwachsenden nicht den benötigten Freiraum, um sich positiv entwickeln zu können. Im Gegensatz dazu tragen Eltern, die sich weitgehend aus dem Leben ihrer Kinder heraushalten und davon ausgehen, die Teenager seien alt genug, um allein zurechtzukommen, auch nicht zu einer gesunden Entwicklung bei.[9]

Wie so oft: Die Wahrheit liegt in der Mitte. Ideal ist eine ausgewogene Mischung aus Freiheit der Jugendlichen und Verantwortlichkeit der Erwachsenen. Damit sind wir beim dritten Erziehungsstil.

3. Schrittweises Loslassen

Gärtner wissen das: Junge Pflanzen müssen allmählich an die rauen Bedingungen außerhalb des Gewächshauses gewöhnt werden. Zunächst werden sie der Sonne, dem Wind und den Temperaturschwankungen immer wieder für kurze Zeit ausgesetzt. So werden sie Schritt für Schritt stark für ein Leben im Freien. Würde man den jungen Pflanzen diese Abhärtungsphase nicht einräumen, würden viele von ihnen, nachdem man sie ins Freie verpflanzt hat, welken und absterben. Das gilt entsprechend für junge Menschen: Unter den wachsamen Augen ihrer Eltern können sie lernen, mit begrenzten Freiheiten umzugehen und schrittweise mehr Verantwortung zu übernehmen.

Eltern, die diesen Erziehungsstil beherrschen, machen sich keine übermäßigen Sorgen um ihre Kinder, muten ihnen aber auch nicht zu viel zu. Sie hören den Teenagern zu und helfen gern, wenn sie darum gebeten werden. Aber sie wissen auch, dass sie keine kleinen Kinder mehr vor sich haben, in deren Leben sie immer eingreifen müssen, sobald es Schwierigkeiten gibt.

Wenn Eltern den gesunden Mittelweg beschreiten, dann haben sie realistische Erwartungen an ihre Teenager und lassen zu, dass diese die Konsequenzen ihres Handelns bis zu einem gewissen Grad selbst tragen. So wird sich eine zunehmende Unabhängigkeit entwickeln. Zudem können sich die Teenager in einer liebevollen Atmosphäre, die von Vertrauen geprägt ist, altersgemäß ausprobieren. Das Ziel ist, die Jugendlichen auf die Welt der Erwachsenen vorzubereiten, ohne sie dabei zu überfordern.

Zur Umsetzung dieses Wissens werden wir in den Kapiteln sechs und sieben noch konkrete Tipps geben, mit deren Hilfe man Kinder schrittweise in die Selbstständigkeit entlassen kann.

Ausblick

Eltern werden die Handlungen ihrer heranwachsenden Kinder besser verstehen, wenn sie sich mit den Phasen der Pubertät und den Persönlichkeitsmerkmalen von Teenagern beschäftigen.

Teenager stehen noch mit einem Bein in der Kindheit, mit dem anderen schon in der Erwachsenenwelt – eine Zwischenphase, die Eltern und Kinder manchmal gleichermaßen in die Verzweiflung treibt. Als Eltern wissen wir nicht, wo wir unsere Kinder einordnen sollen – und sie selbst wissen es oft auch nicht. Dazu kommt: Es ist immer alles im Fluss. Es lohnt sich nicht, an einer Situation zu verzweifeln, weil Ihr Kind morgen schon wieder ein ganzes Stück weiter sein kann.

Dazu wollen wir Ihnen drei Merksätze mit auf den Weg geben:

1. Jede Phase, die Ihr Kind durchläuft, hat ihre Funktion und Bedeutung.
2. Jede Phase ist vorübergehend.
3. Mit jeder Phase kommt Ihr Kind dem Erwachsenenleben einen Schritt näher.

Nicht immer wird die Beziehung zwischen Ihnen und Ihrem Teenager harmonisch sein. Ziehen Sie sich gerade dann nicht aus seinem Leben zurück. Halten Sie den Kontakt! Vielleicht wird Ihnen auch mal ein „Ich hasse dich!" ins Gesicht geschrien. Versuchen Sie, solche emotionalen Ausbrüche nicht persönlich zu nehmen. Sie kennen das doch schon aus der Trotzphase. Ihr Teenager wird auch aus dem pubertären Verhalten wieder herauswachsen. Meistens ist die Atmosphäre ja schon nach ein paar Stunden oder am nächsten Morgen wieder gelöst.

Zum guten Schluss

Nach allem, was wir in diesem Kapitel gelernt haben, wäre es wahrscheinlich gut, sich ein bisschen Zeit zu nehmen, um alles zu verdauen.

Vielleicht listen Sie einmal die Stärken und Schwächen aller Familienmitglieder auf. Überlegen und notieren Sie, welche Stärken auf welche Weise gefördert werden können – und wie in den schwachen Bereichen Wachstum möglich sein könnte.

Stellen Sie sich auch der Frage, wie Sie mit Ihrem Teenager umgehen. Was machen Sie gut, was würden Sie gern verbessern?

Was können Sie verändern, damit sich die erwünschten Verhaltensweisen bei allen Familienmitgliedern weiter entfalten, während die negativen Persönlichkeitsmerkmale zunehmend in den Hintergrund treten – oder in etwas Gutes umgewandelt werden können?

Wenn wir immer wieder neu versuchen, unsere Teenager zu verstehen und zu lieben, können wir die Reise durch die Pubertät mit Zuversicht angehen. Wir werden in der Lage sein, unseren Kindern zu helfen, ihre einzigartige Identität zu finden. Machen Sie sich nicht zu viele Sorgen über ein paar Unebenheiten auf dem Weg. Im nächsten Kapitel werden wir uns mit der Bedeutung der gegenseitigen Akzeptanz und dem Vergeben befassen.

Miteinander reden

Unabhängig davon, in welcher Phase – schwierig oder unkompliziert – Sie sich gerade befinden: Bleiben Sie mit Ihrem Teenager in Kontakt. Das ist das Allerwichtigste. Und wenn Sie mutig sind, könnten Sie Ihrem Teenager in einem günstigen Moment sogar folgende Fragen stellen:

„Was hältst du eigentlich von der Art, wie wir dich erziehen?"

„Was hättest du gern anders?"

„Wie findest du uns als Eltern?"

„Was könnten wir deiner Meinung nach besser machen?"

Machen Sie sich auf Antworten gefasst, die positiv und negativ sein können, und hören Sie zu, ohne sich zu verteidigen, falls Sie Kritik einstecken müssen. Vielleicht hat Ihr Teenie ja teilweise auch recht?

Kapitel drei

Die Gehirnentwicklung und die bedingungslose Liebe

Hier eine Geschichte aus dem Arp'schen Familienarchiv, aus einer Zeit, als sich die drei Jungen noch mitten in der Pubertät befanden.

Bereits beim Frühstück waren wir am absoluten Tiefpunkt angelangt – und alles nur wegen eines Stiftes. Es war der typische Montagmorgen, alle drei Kinder waren spät dran, David war schon gegangen, er hatte einen frühen Termin. Einer der Söhne erklärte beiläufig, während er seine Müslischale leerte: „Ich brauche einen Stift."

„Auf der Kommode liegt einer, neben dem Telefon", war Claudias Antwort.

„Ich brauche auch einen", mischte sich der jüngere Sohn ein. „Wetten, ich bin schneller als du?"

Beide Jungen sprangen auf und stürzten ins Nebenzimmer, wo der Stift lag. „Ha! Ich wusste, dass ich schneller bin als du!", triumphierte der Jüngere und hielt seine Beute fest.

„Das geht mir total am Arsch vorbei!", zischte der Verlierer ihn an.

In dem Moment brannte bei Claudia eine Sicherung durch. „Ich hör' ja wohl nicht recht. Wie redest du eigentlich? Dir geht wohl alles am Arsch vorbei, was?"

Genau in diesem Moment ertönte ein Hupen vor dem Haus. Die Mitfahrgelegenheit war vorgefahren und die Jungen stürmten hinaus, froh, gehen zu können. Zurück blieb Claudia, die nun allein in ihrer unaufgeräumten Küche saß. Sie brach in Tränen aus. Die ungewohnt scharfen Worte – aus ihrem Mund! –, das Knallen der Tür, Aggression und Frust hingen noch im Raum. Sie hatte sich mit ihren Teenagern auf eine Stufe gestellt, hatte ebenso unbeherrscht und vulgär reagiert wie sie. Wieder einmal hatten die Kinder es geschafft, aus ihr eine Person zu machen, die sie nie hatte sein wollen. Zur Selbstanklage gesellte sich die Wut auf die Kinder. Eltern kennen das. Bedingungslose Liebe? In der Theorie vielleicht.

Schon kleine Kinder zeigen Verhaltensweisen, die wir inakzeptabel finden, sind dickköpfig, wild und unordentlich. Jahrelang versuchen wir dann, sie mit Liebe und Klarheit zu verändern, und das Ergebnis ist oft gar nicht so schlecht, manchmal werden wir sogar für unsere gut erzogenen Kinder gelobt.

Doch die Kinder werden älter und plötzlich scheint man erneut bei null anzufangen. Die Teenager sind wieder bockig und frech – nur, dass jetzt noch heftige Stimmungsschwankungen dazukommen. Und wir sollen sie so lieben, wie sie sind – während sie uns und ihre Geschwister manchmal zur Verzweiflung bringen?

Teenager sind an vielen Fronten gefordert. Die Erwartungen der Gleichaltrigen – in der realen und in der digitalen Welt – sind hoch. Die Frage nach der eigenen Identität ist schwer zu beantworten. Die Hormone sorgen an einem Tag für Glücksgefühle, am nächsten Tag für tiefste Hoffnungslosigkeit.

Teenager brauchen die Liebe ihrer Eltern. Aber wie können wir ihnen das geben, was sie bedürfen, wenn sie so sind, wie sie sind? Und was tun wir, wenn es uns so geht wie Claudia an diesem Vormittag? Wie schaffen wir es, immer wieder einen

Strich unter eine missglückte Situation zu ziehen und mit unseren Teenagern in Verbindung zu bleiben?

Wir helfen den Teenies nicht, wenn wir ihnen ständig erklären, was sie besser machen sollten. Damit verhalten wir uns wie ein Gärtner, der an seinen Pflanzen alle Blätter abschneidet, die nicht makellos sind. Der Pflanze wird diese „Pflege" nicht guttun, ebenso wird unsere ständige Kritik den Teenagern nur schaden.

Eine andere Perspektive

Es hilft, wenn wir uns immer wieder klarmachen, in welcher Lage sich unsere Teenager befinden. Sie sind irgendwo zwischen Kindheit und Erwachsensein. Ihre eigene Identität ist noch genauso unklar wie ihr Platz in der Welt. Ihr Körper verändert sich schnell und ihr Gehirn wird neu strukturiert. Da braucht es Eltern, die sie so annehmen, wie sie sind – nicht so, wie sie sein sollten –, und die sie ermutigen, ihre Gaben auszuprobieren und ihre Persönlichkeit zu entfalten. Natürlich machen sie Fehler, genau wie wir auch. Aber mit einer nachsichtigen Grundhaltung kann die Reise durch die Pubertät schön werden – für Eltern und Kinder.

Selbstkritik und Respekt statt der negativen Brille

Eltern, die sich über die negativen Dinge im Leben ihrer Kinder zu viele Sorgen machen, kritisieren ihre Kinder viel zu oft. Ein Familientherapeut sagte: „In meiner Beratungspraxis erlebe ich oft Eltern, die ganz auf die Fehler ihrer Kinder fokussiert sind, während die Kinder sich bemühen, irgendwie durch die schwierigen Jahre der Pubertät zu kommen. Damit treiben die Eltern ihre Kinder aus dem Haus – und direkt in die Abhängigkeit von zweifelhaften Freunden."

Wir achten meistens viel mehr auf die Makel der Kinder, als auf unsere eigenen. Damit schaden wir der Beziehung. Statt uns über unsere Teenager und ihre Gefühlsschwankungen den Kopf zu zerbrechen, wäre es angebracht, uns selbst zu hinterfragen. Wie wollen wir unsere Teenager zu irgendetwas bewegen, wenn wir selbst so viele Schwächen haben? Können wir uns bei unseren Kindern für unser falsches Verhalten entschuldigen?

Wenn wir dazu beitragen wollen, dass unsere Jugendlichen zu verantwortungsbewussten Erwachsenen heranreifen, dann ist es extrem wichtig, gute Vorbilder zu sein. Kinder beobachten an uns, wie man Verantwortung übernimmt und Fehler eingesteht. Unser Leben ist wirksamer als unsere Worte. Statt unsere Teenager zu kritisieren, können wir sie bedingungslos lieben, während wir sie ohne Worte erziehen.

Mein Sohn traf mich regelmäßig an meinen wunden Punkten, was oft zu verletzenden Auseinandersetzungen führte. Eines Tages brach ich den Streit ab und zog mich in mein Zimmer zurück. Während ich mich langsam beruhigte, fiel mir auf, dass auch mein eigenes Verhalten falsch gewesen war. Also ging ich zu ihm und entschuldigte mich. Es entstand ein langes, konstruktives Gespräch und unsere Beziehung verbesserte sich deutlich. Wir hatten auch später noch Konflikte, aber allmählich lernten wir beide, uns zu entschuldigen.

Ein Vater

Es tut meinen Teenagern gut, wenn ich ihnen gegenüber meine Fehler und Unsicherheiten eingestehe. Das bezieht sich auch darauf, woran die Ehe mit meinem Mann gescheitert ist. Versuche ich, ihnen zu erklären, was ihr Vater falsch gemacht hat, reiße ich immer wieder die Wunden auf. Aber sie atmen förmlich auf, wenn ich ausspreche, wie ich zu unserer Situation beigetragen habe.

Doch die stärkste Kraft entwickeln Gespräche, in denen ich meine Meinung aufgrund dessen korrigiere, was meine Kinder mir sagen. Wenn sie miterleben, dass ihre Argumente mich verändern und ich ihnen dafür dankbar bin, dann verbessert das die Beziehung zwischen uns enorm. Gleichzeitig lernen sie dabei, dass sie sich auf ihr eigenes Urteil verlassen können.

Eine alleinerziehende Mutter

Was Experten sagen

Denken Sie immer wieder bewusst über die Stärken Ihres Kindes nach. So wird Ihr Respekt zunehmen. Solange Sie auf die Schwächen fokussiert sind, werden Sie Verachtung empfinden. Ihr Tonfall wird das widerspiegeln. Sie werden nicht auf das hören, was Ihr Kind Ihnen mitteilen will, und Sie werden die Situation auch nicht aus seiner Perspektive betrachten, sondern viel zu oft Ihre eigene Meinung sagen. Doch wenn Sie sich auf die positiven Eigenschaften Ihres Kindes konzentrieren, können Sie diesen zerstörerischen Kreislauf durchbrechen.

Es bedeutet meinen großen Teenagern viel, wenn ich Wertschätzung für das ausdrücke, was sie tun, auch wenn es nicht das ist, was ich mir wünschen würde. Damit zeige ich meinen Respekt für ihre Leistung. Mag sein, dass ihr Tun aus meiner Sicht eigentlich falsch ist. Aber sie wünschen sich, dass ich die Dinge aus ihrer Perspektive betrachte.

Respekt heißt auch, dass ich die Signale beachte, die sie senden, gerade auch dann, wenn sie mich bitten, mit dem Fragen, Drängen und Reden aufzuhören, weil ihnen ein Thema unangenehm ist oder sie einfach ihre Ruhe haben wollen.

Eine Mutter

Wir wollen also bei uns selbst die Schwächen im Blick behalten, aber bei den Teenagern auf ihre Stärken achten.

Die Noten sind nicht gut, aber der Sohn gibt sich wirklich Mühe, in der Schule besser zu werden. Wenn es sich abzeichnet, dass er zu spät nach Hause kommen wird, ruft er an oder schickt eine Nachricht. Die Wutausbrüche der Tochter sind belastend, aber sie kämpft dagegen an. Und bei aller Bockigkeit kann sie manchmal auch richtig liebenswürdig sein.

Es wird uns selbst guttun, wenn wir dankbar auf die positiven Dinge blicken. Indem wir die Stärken der Kinder hervorheben, bekommen sie ein positives Bild von sich selbst.

Wenn wir uns mit den guten Dingen im Leben unserer Teenager beschäftigen, fördert das die Beziehung zwischen uns. Wenn sie keine Kritik fürchten müssen, können sie sich öffnen, dann verstehen wir sie besser und können auch angemessen reagieren. Genau das brauchen Jugendliche zu Hause, denn in der Welt draußen sind sie ständig von negativen Informationen und entmutigenden Menschen umgeben.

»

Als meine Tochter in einer Bäckerei arbeitete, ging ich manchmal dort einkaufen, um sie in ihrem herausfordernden Setting zu sehen. Der Job war anstrengend, der Ton unter den Kolleginnen rau. Es berührte mich zu beobachten, wie meine Tochter ihre ersten Erfahrungen in der Arbeitswelt sammeln musste. Wenn sie abends wortkarg und gereizt war, konnte ich das einordnen und mit Barmherzigkeit abfedern.

Ähnlich war es mit den Jungen und dem Sport. Wenn ich miterlebte, wie viel die Trainer verlangten, dann nahm ich das unfreundliche Verhalten der erschöpften Kinder am Abend nicht persönlich, sondern versuchte zu respektieren, was sie an diesem Tag schon geleistet hatten.

Eine Mutter

Was Experten sagen

Nutzen Sie jede Gelegenheit, um Ihren Teenagern Ihre Wertschätzung zu zeigen. Helfen Sie, wo Sie nur können. Seien Sie dabei vollkommen ehrlich. Erzählen Sie auch von Ihren falschen Entscheidungen. Nehmen Sie die Hilfe der Teenager in Anspruch, wo es geht. Wenn Ihr Kind etwas gut kann, dann ermutigen Sie es dazu, sich weiter in diesen Bereich zu investieren, und unterstützen Sie es dabei. Achten Sie besonders auf die Mädchen; am Anfang und in der Mitte der Pubertät haben sie oft mehr Probleme mit dem Selbstwertgefühl als die Jungen.[10]

Auf die Beziehung kommt es an!

Die Familie soll ein Ort der Sicherheit sein, wo die Teenager sich von den Anstrengungen der Reise ins Erwachsenenleben erholen können. Wenn wir ihnen erlauben, eigene Entscheidungen zu treffen und nur das verhindern, was eine echte Gefahr für sie ist, dann ersparen wir uns vieles, was das Zuhause zu einem anstrengenden Ort für Heranwachsende macht.

Zu Hause soll es für uns alle schön sein. Natürlich müssen die Kinder auch ihren Beitrag leisten, aber letztlich übernehme ich die Verantwortung dafür, dass wir leckeres Essen und gutes Internet haben und dass Wohnzimmer, Küche und Bad aufgeräumt sind. Ich lade keine Leute ein, wenn die Kinder sie nicht mögen (was auch mit unserer kleinen Wohnung zu tun hat). Wir lachen gemeinsam über meine Schwächen und ich nehme mir Zeit, um auf ihre Bedürfnisse einzugehen, ihnen zuzuhören oder Dinge für sie zu organisieren. Manchmal muss ich sie auch einfach nur in Ruhe lassen. Wenn wir alle in Frieden zusammenleben können, dann ist unsere Wohnung auch für mich selbst ein Wohlfühlort.

Eine alleinerziehende Mutter

Wieder bei Claudia am Frühstückstisch

Wir erinnern uns, es gab Streit um einen Stift und am Ende saß Claudia allein und niedergeschlagen am Frühstückstisch. Unter den Ärger mischten sich die Selbstvorwürfe und Claudia wusste gar nicht, wie sie mit sich und ihren Gefühlen umgehen sollte. Plötzlich erinnerte sie sich: Wurde nicht vor einer Woche in der Elterngruppe über solche Konfliktsituationen mit den Kindern gesprochen? Sie holte sich das Handout und las es nachdenklich durch. Es waren fünf Schritte, die ihr helfen sollten, sich selbst und ihrem Teenager zu vergeben. Während sie es versuchte, zog in ihrem Inneren langsam wieder Friede ein.

1. Das eigene Fehlverhalten verstehen

Jungen: gestritten, ordinären Ausdruck verwendet

Mutter: wütend, geschrien, grundsätzlich kritisiert, denselben Ausdruck verwendet

2. Mögliche bessere Reaktionen aufschreiben

Ruhig bleiben.

In normaler Lautstärke reden.

Feststellen, dass der Ausdruck unangebracht war.

Grundsätzliche Belehrung über angemessene Wortwahl auf später verschieben.

3. Für das Gute dankbar sein

Claudia und ihr Sohn waren sehr verschieden, seine lockere Art empfand sie oft als Gleichgültigkeit. Er wiederum wehrte sich gegen ihren Anspruch, alles im Griff haben zu wollen. So gab es zwischen ihnen leider häufig Streit. Es war Zeit, die positive Brille aufzusetzen, beschloss Claudia und notierte:

Er will gute Noten schreiben.
Er kann mit Alkohol umgehen und nimmt keine Drogen.
Er macht zuverlässig seinen Aushilfsjob.
Er ist gern zu Hause.
Er umarmt mich.

Während Claudias Blick auf ihrer Liste ruhte, dachte sie: *Wer hätte nicht gern so einen Sohn!* Allmählich veränderte sich ihre Haltung.

4. Um Vergebung bitten

Als der Sohn, der am Morgen das Schimpfwort benutzt hatte, am Nachmittag nach Hause kam, entschuldigte Claudia sich.

„Schon gut, Mom“, erwiderte er leichthin, „du hast einfach überreagiert.“

Claudia widersprach ihm nicht.

Es ist demütigend, den Kindern gegenüber Fehler einzugestehen. Aber man lernt sich selbst besser verstehen und den Kindern hilft es, die Erwachsenen zu respektieren. Unvollkommene Eltern machen es den Jugendlichen leichter, ihre eigene Unvollkommenheit zu akzeptieren.

5. Die Heranwachsenden annehmen

An diesem Nachmittag ergab sich noch ein langes Gespräch zwischen Claudia und ihrem Sohn. Claudias veränderte Einstellung wirkte sich unmittelbar auf die Beziehung zwischen den beiden aus.

Sich entschuldigen – auf die eine oder andere Weise

Nicht jeder schafft es, sich bei seinem Teenager zu entschuldigen. Auch Claudia fiel es an diesem Tag nicht leicht, ihrem vorlauten Jungen gegenüberzutreten, um über ihr eigenes falsches Verhalten zu reden.

Doch auch ein Brief auf dem Schreibtisch des Kindes, eine Nachricht aufs Handy oder ein Zettel in der Brotdose – alles wird seine Wirkung entfalten. Hier ein Beispiel:

Lieber Tobi,
hattest du einen guten Schultag? Ich habe heute darüber nachgedacht, wie unfreundlich ich in den vergangenen Tagen zu dir war. Irgendwie hab ich die ganze Zeit nur auf das geachtet, was ich bei dir gern anders hätte. Aber eigentlich möchte ich auf das achten, was ich an dir super finde. Bitte verzeih mir, dass ich so negativ war. Ich möchte mir das Leben ohne deinen Humor und dein strahlendes Lächeln nicht vorstellen. Wäre schön, wenn wir wieder entspannter und freundlicher miteinander umgehen könnten.

Alles Liebe, Mama

Probieren Sie es aus! Nach unserer Erfahrung verändert sich in der Beziehung zu Teenagern sehr viel, wenn wir zu unserem eigenen Fehlverhalten stehen.

» Es gab Monate, in denen ich mich morgens regelmäßig bei meinem willensstarken Sohn entschuldigen musste. Wenn er abends quicklebendig wurde, während ich todmüde war, verlor ich oft die Beherrschung und wir schrien uns an. Ich war lange Zeit bekümmert darüber. Nun ist er erwachsen und neulich erklärte er, was für eine positive Wirkung mein ständiges Entschuldigen auf ihn gehabt hatte: „Ich habe erlebt, wie wichtig dir meine Vergebung und eine geklärte Beziehung zu mir waren, auch wenn wir damals oft nicht einer Meinung waren."

Eine alleinerziehende Mutter

Was Experten sagen

Wenn wir unsere Kinder so akzeptieren, wie sie sind, schaffen wir ein Klima, in dem sie sich gut entwickeln können. Dabei sollten wir nie vergessen, dass vieles, was die stürmische Zeit der Pubertät mit sich bringt, nur vorübergehend ist. Wenn wir daran denken, können wir besser mit den unvermeidlichen Konflikten umgehen.

Was geht im Gehirn eines Teenagers vor sich?

Ein beträchtlicher Teil dessen, was einem Teenager das Leben so schwer macht, kann durch die Prozesse erklärt werden, die vor allem während den mittleren Jahren der Pubertät im Gehirn vor sich gehen. Jemand sagte einmal: „Für etwa zwei Jahre ist das Gehirn ausgeschaltet." Das mag sein – und wahrscheinlich gilt das sogar für mehr als zwei Jahre –, aber nicht für immer!

Was Experten sagen

Im Gehirn von Teenagern bilden sich die Querverbindungen der Nervenzellen mit ungeheurer Geschwindigkeit. Von daher ist es wichtig, dass das Gehirn durch eine ausgewogene Mischung unterschiedlicher Inputs angeregt wird. Angesichts der vielen Stunden, die Jugendliche täglich vor Bildschirmen verbringen, müssen sie Wege finden, sich auch anderen gehirnanregenden Aktivitäten auszusetzen. So kann verhindert werden, dass im Bereich von Unterhaltung und sofortiger Befriedigung zu viele Vernetzungen entstehen.

Es gibt Erkenntnisse im Bereich der Neurowissenschaften, die Eltern von Teenagern wissen sollten. Dazu haben wir ein paar interessante Forschungsergebnisse zusammengestellt:[11]

- In einigen Hirnregionen entwickelt sich eine riesige Zahl neuer Zellen, besonders in den Frontallappen. Von dort aus werden das rationale Denken und die Impulskontrolle gesteuert.
- Zwischen diesen Gehirnzellen entsteht eine unvorstellbare Menge an Verbindungen.
- Diese sind zunächst alle gleichwertig, es gibt keine stärkeren oder schwächeren Verbindungen.
- Da stärkere Verbindungen schneller arbeiten können, ist das Gehirn in dieser Phase nicht sehr effektiv.
- Verbindungen, die man regelmäßig benutzt, werden stärker und leistungsfähiger.
- Je vielseitiger man das Gehirn nutzt, desto dichter wird das Netz starker Verbindungen.
- Um an bestimmten Stellen im Gehirn leistungsstarke, schnelle Verbindungen („Autobahnen“) zu bilden, muss man diese Gehirnareale häufig benutzen und sie dabei mit Gefühlen verknüpfen. (Deshalb erinnern wir uns leichter an Ereignisse, die mit starken Gefühlen einhergegangen sind.)
- Verbindungen, die nicht gebraucht werden, baut das Gehirn wieder zurück. Wenn Jugendliche täglich viele Stunden am Bildschirm verbringen, bleiben andere Verbindungen ungenutzt und sind entsprechend schwach entwickelt.

Was Experten sagen

In dieser Phase der Gehirnentwicklung ist es schwierig, sich mehrere Dinge gleichzeitig zu merken. Wollen Sie Ihrem Teenager mehrere Anweisungen auf einmal geben, dann schreiben Sie diese lieber auf. Auch Erinnerungs-Apps, die den Jugendlichen an seine Termine und Pflichten erinnern, können zur familiären Entspannung beitragen.

Noch ein paar Erziehungstipps:

- Den Jugendlichen hilft es, auch über die Vorgänge im Gehirn während der Pubertät Bescheid zu wissen. Wenn sie hören, was der Grund für ihre Vergesslichkeit und ihre Gefühlsschwankungen ist, werden sie gnädiger mit sich selbst sein können.
- Die Information, dass diese Prozesse im Gehirn irgendwann abgeschlossen sein werden, wird allen Beteiligten Gelassenheit schenken. Jetzt kommt es vor allem darauf an, einigermaßen gut durch diese besonderen Jahre zu kommen.
- Fast alle Ratschläge, die Eltern ihren Teenagern gern geben würden, sind unnötig – die Jugendlichen haben sie wahrscheinlich schon oft gehört. Wenn wir ihnen zuhören und interessierte Fragen stellen, können wir mehr helfen, als wenn wir ihnen unsere Antworten servieren.
- Eltern dürfen sich immer wieder klarmachen, dass die Werte, die sie ihren Kindern vor der Pubertät vermittelt haben, nicht verschwunden sind. Sie sind vorübergehend in den Hintergrund getreten, aber wenn die Gehirnentwicklung abgeschlossen ist, werden sie wieder an die Oberfläche kommen.
- Vergessen Sie auch nicht, dass Sie die Erwachsenen sind – bringen Sie sich mit Liebe und Respekt, Bereitschaft zur Kommunikation und Kompromissfähigkeit in die Beziehung ein.

- Wenn Eltern zu viel verbieten, können Jugendliche sich nicht entfalten. Besser wäre es, nur das zu verbieten, was wirklich gefährlich ist.
- Die Basis für alles ist eine gute Beziehung.
- Nutzen Sie jede Möglichkeit, die sich bietet, um Ihrem Kind nahe zu sein und gemeinsam etwas zu machen. Natürlich wird es Kaktus-Tage geben, an denen Ihr Teenager abweisend ist. Schieben Sie es auf die Gehirnentwicklung und versuchen Sie es am nächsten Tag wieder. Nicht Sie als Person werden abgelehnt, sondern der Teenager hat es schwer mit sich selbst.

» Als ich mich mitten in dem belastenden Scheidungsprozess befand, lagen meine Nerven oft blank. Wenn die Kinder dann unfreundlich zu mir waren, kamen mir regelmäßig die Tränen. Bis mich meine Tochter eines Tages bat, nicht ständig zu weinen. Sie sagte: „Wenn du weinst, dann schaue ich innerlich auf dich herab. Dieses Gefühl will ich aber dir gegenüber nicht haben.“ Das hat mir geholfen, mein Selbstmitleid zu bekämpfen.

Eine alleinerziehende Mutter

- Wenn Ihr Teenager sich oder anderen Schaden zufügt, müssen Sie eingreifen. Doch auch dann gilt es, den Jugendlichen zu verstehen und nachsichtig zu reagieren.
- Gefühlsausbrüche und Stimmungsschwankungen sind erlaubt. Erklären Sie Ihrem Teenager, dass Sie ahnen, wie schwer es ist, mit Aggression umzugehen. Dann können Sie aber auch sagen, dass Sie erwarten, dass Ihr Teenager sich um ein reiferes, erwachseneres Verhalten bemüht.
- Wer Sport treibt oder ein Instrument lernt, braucht dafür beide Gehirnhälften, was zur Bildung vieler Querverbindungen führt.

Was Experten sagen

Es wird sich nicht vermeiden lassen: Ihr Sohn oder Ihre Tochter wird im Laufe der Pubertät auch Ihre Werte, Ihre Moral und Ihre Glaubensgrundsätze infrage stellen. Doch eines Tages werden die Jugendlichen in der Lage sein, diese intellektuell zu durchdringen und sich zu überlegen, welche sie übernehmen wollen. Wenn Sie miteinander im Gespräch bleiben und den Kontakt nicht abreißen lassen, stehen die Chancen gut, dass Sie Ihre Werte an die nächste Generation weitergeben können.

Jetzt liegt es an Ihnen

Wenn Sie eine Atmosphäre schaffen wollen, in der Ihr Teenager sich entwickeln kann, dann akzeptieren Sie Ihr Kind so, wie es ist. Das Wissen um die Gehirnentwicklung in diesem Lebensabschnitt kann Ihnen helfen, den schwierigen Phasen nicht zu viel Bedeutung beizumessen. Egel, wie turbulent es auch mal zugeht, bleiben Sie im Gespräch und geben Sie alles für die Beziehung zu Ihrem Teenager.

Zum guten Schluss

Arbeiten Sie bewusst daran, auf die Stärken Ihres Kindes zu achten, statt sich mit seinen Schwächen zu beschäftigen.

Üben Sie Dankbarkeit für das Gute – bestimmt gibt es negative Dinge, die Ihr Kind nicht tut (es nimmt keine harten Drogen? – wie gut!).

Erinnern Sie sich daran, was Sie in diesem Alter alles angestellt haben. Vielleicht ist Ihr Teenie sogar vergleichsweise harmlos? Erzählen Sie, wie Sie selbst waren und was Ihnen guttat oder schwerviel in dieser Zeit. Lachen Sie gemeinsam über Fotos aus Ihrer Teenie-Zeit.

Notieren Sie sich die Dinge, über die Sie sich bei Ihrem Kind freuen. Es soll eine Liste sein, die immer länger wird. Lesen Sie die Liste, wenn Sorgen sich einstellen wollen.

Hängen Sie an geeigneten Stellen in der Wohnung Erinnerungen an glückliche Momente mit Ihrem Kind auf.

Wenn es einen Konflikt gab, dann nehmen Sie sich hinterher die Zeit, Ihr eigenes Verhalten zu analysieren. Haben Sie Ihr Kind angeschrien? Haben Sie es mit anderen verglichen? Dann ist es angebracht, sich zu entschuldigen. Und schreiben Sie sich auf, was Sie in Zukunft anders machen wollen.

Miteinander reden

Wenn sich die Gelegenheit ergibt, dann reden Sie mit Ihrem Teenager über das, was Sie inzwischen über die Gehirnentwicklung im zweiten Lebensjahrzehnt wissen. Vielleicht hat Ihr Kind in der Schule auch etwas darüber gelernt? Fragen Sie und kommen Sie miteinander ins Gespräch – im richtigen Moment, wenn der Jugendliche auch gerade zum Reden aufgelegt ist.

Kapitel vier
Die Geschlechter und ihre Unterschiede

Unser Junge ist ganz anders als die Mädchen. Er kann furchtbar wütend werden, beruhigt sich aber auch schnell wieder. Seine Schwestern rasten nicht so aus, brauchen aber oft Tage, ehe sie sich wieder von einem emotionalen Tief erholen.
Eine Mutter

Wir werden oft gefragt, ob in der Pubertät Jungen oder Mädchen schwieriger seien. Wir denken, Jungen sind besonders herausfordernd – immerhin hatten wir drei. Wer nur Mädchen hat, behauptet vermutlich das Gegenteil. Und Eltern von Söhnen und Töchtern werden wahrscheinlich mit einem vagen „Das kommt ganz darauf an" antworten. Auch wenn sich diese Frage nicht wirklich beantworten lässt, eines wird niemand leugnen: In der Pubertät können Jungen und Mädchen sehr verschieden sein.

Wenn wir unsere Teenager verstehen wollen, dann müssen wir beides im Blick behalten, ihre Persönlichkeit und ihr Geschlecht. Im Rückblick sagen viele Eltern, dass manche Veränderungen ihrer Teenager eher der Persönlichkeit und der Pubertät zuzuschreiben waren, während andere Prozesse typisch für Jungen oder für Mädchen waren.

Während die Fachleute früher von der „kindlichen Entwicklung" sprachen, ist heute eher von der „geschlechtsspezifischen Entwicklung" die Rede. Das Wissen darüber hilft uns, Teenager besser zu verstehen und ihr Verhalten einzuordnen.

Tatsächlich besteht der Geschlechterunterschied von Anfang an. Männliche Babys kommen mit einem größeren Gehirn auf die Welt, während weibliche Babys mehr Nervenzellen haben, um Informationen zu verarbeiten (was beides keinen Einfluss auf die Intelligenz hat). In der Grundschule fügen sich Mädchen meist besser ein, lernen schneller lesen und schreiben und malen schöne Bilder, während Jungen eher grobmotorisch sind. In der Pubertät holen die Jungen sprachlich auf und sind in Mathe später oft besser als die Mädchen, aber unter den Schulabbrechern liegen die Jungen wieder vorn.

Die pubertären Veränderungen setzen bei Mädchen oft schon recht früh ein. Plötzlich sind sie sehr empfindlich, leiden unter depressiven Stimmungen und sind in Gefahr, Essstörungen zu entwickeln. Jungen in der Pubertät experimentieren eher mit Drogen und Alkohol und fallen durch ihr aggressives Verhalten auf. Alkoholexzesse nehmen in jüngster Zeit auch bei den Mädchen zu, während das berüchtigte Komasaufen eher rückläufig ist.[12] Mädchen unternehmen häufiger einen Selbstmordversuch, während die Zahl der tatsächlichen Selbstmorde bei den Jungen höher liegt.

Schon diese knappe Gegenüberstellung zeigt: Es ist nicht leicht, als Teenager einigermaßen unbeschadet durch diese Jahre zu kommen. Jugendliche mit Migrationshintergrund haben es noch schwerer, sie sollen sich in zwei verschiedenen Kulturen gleichzeitig zu Hause fühlen, in denen die Ausgestaltung der Geschlechterrollen oft sehr verschieden ist. Um die grundsätzlichen Herausforderungen, denen Jugendliche in der Pubertät ausgesetzt sind, besser nachvollziehen zu können, wollen wir uns zunächst mit der geschlechtsspezifischen Entwicklung beschäftigen.

Wie ticken pubertierende Jungen?

Wenn Jungen in die Pubertät kommen, nimmt ihre Energie deutlich zu. Ihr Tatendrang kann sie regelmäßig in Schwierigkeiten bringen, zu Hause, in der Schule, überall. Dafür ist der hohe Testosteronspiegel verantwortlich, zumal das Serotonin (hemmt Aggression und Impulsivität) gleichzeitig nur reduziert gebildet wird. Vielen Jungen wird heute ADHS attestiert (Aufmerksamkeitsdefizit-Hyperaktivitätssyndrom), eine Krankheit, die in der Zeit, als unsere Söhne Teenager waren, noch kaum bekannt war. Uns war allerdings damals schon aufgefallen, dass einer unserer Jungen wirklich sehr lebhaft war und sich immer nur ganz kurz auf etwas konzentrieren konnte.

Die ADHS-Diagnose wird häufig bei Jungen gestellt, in der Annahme, auffallende Aktivität und Unruhe seien typische Symptome. Doch es gibt auch andere Ausprägungen von ADHS, die eher bei Mädchen auftreten, oft unerkannt bleiben und den Betroffenen ebenfalls erhebliche Probleme bereiten können. Diese Mädchen haben große Mühe, sich zu konzentrieren, sind dabei aber ruhig und in sich gekehrt.[13]

Jungen in der Pubertät hilft eine enge Beziehung zu beiden Elternteilen, auch wenn sie oft dagegen ankämpfen. Gleichzeitig nimmt der Anteil alleinerziehender Eltern zu, oft mit der Folge einer reduzierten Beziehung zum leiblichen Vater. In diesen Fällen wird den Müttern häufig geraten, nach anderen männlichen Bezugspersonen für ihre Söhne Ausschau zu halten. Nicht immer gelingt das, aber oft suchen sich die Jungen auch selbst ihre Vorbilder, wobei Lehrer, Trainer oder Jugendleiter eine wichtige Rolle einnehmen. Gut ist es, wenn die Mutter diese Prozesse bewusst und aufmerksam beobachtet.

Doch auch wenn beide Eltern zusammenleben, ist es nicht immer leicht, die Beziehung zu einem abweisenden, energiegeladenen Kaktus-Sohn herzustellen. Aber jeder Versuch lohnt sich! Studien zeigen immer wieder, dass Jungen, die sich der Liebe und Wertschätzung ihrer Eltern gewiss sind, weniger sucht- oder suizidgefährdet sind. Die elterliche Investition in die Beziehung wird sich auszahlen und vielleicht sogar lebensentscheidend sein.

Auf die große Rolle, die das Internet im Leben der Teenager spielt, gehen wir im elften Kapitel ausführlich ein, deshalb hier nur ein paar Hinweise. Auch Mädchen verbringen immer mehr Zeit mit Computerspielen, aber im Allgemeinen stehen vor allem Jungen in der Gefahr, viele Stunden pro Woche auf dem Handy, am Computer oder mit der Konsole zu „verzocken". Eltern von Jungen brauchen besonders viel Gelassenheit, um auch diesem Teil im Leben ihrer Söhne offen zu begegnen. Einfache Verbote sind da meist nicht der ideale Weg.

Was können Eltern tun?

Die folgenden Tipps zum Umgang mit Jungen in der Pubertät lassen sich auch zu großen Teilen auf Mädchen anwenden.

1. Lenken Sie die Energie Ihres Sohnes in eine konstruktive Richtung.

Wenn er Freude am Sport hat, dann engagieren Sie sich als Trainer, übernehmen Sie Fahrdienste und kaufen Sie ihm eine gute Ausrüstung.

» Als unsere Jungen im Grundschulalter waren, lebten wir im Schwarzwald, nicht weit von einigen familienfreundlichen Skigebieten entfernt. Also fassten wir uns ein Herz und lernten im Alter von über dreißig Jahren mit unseren Kindern zusammen Ski fahren. Von da an erlebten wir viele schöne Samstage rund um den Feldberg.

Auch in den Jahren der Pubertät blieben unsere Skiausflüge immer etwas Schönes, was wir als Familie gemeinsam machen konnten. Natürlich gingen die Jungen später auch gern mit Gleichaltrigen auf die Piste, außerdem fuhren sie bald besser als wir. Aber die Liebe zum Skifahren hat uns als Familie immer verbunden. Später gingen wir nicht nur mit unseren Söhnen, sondern auch mit den Enkeln Ski fahren.

Allerdings: Als Claudia zuletzt mit einem Enkelsohn auf einer vereisten Piste mithalten wollte, brach sie sich den Arm und wir haben eingesehen, dass es für uns jetzt Zeit ist, auf andere Sportarten umzusteigen.

Aus dem Familienarchiv der Arps

Was wir sagen wollen: Interessieren Sie sich für das, was Ihrem Teenager Freude macht, und lassen Sie sich auf alles ein, was er gern mit Ihnen zusammen macht.

2. Suchen Sie den Kontakt zu den Freunden Ihrer Kinder.

Es ist gut, wenn Sie wissen, mit wem Ihr Teenager Umgang hat. Wir haben uns immer gefreut, wenn unsere Jungen ihre Freunde mit nach Hause brachten. Unser Rasen litt zwar darunter, als er zum Bolzplatz der Nachbarskinder wurde, aber wir sind immer noch stolz darauf, wenn manche dieser ehemaligen Teenager uns als ihre „zweiten Eltern" bezeichnen.

3. Verlieren Sie nie den Humor.

Manche Eltern machen sich selbst großen Druck, wenn ihre Kinder in die Pubertät kommen. Versuchen Sie, innerlich immer wieder aus angespannten Situationen herauszutreten und aus der Distanz nach komischen Elementen zu suchen. Stellen Sie sich vor, Ihr Teenager wäre das Kind anderer Eltern. Wie würden Sie reagieren? Man kann über schwierige Dinge manchmal auch gemeinsam lachen.

4. Lassen Sie auch Zorn zu.

Lernen Sie, negative Gefühle zuzulassen, ohne dabei Ihren Sohn anzugreifen oder sich selbst zu rechtfertigen. Jungen (und Männer) müssen üben, ihre Wut zu kontrollieren, die das Adrenalin im Körper freisetzen kann. Am besten geht das durch Sport. Zeigen Sie Ihrem Sohn, dass man Gefühle mit Joggen, Fahrrad fahren und jeder Art von körperlicher Anstrengung abbauen kann. Auch ein Boxsack kann hilfreich sein.

5. Körperkontakt ist wichtig.

Jungen in der Pubertät würden wahrscheinlich nicht zugeben, dass sie gern umarmt und gedrückt werden wollen, aber sie brauchen trotzdem Berührungen. Finden Sie heraus, was für Ihren Sohn akzeptabel ist, vielleicht ein Vater-Sohn-Ringkampf, ein anerkennendes Schulterklopfen oder ein scherzhaft-zärtliches durch die Haare Wuscheln. Wenn die älteren Jungen allmählich mehr Kraft haben als ihre Väter, lassen sie sich oft auch gern auf ein Kräftemessen ein.

» Als mein Sohn noch jünger war, habe ich ihn manchmal bis zur völligen Erschöpfung durchgekitzelt, später bot ich ihm Rückenmassagen an. Es waren Möglichkeit, ihm auf eine gute, entspannte Art körperlich nahe zu sein. Manchmal frage ich auch einfach, ob „free hugs" erwünscht wären. Meist lehnt er lachend ab, aber manchmal erlaubt er mir auch, ihn zu umarmen.

Eine alleinerziehende Mutter

6. Nutzen Sie jede Gelegenheit, die sich bietet.

Es gibt Momente, in denen auch Söhne in der Pubertät gern reden. Das sind kostbare Zeitfenster, denen Sie, wenn irgend möglich, Vorrang vor allem anderem geben sollten. Das kann am Ende einer Autofahrt sein (steigen Sie dann nicht aus!), im Wartezimmer der Zahnarztpraxis oder auch spät abends, wenn der Junge längst schlafen sollte.

Meine Fahrdienste waren der Weg zum Herzen meines Sohnes, der manchmal, wenn wir zusammen im Auto saßen, in Redestimmung kam. Als er ein paar Jahre später durch eine schwere Zeit ging, war ich sehr froh über die vertrauensvolle Beziehung, die damals zwischen uns entstanden war. Auch er selbst sagte mir später, wie schön damals unsere Autofahrten für ihn waren.

Eine Mutter

Und wie ticken pubertierende Mädchen?

Vielleicht ist Ihre Tochter ein wunderbares Mädchen und Sie denken, der folgende Abschnitt betrifft Sie nicht. Lesen Sie ihn trotzdem, Dinge können sich schnell ändern!

Einmal leiteten wir einen Workshop für Eltern von Teenagern. Die Eltern der jüngeren Mädchen konnten sich einfach nicht vorstellen, dass ihre Töchter jemals so werden würden wie diese pubertierenden Teenies, von denen in der Runde erzählt wurde.

Eine Mutter wandte ein: „Unsere Tochter würde nie im Leben die Autoschlüssel nehmen und unser Auto gegen die Wand fahren.“ Eine andere widersprach: „Sei dir da nicht so sicher. Wenn die Pubertät beginnt, kann sich über Nacht alles ändern.“

Ein Vater klagte: „Ein paar Wochen vor ihrem dreizehnten Geburtstag war unsere Tochter plötzlich wie ausgewechselt. Davor hat sie gern gelesen, Sport getrieben, sich für andere Menschen und die Natur interessiert. Jetzt ist sie nur noch am

Handy, alles dreht sich um ihr Aussehen, und wenn ihre Selfies nicht schön werden, ist sie unausstehlich."

„Das ist dann wohl die Pubertät", grinste ein anderer und wir erklärten: „Bei Mädchen setzen die Veränderungen oft noch massiver ein als bei Jungen. Statt lieb und gehorsam zu sein, sind die Mädchen plötzlich voller Protest. Ihr grundsätzlicher Frust richtet sich oft besonders gegen ihre Eltern."

Was Experten sagen

Die Welt hat sich sehr verändert, aber was Mädchen in der Pubertät brauchen, ist gleich geblieben. Noch immer brauchen sie liebevolle Eltern, gute Werte, verlässliche Informationen, Freunde, physische Sicherheit, Freiräume, um eigene Entscheidungen zu treffen, Respekt für ihre einzigartige Persönlichkeit und Ermutigung. Haben sie das, können sie sich zu produktiven Erwachsenen entwickeln.[14]

Unrealistische Erwartungen und der Einfluss der Medien

Unsere Welt macht es den jungen Mädchen nicht leicht. Sie sollen einerseits all das verkörpern, was man traditionell von Frauen erwartet, sollen attraktiv und beziehungsorientiert sein. Aber sie sollen möglichst auch herausragende schulische und sportliche Leistungen bringen, studieren und Karriere machen. Natürlich sollten sie dabei auch Super-Skinny-Jeans tragen können.

Dazu kommt der Einfluss der sozialen Medien auf Selbstwahrnehmung und Körperbild: Angststörungen und Depressionen sind oft die Folge und ein negatives Selbstbild kann für die Entwicklung von Essstörungen verantwortlich sein.[15] *Neid auf andere und die Sorge, etwas zu verpassen, können zur Belastung werden.* Auch sexualisierte verbale Gewalt gegen junge Mädchen ist leider immer noch Standard.[16]

Was können Eltern tun?

So erdrückend die Situation auch sein mag, die Unterstützung durch die Eltern kann für Teenager-Mädchen sehr hilfreich sein, falls die Eltern sich an dem orientieren, was ihre Tochter wirklich braucht, und sie als Persönlichkeit respektieren.

Die nun folgenden Tipps zum Umgang mit Mädchen in der Pubertät lassen sich auch zu großen Teilen auf Jungen anwenden.

1. Lieben Sie bedingungslos.

Die Liebe der Eltern darf nichts mit dem Aussehen, den schulischen Leistungen oder der aktuellen Laune zu tun haben.

2. Machen Sie sich bewusst, dass Sie sich in einer vorübergehenden Phase befinden.

Die Pubertät wird eines Tages vorbei sein, auch wenn die pubertäre Entwicklung sich bis in die frühen Zwanzigerjahre hinziehen kann. Irgendwann werden Sie eine erwachsene Tochter haben und mit ihr zusammen auf diese turbulente Zeit zurückblicken.

3. Hauptsache, die Beziehung stimmt.

Es wird wahrscheinlich Zeiten geben, in denen nur Sie in diese Beziehung investieren, während Ihre Tochter einfach nur arrogant und verletzend ist. Stecken Sie so viel wie möglich weg und tun Sie alles, was in Ihrer Macht steht, um die Beziehung zu erhalten.

4. Machen Sie Ihrer Tochter Mut.

Die Entwicklung vom Kind zur Frau ist nicht so einfach. Teenager-Mädchen brauchen den Zuspruch, dass sie das schaffen werden. Dazu empfehlen wir unsere Konzepte des

TeenPrep-Projektes und der Jahresbox, die wir in den Kapiteln sechs und sieben vorstellen. Solche Strukturen geben Ihrer Tochter das Gefühl, ihr Leben auch weiterhin im Griff zu haben.

5. Lob und Bestätigung.

Helfen Sie Ihrer Tochter, alle körperlichen und intellektuellen Fähigkeiten zu nutzen, Sport zu treiben und sich gesund zu ernähren. Suchen Sie jeden Tag nach Möglichkeiten, Ihr Mädchen zu ermutigen und Komplimente zu machen (mehr dazu im fünften Kapitel).

6. Ein Punkt für die Väter: Werben Sie um die Liebe Ihrer Tochter.

Ihr Interesse und Ihre Unterstützung bedeuten Ihrer Tochter sehr viel. Fehlt das, wird es einer jungen Frau später schwerer fallen, ein positives Selbstbild zu entwickeln.

7. Sprechen Sie über die Rolle der Frau.

Wie werden Frauen in den verschiedenen Medien dargestellt? Hören Sie genau hin, wenn Ihre Tochter erklärt, welches Rollenbild ihr von den sozialen Medien nahegebracht wird. Und achten Sie aufmerksam darauf, ob Ihre Tochter in missbräuchliche Beziehungen gerät.

Der Elefant im Raum

Heute wachsen Teenager in einer Kultur auf, in der sexuelle Erfahrungen gefördert werden, Unsicherheit in Bezug auf das eigene Geschlecht zunimmt und die sexuelle Identität ständig im Fluss ist. Immer mehr Eltern erleben, wie Jugendliche mit Fragen aus diesen Bereichen kämpfen. Wenn Ihnen solche Themen nicht in der eigenen Familie begegnen, haben Sie wahrscheinlich Freunde, deren Teenager sich damit auseinandersetzen. Seit Jahren steht das Thema wie ein „Elefant im Raum" – keiner möchte über ihn sprechen, aber jeder weiß, dass er da ist. Weil die Fragen so aktuell sind, möchten wir ein paar einführende Gedanken dazu mit Ihnen teilen.

Wir sind vorsichtig, wenn es darum geht, diese Dinge anzusprechen, und wir werden Ihnen auch nicht sagen, wie Sie sich positionieren sollen, wenn Ihr Teenager Ihnen gesteht, sich zum eigenen Geschlecht hingezogen zu fühlen. Unser Ziel ist es, Sie auf den Tag vorzubereiten, an dem dieses Thema möglicherweise zwischen Ihnen und Ihrem Teenager aufkommt.

Unser Rat ist, dass Sie diese Gespräche mit Ihrem Teenager in einer liebevollen Atmosphäre führen, in der Sie in Ruhe zuhören und Ihr Teenager auch Ihnen zuhören kann. Die beiden Prinzipien, die sich durch dieses Buch ziehen, gelten auch dann, wenn Ihr Kind sich outet: Achten Sie auf eine gute Beziehung und reden Sie freundlich und einfühlsam miteinander.

Ein Hinweis: Wir schreiben für ein breites Publikum mit unterschiedlichen Ansichten und Überzeugungen, aber dieser kurze Abschnitt richtet sich vor allem an Eltern, die von der Mitteilung überrascht sind, dass ihr Teenager sich irgendwo im LGBTQ+-Spektrum einordnet. Ihnen möchten wir einige Tipps geben, sie zu Liebe und Gelassenheit ermutigen und ihnen raten zuzuhören, statt zu reagieren.

Es kann für Ihren Teenager herausfordernd sein, mit Ihnen über die eigene sexuelle Orientierung zu sprechen, wenn Ihre persönlichen Überzeugungen (oder Wünsche) von denen Ihres Kindes abweichen. Achten Sie darauf, dass Ihr Sohn oder Ihre Tochter sich bei Ihnen sicher fühlen kann. Machen Sie sich bewusst, dass Ihr Kind sich wahrscheinlich schon lange vor diesem Gespräch gefürchtet hat. Versuchen Sie, nicht nur zuzuhören, sondern auch nachzuempfinden, was Ihr Teenager zu Ihnen sagt.

Die folgenden Tipps sollen Ihnen helfen, gut durch dieses erste Gespräch zu kommen.

Hören Sie zu, ohne zu reagieren.

Der bekannte Satz: „Seid schnell zum Hören, langsam zum Reden und langsam zum Zorn“[17], passt hier perfekt.

Vermeiden Sie alles, was wehtun könnte.

Ihre grundsätzliche Weltanschauung wird Ihre erste Reaktion beeinflussen. Konzentrieren Sie sich darauf, Ihren Teenager zu verstehen, und machen Sie sich bewusst: Er oder sie müht sich gerade, Ihnen etwas über ein sehr intimes Thema anzuvertrauen. Sein/ihr Ziel ist es nicht, Sie zu verletzen oder zu enttäuschen, sondern von Ihnen verstanden zu werden. Was auch immer Ihre Meinung ist, vor Ihnen sitzt Ihr Kind, das es wagt, Ihnen ehrlich zu erzählen, welche inneren Prozesse es durchläuft.

Hüten Sie sich davor, jetzt das Tischtuch zu zerschneiden.

Bleiben Sie ruhig und erheben Sie keine Vorwürfe. Mag sein, dass Sie sich die Zukunft Ihres Teenagers anders vorgestellt haben, aber jetzt ist nicht die Zeit, darüber zu trauern oder sich aufzuregen. Das können Sie später tun. Aber auch dann ist es besser, Zorn und Bitterkeit keinen Raum zu geben. Denn das merkt man Ihnen an. Es werden noch viele Gespräche folgen, und je positiver Ihre Haltung Ihrem Teenager gegenüber ist, desto weniger kompliziert wird es weitergehen.

Sprechen Sie über Ihre Liebe zu Ihrem Sohn oder Ihrer Tochter. Zum Beispiel so: „Ich habe dich lieb und daran wird sich niemals etwas ändern“ und: „Du kannst mir immer sagen, was du denkst und fühlst und ich will immer versuchen, dich zu verstehen.“

Bitten Sie um Hilfe, wenn Ihnen das alles fremd ist, Sie es aber verstehen wollen. Diese Haltung wird Ihrem Teenager guttun: „Du weißt ja, dass ich da nicht wirklich Bescheid weiß. Es ist mir aber wichtig, dass du mir alles erklärst, damit ich dich verstehen kann. Bitte sag mir auch, was du dir von mir wünschst."

Bleiben Sie im Gespräch und investieren Sie in die Beziehung zu Ihrem Kind – damit steht und fällt alles.

Beziehung pflegen heißt konkret:

Sie spielen im Leben Ihres Teenagers eine entscheidende Rolle. Egal vor welchen Herausforderungen Sie und Ihre Kinder gerade stehen und welche Themen in Ihrer Familie rumoren, alles wird erträglicher, wenn Sie nicht gegeneinander, sondern miteinander unterwegs sind. Dazu ein paar praktische Tipps:

- Machen Sie gemeinsame Unternehmungen, auf die Ihr Teenager Lust hat.
- Kochen und backen Sie zusammen mit Ihrem Teenager, soweit er Freude daran hat.
- Nutzen Sie jede Gelegenheit für ein Lob oder ein Kompliment.
- Fangen Sie jeden Tag neu an. Vergeben und vergessen Sie die bösen Worte, die Ihnen gestern an den Kopf geworfen wurden.

Als mein Sohn noch jünger war, hat er von mir die Formulierung „einen Strich drunter machen" übernommen. Oft, wenn er der Meinung war, ich hätte nun genug geschimpft, schlug er vor: „Mama, lass uns einen Strich drunter machen!" Dafür war ich immer dankbar. Mehr böse Worte hätten nichts besser gemacht.

Jetzt, wo die Kinder älter sind, mache ich einen Strich darunter, indem ich vor dem Einschlafen Tagebuch schreibe. Damit sind die Konflikte, die mich heute belastet haben, erst einmal bearbeitet und wir können am nächsten Morgen wieder neu anfangen.

Eine alleinerziehende Mutter

Zum guten Schluss

Behalten Sie immer beides im Blick: die Persönlichkeit Ihres Kindes und sein Geschlecht.

Es lohnt sich nicht, mit Ihrem Teenager zu streiten – dadurch wird nichts besser. Ein Teenager, für den gerade alles schiefgeht, der zu Hause unausstehlich ist und sich dem Einfluss schlechter Freunde nicht entziehen kann, braucht Eltern, die ihm Halt geben. Vergessen Sie Ihre Ideale, geben Sie die Nebenschauplätze auf und helfen Sie Ihrem Kind bei den Themen, die langfristig entscheidend sind.

Wenn wir uns in die Beziehung investieren und entspannte Ansprechpartner sind, wenn wir die Jugendlichen nicht verurteilen und wenn wir unsere Sorgen und Ängste durch Liebe und Vertrauen ersetzen, dann kann es schön sein, die eigenen Kinder auf ihrer Reise durch die Pubertät zu begleiten. Man kann zusammen lachen, aufeinander stolz sein und sich nahe sein. Natürlich wird das nicht lückenlos gelingen. Aber trotzdem muss man sich vor der Pubertät nicht fürchten, sondern kann diese Jahre genießen, die man noch miteinander hat, bevor die Kinder das Haus verlassen.

Miteinander reden

Fragen Sie Ihren Sohn nach seinen Lieblingsserien und -spielen. Gibt es einen Content Creator, den er besonders mag (Personen, die auf YouTube, Twitch.tv und anderen Plattformen Videos hochladen oder Games streamen)? Was gefällt ihm an der Person? Was würde er davon gern für sich übernehmen?

Bitten Sie Ihren Sohn, auch mal in seine Serie reinschauen oder bei einem seiner Games mitspielen zu dürfen. Lassen Sie sich die Welt zeigen und erklären, in der Ihr Sohn zu Hause ist. Vielleicht werden die Dinge Ihnen auch Spaß machen?

Fragen Sie Ihre Tochter nach ihren Lieblingsmusikern. Welches Musikgenre liebt sie besonders? Hören Sie gemeinsam die Musik an, lassen Sie sich die Videos zeigen, schenken Sie Ihr ein Konzertticket. Folgen Sie denselben Künstlern und Influencern wie Ihre Tochter, dann können Sie mit ihr über die aktuellen Posts reden. Wenn Ihre Tochter selbst etwas postet, dann seien Sie bei den Ersten, die ein Like geben.

Ob Sohn oder Tochter: Hüten Sie sich davor, das zu kritisieren, was Ihr Kind Ihnen anvertraut. Versuchen Sie zu verstehen, was Ihrem Kind daran gefällt, schlimmstenfalls sagen Sie einfach nichts dazu.

Kapitel fünf

Eine neue Perspektive

» Ich habe eine Eins in Mathe, viele Zweier, zwei Dreier und eine Vier. Meine Eltern haben sich über die eine Vier total aufgeregt.

Als ich auf meinen kleinen Bruder aufgepasst habe (unbezahlt), waren meine Eltern sauer, weil uns das Nutella-Glas runtergefallen ist. Aber wenn ich die Nutella aufgefangen hätte, dann hätte sich mein Bruder den Kopf angeschlagen.

„Kannst du eigentlich gar nichts richtig machen?", sagen sie oft. Dann halten sie mir Vorträge darüber, wie ich eigentlich sein sollte. Warum machen sie mir dauernd Vorhaltungen? Manchmal fühle ich mich wie ein rohes Ei, es fehlt nicht mehr viel, dann breche ich auseinander.

Pascal, 13 Jahre

Ein Jugendlicher ist wie ein Puzzle, bei dem noch Teile fehlen. An manchen Stellen lässt sich das fertige Bild schon erahnen, an anderen Stellen klaffen noch große Lücken. Angenommen, Ihr Sohn ist wie Pascal, kein Überflieger, aber bis auf die eine Vier in Französisch hat er Zweier und Dreier. Worüber reden Sie? Über Französisch? Oder können Sie akzeptieren, dass ihm diese Sprache nicht liegt?

Manchmal hilft es, sich an die eigenen Teenager-Jahre zurückzuerinnern. Eine Mutter erzählte: „Es war eine schreckliche Zeit. Meine Haare waren ständig fettig, ich bekam plötzlich Pickel, dann die feste Zahnspange. Und dann entdeckte ich auch noch, dass meine Nase krumm war."

Das ist die Norm. Bei Mädchen setzt diese Unsicherheit oft schon vor dem dreizehnten Geburtstag ein. Viele Eltern erleben ihre Kinder im Alter von zwölf bis fünfzehn als besonders schwierig, weil da die Selbstzweifel stark ausgeprägt sind. Studien zufolge können sich fast 80 % der Jugendlichen selbst nicht leiden, das Gefühl von Minderwertigkeit ist ein großes Thema. Und der Einfluss der sozialen Medien tut ein Übriges.

Da ein „perfekter“ Körper oft nur mit Willenskraft, Diät und Sport erreicht werden kann, findet sich hier ein Einfallstor für Selbstverachtung bis hin zu Depression. Je mehr sich die Jugendlichen gleichzeitig von den sozialen Medien beeinflussen lassen, desto mehr nehmen psychische Probleme, selbstverletzendes Verhalten und Suizidalität zu, bei Mädchen noch mehr als bei Jungen.

Auch Entwicklungspsychologen bestätigen, dass die psychische Gesundheit während der Pubertät besonders gefährdet ist. Zu große Selbstzweifel können die Entwicklung der Persönlichkeit in diesen Jahren erheblich stören. Keinesfalls sollten Eltern zusätzlich zu der Verunsicherung beitragen.

Natürlich gibt es auch Jugendliche, die solche Probleme nicht kennen. Wenn Ihr Kind unbekümmert und selbstbewusst durch die Pubertät geht, dann freuen Sie sich einfach darüber! Aber bleiben Sie auf der Hut: Auch Jugendliche, die zufrieden und erfolgreich wirken, können nur eine Fassade aufgebaut haben und in Wahrheit sehr unglücklich sein.

Wie wir das Selbstbewusstsein der Teenager stärken können

Welches Bild habe Sie von Ihrem Kind? Sehen Sie eher das Potenzial oder die Schwächen? Das Selbstbild Ihres Kindes wird sich an dem orientieren, was Sie von ihm halten. Es ist Sache der Eltern, das Positive hervorzuheben, das Negative zu relativieren und auch dann an Ihr Kind zu glauben, wenn die Tatsachen dagegen sprechen.

In einem unserer Elternseminare erzählte eine Teilnehmerin:

»

Ich selbst bin in einer Familie aufgewachsen, in der akademische Titel eine große Rolle spielten. Entsprechend schockiert war ich, als unser Sohn seine ersten Noten bekam – nur Dreier und Vierer. In der Grundschule!

Ich versuchte, mir nichts anmerken zu lassen, umarmte meinen Kleinen und lobte ihn: „Das ist ein gutes Zeugnis. Du hast alles bestanden. Und du kannst auch noch besser werden. Da bin ich mir ganz sicher."

In den folgenden Jahren habe ich diesen Satz oft wiederholt. Anders als seine Lehrer war ich immer überzeugt, dass mein Sohn intelligent war. Erst in den letzten Schuljahren verstand er, dass er einen guten Abschluss brauchte, um sein Lieblingsfach studieren zu können. Plötzlich wurden seine Noten immer besser, wie ich es ihm die ganze Zeit zugetraut hatte.

Man muss nicht immer der Beste sein

Es wird immer andere geben, die besser, begabter und attraktiver sind als wir. Was uns selbst betrifft, haben wir uns meist damit abgefunden, aber diese gesunde Form der Bescheidenheit sollten wir auch unseren Kindern zugestehen.

In der Welt der Erwachsenen gibt es Gewinner und Verlierer, keine Firma zeichnet alle Mitarbeiter aus. Wer erlebt, dass sein Bemühen grundsätzlich respektiert wird, der kann auch aus seinem Scheitern lernen und aus Misserfolg kann persönliche Reife entstehen.

Als wir nach mehreren Jahren im deutschsprachigen Europa in die Vereinigten Staaten zogen, waren unsere Jungen ziemlich gute Skifahrer. So wurden sie am neuen Wohnort auch prompt vom dortigen Skisport-Verein rekrutiert, gewannen die meisten Rennen und brachten viele Trophäen nach Hause. Dann stiegen sie in die nächsthöhere Liga auf und trafen auf Wettbewerbsteilnehmer, die schneller waren als sie. Nun mussten wir ihnen erklären, dass sie nicht plötzlich schlechte Skifahrer geworden waren, nur weil sie auf dem zweiten, dritten, manchmal auch auf dem letzten Platz landeten. Entscheidend war, dass sie ihren Teil so gut wie möglich gemacht hatten.

Die Kehrseite der Medaille

Jedes Kind kann manche Dinge besonders gut. Aufgabe der Eltern ist es, die stärker ausgeprägten Fähigkeiten ihrer Kinder zu erkennen und zu fördern. Dabei gibt es allerdings drei häufige Fehler.

Erster Fehler: Die Kinder sollen können, was die Eltern können.

Ist der Vater ein Fußballstar, wird er mit seinem Sohn Fußball trainieren, auch wenn dieser lieber Rad fahren oder schwimmen würde. Fördern Sie Ihr Kind in den Bereichen, in denen seine Stärken liegen! Wir waren nicht überrascht, als einer unserer Söhne beim Studium im Debattierklub seiner Uni Erfolge feierte. „Das liegt dir im Blut“, grinsten wir, „das hast du mit uns von klein auf geübt.“

Zweiter Fehler: Die Kinder sollen alles können.

Die Fabel vom Hasen im Schwimmunterricht soll zeigen, wozu es führen kann, wenn Sie von Ihrem Kind zu viel verlangen.

„Eines Tages beschlossen die Tiere, Schulen für ihre Kinder einzuführen. Auf dem Lehrplan standen Laufen, Klettern,

Schwimmen und Fliegen und jedes Tierkind sollte alle Fächer belegen.

Das Entenkind war beim Schwimmen besser als sein Lehrer, beim Fliegen allerdings nur mittelmäßig und im Laufen sehr schlecht. Also musste die kleine Ente das Laufen üben. Der Schwimmunterricht wurde reduziert und nach Schulende gab es ein zusätzliches Lauftraining. Darunter litten ihre Schwimmhäute und in der Folge ließen ihre Leistungen im Schwimmen nach. Aber da die Ente immer noch einigermaßen gut schwimmen konnte, waren die Lehrer zufrieden mit ihr. Nur die Ente selbst machte sich Sorgen.

Ähnlich war es beim Hasenjungen. Er war zu Beginn seiner Schulzeit ein herausragender Läufer, aber von dem vielen zusätzlichen Schwimmunterricht bekam er Muskelprobleme und wurde beim Laufen schlechter.

Das Eichhörnchen konnte von Anfang an gut klettern, aber beim Fliegen war der Lehrer gar nicht zufrieden. Er bestand darauf, dass es vom Boden aus losfliegen sollte, aber das Eichhörnchen konnte nur von den Baumwipfeln aus starten. Von der Überanstrengung im Training bekam es Krämpfe und hatte schließlich im Klettern eine Drei und im Laufen eine Vier.“[18]

Egal, ob Ihr Teenager eher Ente, Hase, Eichhörnchen oder eine andere „Gattung“ ist, fördern Sie das, was Ihrem Kind Freude macht.

Dritter Fehler: Wir fördern die Kinder zu früh.

Wir staunten, als wir damals in die Vereinigten Staaten zogen, dass die Sportvereine Training für Dreijährige und Tennisunterricht für Kleinkinder anboten. Das war gut gemeint, aber für die Kleinen nicht unbedingt ideal.

Aus organisatorischen Gründen konnte ich vieles nur mit allen Kindern gleichzeitig machen. So war der Jüngste oft überfordert, besonders auf Reisen, aber auch beim Ski- und Snowboardkurs, beim Schlittschuhkurs und beim Tauchlehrgang. Beim Skifahren stieg er aus und verbrachte die Zeit lieber mit mir in der Skihütte bei Kakao und Kartenspielen, während seine Geschwister auf der Piste waren. Als er Jahre später wieder Mut fasste, gaben seine Geschwister ihm viele gute Tipps und heute sind sie ein starkes Wintersportteam. Aber ob er seinen Tauchschein jemals nutzen wird, den er als mit Abstand jüngster Kursteilnehmer mühevoll erwarb, bleibt abzuwarten.

Ein alleinerziehender Vater

Grundsätzlich sollten sich Eltern gelegentlich fragen, ob ihr Teenager vielleicht deshalb schlecht gelaunt ist, weil er oder sie zu viele Termine hat und die Zeit fehlt, um mit Freunden abzuhängen oder einfach mal nichts zu machen.

Meine beiden Teenager kommen von der Schule, essen schnell etwas und müssen dann zum Training, Musikunterricht, Bastel- oder Kochkurs. Abends, wenn sie ihre Hausaufgaben machen, sind sie schlecht gelaunt, weil sie müde sind. Sie gehen dann zu spät ins Bett und sind morgens unausgeschlafen. Das einzig Gute daran: Sie sind nicht ständig am Handy. Aber irgendwie ist es so auch nicht ideal.

Ein Vater

Eltern können einfach nicht alles richtig machen – genauso wenig wie ihre Teenager. Aber eine Sache geht immer: Wir können unsere Kinder ermutigen, ihre Gaben zu entfalten. Eine ehrliche Ermutigung im richtigen Moment kann viel bewirken. Davon handelt der nächste Abschnitt.

Fünf zu eins

Hätten Sie gedacht, dass es fünf positive Aussagen braucht, um eine negative Aussage auszugleichen? Vielleicht achten Sie einmal einen Tag lang bewusst darauf, wie viele positive und negative Sätze Sie zu Ihrem Sohn oder Ihrer Tochter sagen. Viel zu oft ist das Verhältnis umgekehrt, fünf zu eins für die kritischen Kommentare. Dabei sorgt eine fünffache Zahl von Ermutigungen ja erst einmal nur für den Gleichstand.[19]

> **Was Experten sagen**
> Die Gehirnforschung zeigt, dass elterliche Kritik noch lange im Gehirn der Jugendlichen nachwirkt. Eltern sollten ihre Kinder bestärken, das Gute hervorheben und über das Negative hinwegsehen. Es tut den Kindern weh, von ihren Eltern kritisiert zu werden, aber wer zu Hause Bestätigung erfährt, wird auch an seinen Schwächen arbeiten.[20]

Wenn wir unsere Kinder nicht ermutigen, wer soll es dann tun? Ihre Freunde? Das wird nicht funktionieren, unter Gleichaltrigen herrscht oft ein rauer Ton, in dem man sich eher übereinander lustig macht oder sarkastisch kommentiert.

Die Lehrer? Ja, manche Lehrer können ihre Schüler wirklich motivieren. Aber andere können auch sehr kritisch sein. Täglich fallen in den Schulen Sätze wie: „Kannst du das nicht besser?", „Eine Handschrift wie ein Erstklässler!", „Was soll ich mit dir bloß machen?".

Für eine Studie sagte man Lehrern im Vorfeld, welche Schüler gut, schlecht oder mittelmäßig waren, was aber nicht den Tatsachen entsprach. Interessanterweise passten sich die Leistungen der Schüler dieser Information an. Jugendliche erfüllen die Erwartungen, die man an sie richtet, im Positiven wie im Negativen. Teenager, die immer kritisches Feedback erhalten, können ihr Potenzial weder erkennen noch ausschöpfen.[21]

Noch einmal: Es ist die Aufgabe der Eltern, ihr Kind zu lieben und zu ermutigen, auch wenn es sich in der Pubertät nicht immer liebenswürdig verhält und teilweise unvernünftige Entscheidungen trifft. Eltern sind eine der wichtigsten Quellen der Ermutigung und sollten alles daran setzen, ihre Teenager-Kinder mit ihrem positiven Blick zu stabilisieren.

Goethe formulierte das so: „Wenn wir die Menschen nur nehmen, wie sie sind, machen wir sie schlechter. Wenn wir sie behandeln, als wären sie, was sie sein sollten, bringen wir sie dahin, wohin sie zu bringen sind."

Doch auch beim Loben kann man Fehler machen. Oder wie wirken diese Sätze auf Sie: „Er war schon immer ein kluges Köpfchen!" Oder: „Sie ist einfach unser Sonnenschein!" Statt zu ermutigen, können wir damit auch Druck ausüben. Solche Sätze wirken wie Titel für gute Leistungen, die auch wieder aberkannt werden können. Wie soll sich der „Sonnenschein" in einer depressiven Phase verhalten? Und wenn das „kluge Köpfchen" eine schlechte Note nach Hause bringt, was dann? Positive Kommentare der Eltern, die sich auf die Leistung der Teenager beziehen, wirken sich oft negativ aus, besonders wenn der Jugendliche sich gerade gar nicht leistungsfähig fühlt.

Was Experten sagen

In der Pubertät fallen die Jugendlichen von einer Stimmung in die nächste und haben Mühe, dem Lob der Erwachsenen zu glauben. Es hilft, wenn die Eltern ihnen den Freiraum geben, sich auszuprobieren und probeweise in verschiedene Identitäten zu schlüpfen. Das fördert die Identitätsbildung.

Schmeicheleien merkt man an, dass sie nicht ehrlich gemeint sind, während echtes Lob eine Person oder ein Handeln positiv kommentiert.

Wenn Sie Ihrer Tochter versichern, das schönste Mädchen in der Klasse zu sein, während ein fetter Pickel ihre Nase ziert, machen Sie sich unglaubwürdig und Ihr Teenager wird zukünftige Komplimente auch nicht glauben. Gedankenlos dahergesagte Schmeicheleien können verletzend wirken und als Manipulation empfunden werden.

Nur echtes Lob kommt an. Drücken Sie Ihre Wertschätzung so aus, dass Ihr Kind sich darüber freuen kann. Sprechen Sie ganz ehrlich über das, was Ihnen positiv auffällt, und beschreiben Sie, was das bei Ihnen auslöst. Zum Beispiel: „Die Ordnung in deinem Zimmer gefällt mir sehr. Ich kann mir vorstellen, dass es schön ist, in so einem Zimmer zu wohnen." Ein Kommentar, mit dem Sie Ihre eigenen Beobachtungen und Gefühle beschreiben, wird das Herz Ihres Teenagers erreichen und das Selbstwertgefühl stärken.

Achten Sie darauf, dass Ihre ermutigenden Aussagen nicht an die Leistung Ihres Kindes geknüpft sind. Dazu haben wir noch ein paar Tipps.

Echtes Lob sieht das Potenzial

Erinnern Sie sich an den Vergleich mit dem unfertigen Puzzle? Konzentrieren Sie sich auf das, was schon da ist, nicht auf die Lücken. Wenn Ihr Teenager sich verantwortungsvoll verhalten hat, passt ein Lob:

„Du achtest darauf, dass niemand sich ausgeschlossen fühlt, und du merkst auch, wenn jemand traurig ist. Das ist toll, damit tust du anderen gut."

„Ich finde es super, wie du dich durchbeißt, auch wenn's schwierig wird. Das wird dir noch oft im Leben helfen."

Lob muss ausgesprochen werden

Unsere guten Gedanken helfen dem Teenager nichts, wenn sie unausgesprochen bleiben. Wie viele lobende Worte hat Ihr Kind heute schon von Ihnen gehört? Loben Sie das Verhalten Ihres Teenagers bei einem konkreten Ereignis.

Meiden Sie grundsätzlich formulierte Komplimente, diese treffen nicht immer zu und können das Gegenteil bewirken. Wenn Ihr Teenager sehr unsicher ist, wird sich wahrscheinlich genau die Situation einprägen, in der Ihr allgemein gehaltenes Lob gar nicht gepasst hat.

Ab und zu ist es für Ihr Kind auch schön, vor anderen gelobt zu werden, aber nur, wenn es nicht peinlich wird. Vielleicht so: „Gestern hatten wir eine Familie mit ziemlich lebhaften Kindern eingeladen und Julia konnte super mit ihnen umgehen."

Wir haben uns schon damit beschäftigt, wie wichtig es ist, die Jugendlichen zu akzeptieren. Doch als Eltern sollten wir es nicht bei dem positiven Blick auf unseren Teenager belassen, sondern uns angewöhnen, diese guten Gedanken in ermutigende Worte zu fassen. Machen Sie es sich zur Gewohnheit, die negativen Gedanken abzuwehren und die positiven auszusprechen.

Wenn Sie bisher eher auf das Negative fixiert waren und kaum ermutigt haben, werden Sie sich nicht über Nacht umstellen können. Aber man weiß heute, dass es etwa drei Wochen dauert, bis man sich ein neues Verhalten angewöhnt hat, und sechs Wochen, bis man es gern tut. Es ist also zu schaffen!

Einfach anfangen

Einige Eltern stellten während einer Gesprächsrunde fest, dass sie in der letzten Zeit kaum daran gedacht hatten, ihre Teenager zu ermutigen. Das wollten sie nun ändern und nahmen sich vor, mindestens fünf Mal pro Woche etwas Positives zu Ihrem Kind zu sagen.

Am Ende der Woche berichtete eine Mutter: „Es fühlte sich zuerst ganz komisch an, diese lobenden Sätze auszusprechen. Aber ich sagte ja die Wahrheit und die hat auch mir selbst gutgetan."

Machen Sie es zu Ihrer täglichen Gewohnheit, Wertschätzung auszudrücken, auch wenn Sie sich dabei zunächst ein bisschen seltsam fühlen. Tun Sie es einfach!

Es gibt viele verschiedene Möglichkeiten, einander zu ermutigen. Eine Mutter erstellte aus dem Namen ihrer Tochter ein Akrostichon und überlegte sich zu jedem Buchstaben eine positive Eigenschaft, für die sie dankbar war.

LISA ist

L iebevoll im Umgang mit ihren jüngeren Geschwistern

I ntelligent

S auber und ordentlich

A npassungsfähig

Auf diese Weise kann man eine Geburtstagskarte gestalten – oder einen alltäglichen Notizzettel. Im Internet gibt es Listen mit Adjektiven, von denen man sich inspirieren lassen kann, um den Kindern (oder anderen Menschen) ermutigende Botschaften zu schicken.[22]

Ein Teenager, dessen Eltern ihm seine guten Eigenschaften schriftlich auflisten, wird staunen: „Das denken meine Eltern über mich? Vielleicht haben sie ja recht!" Und das Selbstwertgefühl wird zunehmen.

Die sozialen Medien machen es uns leicht, man kann jederzeit eine ermutigende kleine Nachricht mit einem süßen Emoji versenden – aber machen Sie das unbedingt so diskret, dass die Freunde Ihres Teenagers es nicht sehen können. Auf keinen Fall Herzchen in Gruppenchats schicken!

Zum Beispiel:

- Herzlichen Glückwunsch! Ich wusste, dass du die Prüfung schaffen würdest!
- Bestimmt bist du enttäuscht, weil ihr das Fußballspiel verloren habt. Aber an dir lag es nicht, du hast alles gegeben.
- Ich kann mir vorstellen, dass du dich ärgerst wegen Mathe. Aber ich habe mich gefreut, dass du so diszipliniert gelernt hast. Nächstes Mal wird die Note bestimmt auch besser.

Ich schicke übers Handy immer wieder eine kleine „HDL"-Nachricht (Hab dich lieb) oder einen freundlichen Gedanken an die Kinder. Auch mein Neunzehnjähriger bekommt solche Nachrichten von mir. Er antwortet dann nicht mit „Ich hab dich auch lieb", aber ein „Danke" oder „Alles gut" bekomme ich meistens schon zurück. Ich habe ihm immer gesagt, dass ich ihn lieb habe, auch in den Jahren, als ihm das peinlich war. Diese Worte sollen bei uns immer ganz normal sein.

Eine Mutter

Man kann auch Briefe schreiben

Ein Geburtstag oder ein besonderer Anlass, sei er schön oder traurig, ist auch eine gute Gelegenheit, um einen Brief oder eine Karte zu schreiben. Eine Mutter notierte für ihr Kind zum dreizehnten Geburtstag alle Fortschritte des letzten Jahres, ein Vater verfasste für seinen Sohn zum Schulabschluss einen Brief, in dem er ihm sein Vertrauen zusicherte. Ein Teenager-Mädchen bekam von seinem Vater zum 16. Geburtstag einen Brief, in dem er sechzehn Gaben seiner Tochter auflistete, über die er sich freute.

Wenn Sie danach Ausschau halten, werden Ihnen immer mehr Gelegenheiten einfallen, zu denen Sie Ihren Kindern etwas Wertschätzendes aufschreiben können.

Über die Jahre haben wir unseren Kindern zahllose ermutigende Zettelchen und Briefe geschrieben. Nun schicken wir unseren Enkeln Nachrichten aufs Handy. Auch das ist eine schöne Art, Kontakt zu halten. Eines Tages fragte unsere älteste Enkeltochter, ob wir mit ihr eine Brieffreundschaft führen wollten. Seither gehen die Briefe ganz traditionell auf dem Postweg hin und her, wir erzählen uns gegenseitig von unseren Träumen und Hoffnungen und die Beziehung zwischen uns vertieft sich, auch wenn manchmal Monate zwischen zwei Briefen liegen. Wir hüten die Briefe wie Schätze, nicht wissend, wie lange diese Brieffreundschaft noch gehen wird. Aber wir nutzen alle Möglichkeiten, um in Verbindung zu bleiben.

Aus dem Familienarchiv der Arps

Ein Fest zu Ehren Ihres Teenagers

Für Geburtstagskinder organisieren wir Feste und auch andere besondere Ereignisse im Leben eines Teenagers werden gefeiert. Aber wie wäre es, ein Fest für unser Kind zu feiern, ganz ohne äußeren Anlass? Einfach nur, weil dieser junge Mensch für uns etwas ganz Besonderes ist und wir ihn oder sie lieb haben? So ein Fest kann im kleinen oder großen Rahmen gefeiert werden, mit Geschenken oder ohne. Darauf kommt es nicht an, wichtig ist die Botschaft, die vermittelt wird.

Es waren nur noch drei Tage bis zum großen Leichtathletikwettkampf, für den Jonas seit Monaten trainierte. Da stürzte er beim Hochsprung und brach sich den Arm. Für ihn ging an diesem Tag die Welt unter.

Der Familienrat tagte. Ich kochte sein Lieblingsessen, seine Schwester machte einen Kuchen mit der Aufschrift: „Jonas, unser Superstar". Die Wände wurden mit großen Postern beklebt, darauf stand: „Jonas, Wettkampf-Gewinner im nächsten Jahr!", „Der Kampfgeist zählt!" und: „Jonas, wir lieben dich!" Jeder schenkte ihm einen Gutschein für etwas ganz Besonderes, das wir für ihn tun wollten.

Diese Party ließ seine Enttäuschung nicht verschwinden, aber wir konnten ihm zeigen, dass wir mit ihm fühlten.

Eine Mutter

Zum guten Schluss

Das Leben ist hart, Enttäuschungen und Verletzungen warten auf jeden von uns, besonders auf Teenager. Es ist die Aufgabe der Familie, die harten Schläge abzufedern. Wenn Eltern sich entschließen, das Gute in ihren Kindern zu sehen, sagen sie damit: „Du bist eine ganz besondere Person! Ich finde es sehr schön, deine Mutter/dein Vater zu sein!"

Wollen Sie diese Aufgabe übernehmen und Ermutiger Ihres Kindes werden? Dann sind Sie bereit für den zweiten Teil dieses Buches. Nun wird es darum gehen, den Jugendlichen Verantwortung zu übertragen und ihnen zu helfen, selbstständig zu werden.

Miteinander reden – Teenager ermutigen

Führen Sie zwei Strichlisten: Für jeden wertschätzenden und jeden negativen Kommentar gibt es einen Strich. Wie sieht das Ergebnis nach vierundzwanzig Stunden aus?

Sagen Sie Ihrem Teenager jeden Tag etwas Positives, eine Woche lang.

Schreiben Sie auf, wofür Sie Ihr Kind in dieser Woche loben wollen.

Überlegen Sie sich, wie Sie Ihrem Kind zeigen können, dass Sie immer zu ihm halten werden.

Schicken Sie Ihrem Teenager eine liebe Nachricht aufs Handy, entwerfen Sie ein Akrostichon oder organisieren Sie ein Fest zu Ehren Ihres Teenagers. Folgen Sie den Beispielen aus dem Buch oder denken Sie sich selbst etwas aus.

Teil zwei

Verantwortung übertragen
Hilfestellung für Teenager

Kapitel sechs

TeenPrep, das individuelle Übergangsritual

„Zwei Dinge sollen Kinder von ihren Eltern bekommen", hat Johann Wolfgang von Goethe einmal gesagt, „Wurzeln, solange sie klein sind, und Flügel, wenn sie größer werden." In der Zeit dazwischen, da spielt sich das Abenteuer Erziehung ab.[23]

Während der Regen auf unser Zeltdach prasselte, versuchte ich (David), mich nicht zu fragen, was um alles in der Welt ich hier gerade tat – und warum ich nicht zu Hause in meinem weichem Bett lag, sondern auf dieser harten Isomatte. Neben mir saß mein Zwölfjähriger und stellte mir begeistert seine Lieblingsmusik vor.

Auch mit den beiden älteren Jungen hatte ich das gemacht. Das Camping-Wochenende mit Papa zählte zu den Ritualen, die wir als Familie entwickelt hatten, um den Eintritt unserer Kinder in die Teenagerjahre zu zelebrieren. Dazu gehörten auch noch weitere Herausforderungen, die wir unter dem Namen „TeenPrep" zusammenfassten. Es waren Aufgaben, die unsere Kinder vor ihrem dreizehnten Geburtstag meistern sollten, einschließlich der selbstständigen Planung eines Outdoor-Wochenendes.

Als Vorbereitung auf den kommenden Lebensabschnitt sollten unsere Kinder erleben, wie sie sich Ziele setzen und diese auch erreichen konnten. Wir wollten ihr Selbstvertrauen stärken und ihnen zeigen, dass sie diesen Weg, der durch die

Pubertät hindurch in ein selbstständiges Leben führte, schaffen konnten.

Die Rolle der Eltern ändert sich

Eltern haben die Aufgabe, sich im Leben ihrer Kinder überflüssig zu machen und gleichzeitig eine lebenslange Beziehung mit ihnen zu führen. Es ist gut, wenn sie dieses zweifache Ziel vor Augen haben und bewusst darüber nachdenken, wie sie es erreichen können. Während die Eltern einerseits die zunehmende Selbstständigkeit ihrer Teenager fördern, brauchen diese gleichzeitig noch Unterstützung bei vielem, was sie noch nicht allein können. In der Pubertät ist diese Gratwanderung oft schwierig.

Was Experten sagen

Der Beginn der Pubertät ist mit Angst und Unsicherheit verbunden – bei Eltern und Kindern. Keiner der Beteiligten fühlt sich der neuen Situation gewachsen. Die meisten Eltern möchten ihre Kinder unterstützen, wissen aber nicht, wie, während die Teenager sich vor allem wünschen, von ihren Eltern nicht mehr als „kleine Kinder" behandelt zu werden.

In einem Eltern-Seminar klagte ein Vater:

In der Pubertät lauern so viele Gefahren auf die Teenager, gleichzeitig haben wir immer weniger Einfluss auf sie. Das kann einem schon Angst machen.

Eine Mutter drückte das so aus:

Die Kinder lösen sich unaufhaltsam von mir. Ich würde den Prozess aber gern steuern, damit es für sie möglichst reibungslos läuft.

Wir erklärten den Eltern: „Kinder sind auf Unabhängigkeit programmiert. Die Aufgabe der Eltern besteht darin, diese zuzulassen. Reden Sie mit Ihren Kindern darüber, dass sie eines Tages das Elternhaus verlassen werden. Sie können mit Ihren Teenagern zusammen planen, in welchen Schritten die Ablösung erfolgen soll. Wenn Jugendliche erkennen, dass sie sich von ihren Eltern nicht gewaltsam losreißen müssen, nimmt ihnen das viel Druck. Gleichzeitig ist es für die Eltern sehr beruhigend, wenn sie den Einfluss auf ihre Kinder kontrolliert abgeben können."

Dann erklärten wir den Eltern unser TeenPrep-Projekt, ein Konzept, das wir mit unseren eigenen Kindern für deren Eintritt in die Pubertät entwickelt hatten. Es funktionierte so gut, dass wir es im Laufe der Jahre in Elterngruppen und Seminaren mit Tausenden von Eltern geteilt haben.

Durch das TeenPrep-Projekt konnten wir das Selbstbewusstsein unserer Kinder stärken und ihre Angst vor der Pubertät reduzieren. Auch uns als Eltern hat es geholfen, zuversichtlich in die Zukunft zu schauen.

Tipp: Wenn Ihre Kinder schon mitten in der Pubertät sind, können Sie dieses Konzept natürlich auch abwandeln und den Bedürfnissen Ihrer älteren Teenager anpassen.

Das TeenPrep-Projekt

Im Judentum werden Mädchen mit 12 Jahren zu Bat Mizwa (Tochter des Gebots/der Pflicht), Jungen werden mit 13 Jahren zu Bar Mizwa (Sohn des Gebots/der Pflicht). Dieser Eintritt in die Religionsmündigkeit wird in der Synagoge und mit Familie und Freunden gefeiert. In den christlichen Kirchen sind Konfirmation, Erstkommunion und Firmung ähnliche Feste, die Jugendliche zu vollwertigen Mitgliedern ihrer Religionsgemeinschaften machen.

Doch abgesehen von diesen religiösen Festen kennt die

westliche Kultur wenig Übergangsriten, die den Wechsel vom Kind zum Jugendlichen markieren. Hier setzt das TeenPrep-Projekt an. Man kann es als Vorläufer und Ergänzung der religiösen Feiern sehen. Aber grundsätzlich hat das TeenPrep-Projekt nichts mit Religion zu tun. Eltern können ihm religiöse Aspekt hinzufügen, das muss aber nicht sein. Vor allem deckt es andere Bereiche der Persönlichkeitsentwicklung ab.

Jeweils ein paar Monate vor ihrem dreizehnten Geburtstag haben wir mit unseren Söhnen über ihr persönliches Teen-Prep-Projekt geredet: „Wir freuen uns, dass du bald dreizehn wirst. Dann bist du offiziell ein Teenager und das wird sich auch auf unsere Familie auswirken. Du bist dann kein Kind mehr, sondern ein angehender Erwachsener. Deshalb wollen wir von da an auch anders mit dir umgehen. Wir haben uns etwas Spannendes für dich ausgedacht, das dich auf deine Teenagerjahre vorbereiten wird."

Dann zeigten wir die Aufgaben, die wir uns überlegt hatten. Sie bezogen sich auf sportlich-kreative, intellektuelle, ethische-moralische und praktische Bereiche. Für Motivation war natürlich auch gesorgt: „Wenn du alle Aufgaben vor dem dreizehnten Geburtstag erledigt hast, gibt es eine ziemlich große Belohnung."

Natürlich kann man das auch anders angehen, dem Kind nur das Grundprinzip erklären und dann um Mitarbeit bitten: „Du darfst jetzt selbst überlegen, welche Herausforderung dir helfen würde, in jedem der vier Bereiche zu wachsen. Überleg dir konkrete Projekte, die du dir vornehmen könntest. Dann legen wir gemeinsam die Regeln fest und schreiben alles auf."

Damit vermittelten wir jedem Sohn, dass wir mit Vorfreude auf seine Teenagerzeit zugingen: *Nein, wir haben keine Angst vor der Pubertät! Wir erwarten nicht, dass es eine schlimme Zeit wird. Wir finden es spannend, dass du dich auf dein Erwachsenenleben vorbereitest. Die nächsten Jahre werden interessant werden. Für uns ist es etwas ganz Besonderes, dass du jetzt in die Pubertät kommst, und wir werden dich überall unterstützen, wo du unsere Hilfe brauchst!*

Vorfreude ist ansteckend. Wir wollen unsere zukünftigen Teenager ganz bewusst mit unserer positiven Haltung beeinflussen. Mit einem maßgeschneiderten TeenPrep-Projekt geben wir ihnen die Möglichkeit, sich gut auf diese besondere Zeit ihres Lebens vorzubereiten.

Seien Sie kreativ und passen Sie die Aufgaben der Situation Ihres Kindes an. Wenn ein Kind sein Geld schnell ausgibt, dann kann man sich eine Aufgabe überlegen, bei der man den Umgang mit Geld einüben kann. Aber ein Kind, das mehr Taschengeld gespart hat, als die Eltern auf dem Konto haben, braucht eine andere Herausforderung. Vielleicht ist es noch kein sicherer Schwimmer, dann könnte man da ansetzen.

TeenPrep soll Spaß machen, deshalb wählen wir Aufgaben in Bereichen, die der Jugendliche gern macht und gut kann. Dazu kommen dann aber auch die anderen Bereiche, die noch ausbaufähig sind, sonst wäre das Ganze ja keine Herausforderung.

Hier ein Beispiel:

Kims TeenPrep-Projekt

1. Ziele im Bereich von Sport (oder Kunst und Musik)

- Laufe eine bestimmte Strecke in einer bestimmten Zeit.
- Erstelle dir einen Trainingsplan für den kommenden Monat.

2. Intellektuelle Ziele (Wissen und Verstehen)

- Lies die Biografie einer Person, die du interessant findest, und erzähle uns von dem Buch.
- Lies etwas aus dem Bereich der klassischen Literatur.

3. Geistliche oder ethisch-moralische Ziele (Überzeugungen, Werte, Spiritualität)

- Überlege dir, welche Werte dir als Teenager wichtig sind, und schreibe sie auf (Ehrlichkeit, Respekt, gesunde Ernährung, Sport etc.).
- Finde heraus, welche Religionsgemeinschaften es in unserer Stadt gibt, und wähle eine oder zwei aus, deren religiöse Feiern du besuchen möchtest. Lies das Buch der Sprüche (aus der Bibel) und wähle dir daraus fünf hilfreiche Lebensregeln aus.

4. Praktische Ziele (Umgang mit Geld, Kochen, Nähen, Familienunternehmungen)

- Finde eine Möglichkeit, Geld zu verdienen. Die Eltern werden den Betrag, den du bis zu deinem 13. Geburtstag verdient und angespart hast, verdoppeln.
- Plane und organisiere ein Camping-/Städte-/Fahrrad-Wochenende mit einem Elternteil.

Was auch geht:

Soziale Ziele: Manche Jugendliche verbringen viel Zeit am Handy oder PC. Mit einer entsprechenden Aufgabe im Teen-Prep-Rahmen kann man sie dazu bringen, mehr persönlichen Kontakt mit Gleichaltrigen zu haben.

Ziele im IT-Bereich: den Umgang mit einer neuen Software oder einer neuen App lernen; den Eltern etwas am Handy oder PC beibringen; sich mit einer Programmiersprache beschäftigen; die Vor- und Nachteile der bekanntesten sozialen Medien herausfinden und aufschreiben.

Kreative Fähigkeiten im elektronischen Bereich: Man kann dem Jugendlichen ein Zeichen-Pad kaufen, damit er lernen kann, damit umzugehen. Oder eine Aufgabe könnte sein, ein Fotoalbum am PC zu erstellen und drucken zu lassen.

Wichtig: Suchen Sie Aufgaben aus, die gut zu Ihrem angehenden Teenager passen.

Es wäre ideal, das TeenPrep-Projekt im Sommer durchzuführen, wenn Ihr Kind schulfrei hat – oder zumindest am Anfang von zweiwöchigen Ferien. Auf jeden Fall sollten Sie genug Zeit einplanen, damit Ihr Beinahe-Teenager seine Aufgaben bis zum dreizehnten Geburtstag in Ruhe erledigen kann.

Ist alles geschafft, hat die ganze Familie Grund zum Feiern. Egal, wie Sie das gestalten, die Botschaft lautet: *Das hast du super gemacht! Wir sind stolz auf dich!*

Ein paar Tipps:

1. *Ein Geschenk ist immer richtig,* entweder eine Überraschung oder etwas, was der Jugendliche sich gewünscht und ausgesucht hat. Wenn ein Jugendlicher zunächst nicht so leicht von TeenPrep zu überzeugen ist, dann kann die Aussicht auf eine besondere Belohnung helfen.
2. *Nutzen Sie die Gelegenheit, um Verwandte und Freunde einzuladen* und das Lieblingsessen das angehenden Teenagers zu kochen.
3. *Überreichen Sie dem erfolgreichen TeenPrep-Absolventen eine Urkunde,* die schön genug ist, um in seinem/ihrem Zimmer aufgehängt zu werden.

Startklar für die Teenagerzeit

____

hat alle TeenPrep-Herausforderungen mit Erfolg gemeistert und damit bewiesen, dass er/sie bereit ist, in die spannende und faszinierende Welt der Teenager aufgenommen zu werden.

Ort ________________

Offiziell beglaubigt am heutigen Tag ________________

Durch ________________

Folgende TeepPrep-Ziele wurden erreicht:

Körperlich: ___ Distanz in ___ Zeit gelaufen

Intellektuell: Biografie von ___ gelesen und der Familie vorgetragen

Geistlich/Ethisch: eine religiöse Feier besucht und das Buch der Sprüche gelesen

Praktisch: Campingwochenende mit Papa geplant und durchgeführt

60 Euro verdient

Unterschrift Teenager ________________

Unterschrift Eltern ________________

Und dann?

Damit ist das TeenPrep-Projekt abgeschlossen und die Pubertät kann beginnen. Der Übergang wurde bewusst gemacht und angemessen gewürdigt.

Für die Eltern sehen wir darin zwei Vorteile:

1. Alle Beteiligten gehen mit einer positiven Haltung in die nächste Lebensphase.
2. Die Familie ist sich durch die Aufgaben nähergekommen.

Dem Jugendlichen bringt das Projekt unter anderem …

1. das gute Gefühl, etwas geschafft zu haben, bevor die Pubertät beginnt.
2. die Gewissheit, dass den Eltern klar ist, dass er/sie nun kein Kind mehr ist.
3. die Erfahrung, dass man mit den Eltern zusammen etwas auf die Beine stellen kann.

Ende und Anfang

Als einer unserer Söhne das TeenPrep-Projekt hinter sich hatte, meinte er: „Ich finde es gut, Ziele erreicht zu haben." Ein anderer Sohn stellte fest: „In unserer Klasse wurden nur Jonas (sein jüdischer Freund) und ich darauf vorbereitet, Teenager zu werden." Statt uns von den Herausforderungen der nächsten Lebensphase einschüchtern zu lassen, stärken wir den Teamgeist in der Familie und die Leistungsbereitschaft der Jugendlichen.

Mit meinen Kindern geht das nicht!

Zwei unserer Söhne fanden das Projekt super, der dritte reagierte genervt: „Muss ich das echt machen?" Für ihn brauchte es eine ganz besondere Belohnung, die er sich sehr wünschte, sonst hätte er nicht mitgemacht.

Wenn mein Kind aber nicht mitmacht?

Manche Menschen lieben Listen mit Aufgaben, die sie abhaken können, andere belastet das. Für manche Jugendliche ist es besser, ihnen das Konzept von „TeenPrep" überhaupt nicht zu erklären, weil ihnen das viel zu anstrengend wäre. Ein Vater erzählte:

> Für unseren Sohn mussten wir das ganz unauffällig machen. Ohne dass er es realisiert hat, haben wir ihn im Sommer vor seinem dreizehnten Geburtstag die verschiedenen Aufgaben erledigen lassen.

Und wenn mein Kind die Aufgaben nicht schafft?

Nicht jeder hält bei so etwas durch. Wenn Ihr Kind irgendwann nicht mehr weitermachen will, dann ziehen Sie eine Zwischenbilanz. Würdigen Sie alles, was schon erreicht wurde, und finden Sie eine Lösung für den Rest. Vielleicht waren die Erwartungen zu hoch? Überlegen Sie mit Ihrem Kind zusammen, welche einfacheren Ziele realistisch noch zu schaffen wären. Falls Sie vorher die Aufgabe gestellt hatten, Ihr Kind soll eine Woche lang jeden Tag für die Familie kochen, könnte man daraus ein einmaliges Drei-Gänge-Menü machen. Oder ein ganzes Campingwochenende kann auf einen Tagesausflug reduziert werden.

Mein Kind braucht das nicht.

Manche Kinder können schon alles, was TeenPrep vermitteln will. Ihnen kann man andere Aufgaben geben, die besser passen. Wir hörten von einer Mutter, die ihrer Tochter erlaubte, zum 13. Geburtstag ihr Zimmer komplett neu zu gestalten. In diesem Fall war die Herausforderung auch aufseiten der Mutter groß, denn sie ist Innenarchitektin und ihre Tochter entschied sich, alles in einem schwarz-weißen Muster zu gestalten.

Man könnte ein reiferes Kind auch dazu ermutigen, ein gemeinnütziges Projekt auf die Beine zu stellen oder seine bisherige Lebensgeschichte aufzuschreiben.

Ich bin alleinerziehend.

Wenn Kinder an zwei Standorten leben und nach unterschiedlichen Prinzipien erzogen werden, scheint die Durchführung eines TeenPrep-Projektes auf den ersten Blick nicht so einfach. Falls die beiden Elternteile ein entspanntes Verhältnis haben, können sie sich vielleicht gemeinsam auf ein Projekt für ihren angehenden Teenager einigen. Ansonsten bleibt jedem Elternteil nur das Zeitfenster, in dem die Kinder bei ihm sind, um das zu machen, was in der Zeit möglich ist. Wenn jeder Elternteil das Kind auf seine Art und in seiner Betreuungszeit auf die Teenagerjahre vorbereitet, ist das genauso wenig ideal wie zwei Geburtstagsfeiern, zwei Urlaube und zweimal Weihnachten. Aber manchmal geht es nicht anders. Auch dann ist es wichtig, das Kind bewusst auf seine Teenagerzeit vorzubereiten, und auch dann kann der neue Lebensabschnitt mit Vorfreude gefeiert werden.

Das Konzept von TeenPrep muss in jeder einzelnen Familie – getrennt oder nicht – auf die aktuellen Lebensumstände und die Persönlichkeit und Reife des Kindes angepasst werden.

Das ist mir zu viel Aufwand.

Das stimmt, ein TeenPrep-Projekt kostet Zeit und Energie. Aber gilt das nicht für jeden einzelnen Tag der Kindererziehung? Doch der Aufwand, dieses Übergangsritual durchzuführen, lohnt sich für Eltern und Kinder.

Was Experten sagen

Eltern müssen überlegt handeln, gelassen bleiben und darauf achten, dass es ihnen selbst gut geht. Für Alleinerziehende gilt das umso mehr. Wenn sie ihre Kinder gut in die Teenagerjahre hineinbegleiten, wird das weniger Zeit und Kraft brauchen, als später auf alle möglichen Krisen reagieren zu müssen.

Die Geschichte geht weiter

Über die Jahre bekamen wir viel Feedback von Eltern, die mit unserer TeenPrep-Idee gute Erfahrungen gemacht hatten. Mittlerweile wird das Konzept schon in der zweiten Generation angewandt. Neulich rief unsere Freundin Vera an und erzählte begeistert von ihrer Enkeltochter, die gerade ihr Projekt abgeschlossen hatte. Veras Tochter, die vor Jahren selbst ein TeenPrep-Projekt bestehen musste, hatte sich nun für ihre Tochter sehr kreative Aufgaben ausgedacht: „Alles hatte mit der Zahl 13 zu tun: Sie musste 13 Kilometer Fahrrad fahren, 13 Blogbeiträge darüber schreiben, wie es ist, wenn man 13 wird und 13 Gerichte kochen." Wir freuten uns mit Vera, hatten wir selbst inzwischen doch auch schon mit einem Enkel ein TeenPrep durchgeführt.

Zum guten Schluss: eine Geschichte aus dem Familienarchiv der Arps

Vor ein paar Jahren bekam unser Enkelsohn einen Brief von uns:

» Lieber W., wir finden es superspannend, dass du in wenigen Monaten schon dreizehn wirst. Wir haben uns etwas für dich ausgedacht, was dich gut auf deine Teenagerzeit vorbereiten wird. Wenn du die Aufgaben bis zu deinem Geburtstag schaffst, bekommst du von uns eine besondere Belohnung. Außerdem werden wir das Geld verdoppeln, das du bis dahin verdient und gespart haben wirst. Bald bist du kein Kind mehr, sondern ein Jugendlicher. Wir freuen uns darauf! Wir haben dich lieb!
Deine Oma und Opa

W. machte sich mit Eifer an die Aufgaben. Statt der geforderten 50 € schaffte er es, als Schiedsrichter bei Kinderfußball-Turnieren 200 € zu verdienen. Das Essen, das er für seine Familie kochte, gelang sehr gut und die sportliche Anstrengung, die wir ihm vorgeschlagen hatten, zahlte sich aus: Er wurde der wichtigste Spieler seiner Eishockeymannschaft. Er las auch die Bücher, die auf der Liste standen, und setzte sich mit den von uns vorgeschlagenen Werten (Ehrlichkeit, Respekt, Verantwortung und eine positive Grundhaltung) auseinander.

Auch beim Campingwochenende mit seinem Vater hatte er alles super vorbereitet und reichlich Lebensmittel eingekauft – nur das Kochgeschirr, daran hatte er leider nicht gedacht.

Für W. fingen die Teenagerjahre gut an – und auch für uns als Großeltern zahlte sich das Projekt aus. Die Beziehung zu unserem Enkel vertiefte sich und wir konnten ihm zeigen, dass wir ihm etwas zutrauten und uns für ihn interessieren.

Das sind gute Ausgangsbedingungen für Großeltern – und Eltern – für eine gute Beziehung, auch während der Pubertät. Unserer Familie haben die TeenPrep-Projekte geholfen, nicht nur den Kindern, auch den Enkelkindern.

TeenPrep ist kein Allheilmittel für alle Herausforderungen der Pubertät, aber es kann dazu beitragen, dass die Stürme nicht zu heftig werden. Lassen Sie sich nicht einfach auf die Teenagerzeit zutreiben, sondern ergreifen Sie die Initiative und bieten Sie Ihrem zukünftigen Teenager ein paar Herausforderungen, um sich für die kommende Zeit fit zu machen.

Miteinander reden

Versuchen Sie, wenn möglich, Ihren zukünftigen Teenager einzubeziehen. Sprechen Sie über die Bereiche, in denen Sie ihn voranbringen wollen (z. B. sportlich-kreativ, intellektuell, ethisch-moralisch und praktisch), erklären Sie, was Sie vorhaben, und schreiben Sie es auf, wenn Ihr Kind über die Ziele spricht, die es gern erreichen würde. Auch die Frage nach der Belohnung gehört zum Gespräch. Soll es eine Überraschung sein oder möchte das Kind sein Geschenk selbst aussuchen?

Dann überlegen Sie für sich alleine, welche Stärken Ihres Kindes Sie gern fördern würden und welche Aufgaben Sie ihm dafür geben könnten.

Stellen Sie sich folgende Fragen:

Ist es realistisch? Wird es mein Kind fordern, ohne zu überfordern?

Ist es messbar? Weiß man genau, wann man die Aufgabe erfüllt hat?

Ist der Zeitaufwand realistisch?

Ist die Belohnung klar definiert?

Wenn Sie alle Fragen für sich selbst geklärt haben, dann reden Sie noch einmal gemeinsam über alle Aufgaben und Ziele, auch über den zeitlichen Rahmen – vielleicht bei einem leckeren Essen! Seien Sie flexibel und setzen Sie Ihre Vorstellungen nicht durch, Ihr zukünftiger Teenager muss mit dem Projekt in allen Punkten einverstanden sein. Nachdem Sie gemeinsam die Vereinbarungen unterzeichnet haben, können Sie direkt anfangen, das große Fest zu planen, das zum Abschluss des TeenPrep-Projektes stattfinden wird.

Kapitel sieben

Countdown zur Volljährigkeit: Die Jahresbox

Wenn Teenager lernen, Verantwortung zu übernehmen, macht sie das von der Meinung anderer unabhängig.

Nachdem mit dem TeenPrep-Projekt der Auftakt zur Teenagerzeit gelungen ist, gilt es nun, die Jahre bis zur Volljährigkeit bewusst zu gestalten, damit der Jugendliche am Ende gut vorbereitet in die Eigenverantwortlichkeit aufbrechen kann.

Als Eltern waren wir froh über die TeenPrep-Idee. In einer Lebensphase, die von Unsicherheit geprägt ist, gab sie unseren Jungen Selbstvertrauen. Außerdem erlebten sie, dass wir uns ihnen gegenüber auch veränderten, ihnen mehr zutrauten und sie in dem Maß loslassen wollten, wie sie erwachsen wurden.

Was Experten sagen

Teenager brauchen teilweise noch Unterstützung, teilweise aber auch Freiraum, um Dinge selbst herauszufinden. So sind Eltern gefordert, einerseits Grenzen zu setzen, andererseits aber auch eine altersgerechte Selbstbestimmung zuzulassen.[24]

Nun standen wir als Eltern vor der Aufgabe, die Verantwortung für unsere Kinder schrittweise abzugeben. Damals entstand die Idee einer Jahresbox – einem Kästchen, das Karteikarten enthielt, auf denen wir mit den Kindern zusammen festlegten, wo die Grenzen der Eigenverantwortung im jeweiligen Lebensjahr verlaufen sollten.

Die Jahresbox

Nicht lange nach dem TeenPrep-Abschlussfest und dem dreizehnten Geburtstag luden wir unseren frischgebackenen Teenager zum Essen ein, um ihm unseren neuen Plan vorzustellen:

„Wir finden es super spannend, dass du jetzt ein Teenager bist, und wir wollen dich auch nicht mehr wie ein Kind behandeln. Immerhin bist du in fünf Jahren schon volljährig. Irgendwann wirst du in einer anderen Stadt studieren, ein soziales Jahr absolvieren oder einen Job haben. Bis dahin wollen wir dir dabei helfen, selbstständig zu werden, eigene Entscheidungen zu treffen und in der Erwachsenenwelt zurechtzukommen. Dazu haben wir uns etwas überlegt: Zu jedem Geburtstag wirst du ein bisschen mehr Freiheiten und auch mehr Pflichten bekommen. An deinem achtzehnten Geburtstag entlassen wir dich dann in die Selbstverantwortung."

Dann zeigten wir unserem Sohn das kleine Holzkästchen mit den Karten. Bis jetzt standen darauf nur die Überschriften:

1. Wie lange darf man abends wegbleiben?
2. Schule und Hausaufgaben
3. Handy, soziale Medien und Internet-Umgang
4. Kinderzimmer und Hausarbeit
5. Kleidung und Körperpflege
6. Finanzen
7. Familie
8. Freunde und Partys
9. Praktische Fähigkeiten

Die Regeln wurden nicht von uns festgelegt, sondern wir verhandelten und diskutierten, bis ein Plan stand, mit dem beide Seiten einverstanden waren. Schließlich sollte die Jahresbox uns allen das Leben leichter machen.

Achtung: Werden die Regeln der Jahresbox allein von den Eltern festgelegt, müssen Sie sich nicht wundern, wenn Sie damit bei Ihrem Teenager keine Begeisterung auslösen. Das Konzept funktioniert nur, wenn es einvernehmlich entwickelt wird.

Dann erklärten wir unserem Sohn: „Wenn du die Regeln, auf die wir uns einigen, gut umsetzt, werden deine Freiheiten und deine Verantwortung schnell zunehmen. Du wirst das bestimmt gut machen."

Wenn Sie eine eigene Jahresbox entwerfen wollen, dann denken Sie daran: Jede Jahresbox ist anders, so wie auch jede Familie und jeder Jugendliche einzigartig ist. Stimmen Sie die Regeln genau auf Ihr Kind ab, auf seine Persönlichkeit und auf seine Stärken und Schwächen. Im Folgenden ein paar grundsätzliche Gedanken zu den Bereichen, die wir auf jeden Fall in die Box aufnehmen würden.

1. Wie lange darf man abends wegbleiben?

Manche Eltern werden einwenden, dass ihr Dreizehnjähriger abends noch gar nicht allein unterwegs ist. Das ist auch gut so, denn man führt so eine Regel am besten ein, bevor sie gebraucht wird. Jahr für Jahr wird die Uhrzeit ein bisschen nach hinten verschoben, und wenn Ihr Sechzehnjähriger dann vielleicht um 23.30 Uhr zu Hause sein muss, wird er sich darüber nicht aufregen, weil das ja schon deutlich später ist als im vorangegangenen Jahr.

Unsere Dreizehnjährigen durften pro Wochenende einmal bis 22 Uhr wegbleiben. Jedes Jahr gewährten wir eine weitere halbe Stunde, so waren wir beim siebzehnten Geburtstag bei Mitternacht. Ab achtzehn durften unsere Söhne so lange wegbleiben, wie sie wollten, aber wir hatte auch dann noch eine Bedingung: Sie sollten uns sagen, mit wem sie unterwegs waren, wo sie waren und wann sie zu Hause sein würden.

Grundsätzlich ließen wir jedoch viel Spielraum für Ausnahmen wie Schulveranstaltungen und andere besondere Gelegenheiten. Auch wenn uns ein Sohn von unterwegs anrief und sich entschuldigte, weil es später werden würde, ließen wir das gelten.

Das funktionierte so lange, bis wir herausfanden, dass sich einer unserer Söhne nachts regelmäßig aus dem Haus schlich. Er war damals siebzehneinhalb Jahre alt und traf sich mit seiner 14-jährigen Freundin, deren Eltern nicht mit der Beziehung einverstanden waren (besser so!). Als wir unseren Sohn zur Rede stellten, mussten wir uns anhören: „Ich bin fast volljährig und entscheide selbst, was ich mache. Eure Box hat ausgedient!"

2. Schule und Hausaufgaben

Mit dreizehn Jahren mussten wir unsere Kinder teilweise noch bei den Hausaufgaben beaufsichtigen, den einen mehr, den anderen weniger. Das kann individuell sehr unterschiedlich sein und sollte mit den Teenagern abgestimmt werden.

Gegen Ende der Schulzeit mischten wir uns in das Lernen der Kinder nicht mehr ein, auch wenn sie manchmal nicht die richtigen Prioritäten setzten. Sie sammelten in dieser Phase Erfahrungen, die ihnen später nützlich waren. Als Studenten konnten sie dann relativ schnell mit der freien Zeiteinteilung umgehen.

Natürlich ist es nicht einfach, die älteren Schulkinder sich selbst zu überlassen, besonders, wenn sie noch nicht viel Selbstverantwortung zeigen.

3. Handy, soziale Medien und Internet-Umgang

Sobald Ihr Kind ein Handy besitzt, steht ihm die ganze Welt des Internets offen. Die Fülle an Informationen aus den sozialen Medien und sämtliche Online-Spiele warten nur darauf, von den Jugendlichen konsumiert zu werden, auch pornografische Angebote aller Art sind leicht zugänglich.

Die Lösung liegt nicht darin, den Jugendlichen kein Smartphone oder Notebook zu kaufen. Sie brauchen die Geräte nicht zuletzt für die Schule und um mit Gleichaltrigen Kontakt zu haben. Stattdessen sollten wir ihnen helfen, damit umgehen zu lernen.

Die Jahresbox kann da sehr hilfreich sein. Zusammen mit Ihrem Teenager können Sie einen Plan ausarbeiten, der schrittweise dahin führt, den verantwortlichen Umgang mit dem Internet einzuüben. Der Erfolg hängt auch hier stark davon ab, ob Sie eine vertrauensvolle Beziehung zu Ihrem Kind haben und offen miteinander reden können. Mit Kontrolle und gegen den Willen der Jugendlichen erreicht man wenig. Manchmal kann man auch nicht alles umsetzen, was gut und richtig wäre.

Meinen beiden älteren Kindern wollte ich vor Erledigung der Hausaufgaben und zum Schlafen das Handy wegnehmen. Freiwillig ging das aber nicht. Ich musste es ihnen mit Gewalt entreißen oder es in einem unbemerkten Augenblick an mich nehmen. Damit kränkte ich meine Teenager sehr, sie warfen mir vor, ihnen ihre Privatsphäre zu rauben, sie von ihren Freunden abzuschneiden und sie zu demütigen. Ihr Wunsch war, dass ich ihnen vertraute. Also gab ich es auf – und ihr Internetkonsum nahm überhand. Doch ich wollte unsere Beziehung nicht jetzt schon ruinieren, wo noch eine ganze Strecke Pubertät vor uns lag. Lieber wollte ich hoffen, dass sie ihre Online-Zeit später selbst kontrollieren würden – was das eine Kind nach einigen Jahren dann tatsächlich mithilfe entsprechender Apps auch anging. Aber beide betonen heute, wie viel ihnen mein Vertrauen damals bedeutete.

Bei meinem jüngsten Sohn setzte ich von Anfang an auf Vertrauen, statt seine Handyzeit zu limitieren. Als Teenager warf er mir dann vor, dass er in seiner Kindheit zu viel Zeit mit dummen Handy-Spielen vertan hätte, statt mit Freunden Spaß zu haben, zu lesen oder etwas zu unternehmen. Doch obwohl ich ihm immer freie Hand ließ, wurde er zu einem disziplinierten, fleißigen Teenager, der nur gelegentlich am Computer spielt.

Es ist nicht einfach, jeweils zu wissen, ob man auf Vertrauen oder auf Kontrolle setzen soll.

Eine alleinerziehende Mutter

4. Kinderzimmer und Hausarbeit

Wir hatten als Familie das Glück, jedem Kind in der Pubertät ein eigenes Zimmer zur Verfügung stellen zu können. Also gab es in der ersten Jahresbox die „Zimmer-Karte“ und der Zustand des Zimmers ging in die Verantwortung der Teenager über. Die Ergebnisse waren unterschiedlich: Ein Sohn war schon immer häuslich, der andere hauste im Chaos. Doch beiden war klar, dass der Zustand ihres Zimmers nun in ihrem Entscheidungsbereich lag – wobei ein bisschen elterliche Unterstützung gelegentlich auch willkommen war.

Für uns Eltern war es manchmal am einfachsten, die Tür zum Kinderzimmer zuzumachen. Es ist ein Lernprozess, auch hier passiert nichts über Nacht. Aber als unsere Jungen schließlich das Elternhaus verließen, beherrschten sie die Grundlagen der Hausarbeit und konnten auch Waschmaschine und Wäschetrockner bedienen.

Jedes meiner Kinder ist anders. Eines hat über mehrere Jahre den ganzen Boden des Zimmers mit „Schätzen“ bedeckt. Das andere Kind hatte so viele Sachen auf dem Bett, dass es ein Jahr lang auf dem Boden schlief. Das dritte Kind hat sich zum

Geburtstag gewünscht, dass ich einmal im Monat sein Zimmer putze. Jetzt, gegen Ende der Pubertät, hat sich alles normalisiert und ich bin einfach nur froh, dass ich damals meine Kämpfe aufgab und wir deswegen keinen Streit hatten.

Eine Mutter

5. Kleidung und Körperpflege

Sind Körperpflege, Kleidung, Frisuren usw. bei Ihnen zu Hause ein Thema? Ab welchem Alter halten Sie es für angemessen, dass Ihre Kinder selbst Kleidung kaufen gehen?

Unsere Kinder kamen manchmal mit Sachen nach Hause, die nicht gepasst haben. Ein Sohn verteidigte sich: „Die Verkäuferin hat aber gesagt, dass der Pulli beim Waschen größer wird!" Wirklich? Auch das Wäschewaschen der Kinder war nicht immer erfolgreich, manchen Wollpulli hätte man hinterher für Puppenkleidung halten können. Also studierten wir mit ihnen zusammen die Etiketten und sie fanden heraus, dass es auch Sachen gibt, die in die Reinigung müssen. Das alles gehört zum Lernprozess dazu.

6. Finanzen

Manche Menschen sind von Natur aus sparsam, andere sind ständig pleite. Das gilt auch für Teenager. Wir gaben unseren Kindern zunächst wöchentlich Taschengeld, von dem sie Schulmaterialien, Essen und Kleinigkeiten kaufen konnten. Wenn das gut funktionierte, bekamen sie monatlich Geld, von dem sie auch Kleidung und Schuhe selbst kaufen mussten.

Wenn möglich, unterstützten wir sie darin, selbst Geld zu verdienen, zumindest in den Ferien. Je mehr sie für Geld arbeiteten, desto weniger Hausarbeit erwarteten wir von ihnen.

Ein Sohn mähte einen Sommer lang bei verschiedenen Nachbarn den Rasen, zwei andere halfen als Betreuer bei einem Pfadfinder-Camp. Auch Zeitungen austeilen und Nachhilfe geben sind mögliche Einnahmequellen.

Es kommt immer auf den Einzelfall an. Einer unserer Söhne hatte so viele außerschulische Aktivitäten, dass ihm zu wenig Zeit zum Lernen geblieben wäre, wenn er auch noch gearbeitet hätte. Ein anderer hätte ohne Job den ganzen Tag nur Blödsinn gemacht.

Wenn Kinder Geld verdienen, empfiehlt es sich, ihnen frühzeitig ein eigenes Konto einzurichten, auf dem sie einen Teil ihres Verdienstes sparen können. Davon können sie später etwas Besonderes kaufen oder ihre Ausbildung teilweise mitfinanzieren.

Einem unserer Söhne gaben wir schon mit fünfzehn Jahren ein Buch über Geldanlagen und Vermögensaufbau. Dann ließen wir ihn ein paar Aktien kaufen und zeigten ihm, wie er im Internet die Kursentwicklung verfolgen kann.

7. Familie

Neben der Selbstständigkeit sollen Teenager auch den Wunsch entwickeln, eines Tages einen positiven Beitrag für die Gesellschaft zu leisten. Das kann man einüben, indem man den Jugendlichen Verantwortung innerhalb der Familie gibt. So können sie die Selbstbezogenheit überwinden und sich früh daran gewöhnen, dass sie nicht nur Empfänger sind.

Dazu zählt auch die Mithilfe bei den Mahlzeiten. Neuere Studien zeigen immer wieder, dass gemeinsame Mahlzeiten in der Familie viele gute Effekte haben, worauf wir später noch eingehen werden.

8. Freunde und Partys

Wir erlaubten unseren dreizehnjährigen Söhnen noch nicht, sich allein mit einem Mädchen zu verabreden, aber gleichzeitig versicherten wir ihnen, dass sie eines Tages entsprechende Karten in ihrer Jahresbox vorfinden würden.

Was Experten sagen
Studien zeigen, dass Jugendliche, die schon früh feste Beziehungen eingehen, auch früher sexuell aktiv sind, während sie mit den daraus resultierenden Belastungen noch nicht umgehen können.

Gleichzeitig taten wir alles, um die Freunde unserer Kinder herzlich bei uns aufzunehmen. Damals entstand die Tradition, dass es bei uns freitags nach der Schule immer Pfannkuchen für alle gab. Als die Jugendlichen älter waren, trafen sie sich immer noch freitags bei uns (leckeres Essen zieht immer!). Uns war es wichtig, dass unsere Kinder mit ihren Freunden und Freundinnen in einer guten Umgebung abhängen konnten – zum Beispiel bei uns.

9. Praktische Fähigkeiten

Vielleicht möchten Sie der Jahresbox Ihres Teenagers noch Dinge wie Kochen, Nähen und einfache Reparaturen am Auto oder im Haus hinzufügen? Egal welche Bereiche Sie auswählen, das Ziel ist immer dasselbe: Die Jugendlichen sollen Kompetenzen erwerben, die ihnen im Erwachsenenleben helfen werden.

Und was ist mit den Vorteilen?

Bei allen Regeln und Pflichten dürfen die Privilegien nicht in den Hintergrund treten. Ohne sie wird sich kaum ein Teenager auf die Jahresbox einlassen. Überlegen Sie sich für jeden Bereich, den Ihre Jahresbox beinhaltet, auch eine Belohnung. Wenn Ihr Teenager sich an die Vorgabe hält, zu einer bestimmten Zeit zu Hause zu sein, dann wird diese Zeit im folgenden Jahr entsprechend nach hinten geschoben. Ist der Umgang mit Hausaufgaben, Handy und Computer zufriedenstellend, gibt es mehr Eigenverantwortung. Gehen die Jugendlichen mit kleinen Geldbeträgen verantwortungsvoll um, kann ihnen mehr Taschengeld anvertraut werden. Es ist wichtig, dass die Teenager spürbare Vorteile davon haben, wenn sie sich an die Vorgaben der Jahresbox halten. Dann kann das Ganze zu einem Win-win-Konzept werden.

Nobody is perfect!

Wir erwarteten nicht, dass unsere Dreizehnjährigen alle Details der Jahresbox perfekt umsetzten. Aber wir wollten zumindest sehen, dass sie sich bemühten und die Sache ernst nahmen. Immer wieder sprachen wir mit ihnen darüber, wie sich die Rechte und Pflichten im Laufe der nächste Jahre verändern könnten. Dieser Countdown zur Volljährigkeit wurde für sie zu einem Ziel, für das sie bereit waren, sich anzustrengen – zumindest bei zwei Söhnen war das so. Jedes Jahr zum Geburtstag gab es neue Privilegien, gekoppelt mit zunehmender Verantwortung.

Wichtig waren die Gespräche, die wir so lange führten, bis wir eine Übereinstimmung erreicht hatten.

Die Jahresbox soll kein Stressfaktor sein, weder für die Teenager noch für die Eltern. Üben Sie Nachsicht und Geduld, während Sie die Entwicklung Ihres Kindes beobachten und genießen.

Funktioniert die Box?

Setzen Sie bestimmte Zeiten fest, um mit Ihrem Kind das Erreichte zu bewerten. Das kann zum Beispiel alle drei Monate sein. Wenn Ihr Teenager nicht besonders diszipliniert ist, hilft es vielleicht auch, sich häufiger zusammenzusetzen.

Wichtig ist, dass Sie über das Erreichte sprechen. Einer unserer Söhne fragte oft: „Wie bin ich so?“ Also achteten wir bei ihm besonders genau auf seine Errungenschaften, um ihn loben zu können. Im Gegensatz dazu beschwerte sich der andere Sohn ständig: „Warum muss ich das machen?“, und es brauchte viele Belohnungen, damit er wenigstens einigermaßen mitmachte.

Wenn ein Teenager die Pflichten ignoriert, aber die Privilegien ausnutzt, muss man trotzdem nicht aufgeben. Entweder man wiederholt die entsprechende Karte im nächsten Jahr – oder die ganze Box kommt ein zweites Jahr zum Einsatz. Letztlich will jeder Jugendliche, dass seine Freiheiten zunehmen, und wird sich daran gewöhnen müssen, dass diese immer an Verantwortung gekoppelt sind.

Einer unserer Söhne brachte laufend schlechte Noten nach Hause, obwohl er eigentlich begabt war. Ihm stellten wir die Bedingung: „Erst wenn dein Notendurchschnitt besser ist als 2,5, darfst du den Führerschein machen.“

„Kein Problem, Mum“, erwiderte er, „ich habe lange genug in Österreich gelebt, dort darf man eh erst mit achtzehn den Führerschein machen.“

Aber dann hatten immer mehr seiner Freunde den Führerschein und plötzlich wurden seine Noten besser.

Beim anderen Sohn waren die Noten nicht so gut, aber

er bemühte sich. Ihm erlaubten wir es, den Führerschein zu machen, obwohl er keinen Schnitt von 2,5 hatte. Allerdings durfte er das Auto nur zu bestimmten Gelegenheiten benutzen. Und eines Tages war auch sein Notendurchschnitt besser als 2,5, was dann ausgiebig gefeiert wurde.

Wir müssen vorsichtig sein, wenn wir Schulnoten mit Privilegien verknüpfen. Manche Kinder haben einen Einserschnitt, ohne viel dafür tun zu müssen, andere lernen diszipliniert und kommen doch kaum über die Drei.

Unsere Jungen hatten verstanden, dass wir auf drei Dinge achteten, ehe wir ihnen neue Freiheiten gaben: ihre grundsätzliche Einstellung, ihre schulischen Leistungen und ihren Umgang mit der Jahresbox.

Die Jahresbox für ältere Teenager

» Als Tobias sechzehn wurde, habe ich ihn zum Essen eingeladen und wir haben über die zwei Jahre gesprochen, die uns noch blieben, ehe er ausziehen und sein Freiwilliges Soziales Jahr machen würde. Was wollte er bis dahin noch lernen? Wir stellten eine Liste von Dingen zusammen, die ihm wichtig waren, wie Wäschewaschen, Kochen und Ähnliches. Inzwischen kümmert er sich selbst um seine Wäsche und kocht immer mal wieder für die ganze Familie.

Ein Elternteil

Wenn Sie die Jahresbox für einen älteren Teenager anwenden wollen, könnte der Jugendliche …

… eine gemeinnützige Arbeit aufnehmen.

… einen ökologisch verantwortungsvollen Lebensstil definieren.

… eine Aktion auf die Beine stellen, durch die in der Schule oder am Wohnort etwas verbessert wird.

Was Experten sagen
Es kommt darauf an, einen Kompass zu entwerfen, der gut durchdacht und realistisch ist. Freiheit und Verantwortung müssen auf den Jugendlichen zugeschnitten sein. Dabei sollten die Erwachsenen mit offenen Karten spielen und eher Vorschläge machen, als starre Regeln aufzustellen.

Zum guten Schluss

Die Aufgabe der Eltern, ihre Kinder zur Selbstständigkeit zu erziehen, beginnt praktisch mit der Geburt. Von Anfang an werden Sie immer wieder Risiken eingehen müssen. Wenn Sie dem Kleinkind zum ersten Mal einen Löffel in die Hand geben, müssen Sie anschließend wahrscheinlich putzen. Einem Teenager kann man immer mehr Verantwortung übertragen. Das erspart manche Konflikte und ist eine Chance, die man nicht ungenutzt lassen sollte.

Miteinander reden

Erstellen Sie gemeinsam eine Liste der Dinge, die Ihr Teenager können will, bevor er ausziehen wird. Ordnen Sie diese den Bereichen zu, die wir für die Jahresbox vorgeschlagen haben.

Schreiben Sie zu jedem der Punkte ein ungefähres Datum, bis wann Ihr Teenager das beherrschen sollte.

Notieren Sie zu jedem Punkt ein paar Zwischenschritte, die den Weg vom jetzigen Zustand bis zum Ziel unterteilen. Damit können Sie die Karteikarten für Ihre Jahresbox erstellen.

Überlegen Sie mit Ihrem Kind zusammen, ob die Jahresbox zu viele oder zu wenige Freiheiten und Verpflichtungen enthält.

Teil drei

Beziehung bauen, Hindernisse ausräumen

Kapitel acht

Reden ist Silber, Zuhören ist Gold

» Wenn ich meiner Mutter etwas erzähle, was mir wichtig ist, hört sie gar nicht richtig zu, sondern wartet nur darauf, bis sie mich unterbrechen kann, um mir wieder einen ihrer Vorträge zu halten. Kein Wunder, dass ich keinen Bock mehr habe, mit ihr zu reden.

Ein Teenager

Jugendliche brauchen Eltern, die zuhören können, nicht solche, die ihnen endlose Belehrungen erteilen. Wer wissen will, was sein Kind bewegt, der muss es fragen, ihm zuhören und mit ihm reden.

Wie verhalten wir uns, wenn gute Freunde uns eine Geschichte erzählen? Würden wir sie auch unterbrechen, um einen Grammatikfehler zu korrigieren oder ungefragt Ratschläge zu erteilen? Grundsätzlich wünschen sich Eltern schon, dass ihre Teenager mit ihnen reden. Aber wenn es zum Gespräch kommt, dann wollen sie oft so viele eigene Gedanken loswerden, dass der Teenager schnell wieder verstummt.

Ein Elternteil gab zu:

» Ich sehe, wie sich die Lippen meines Teenagers bewegen, und ich nicke und sage „Mh", „Ja" und „Ach so", aber mit den Gedanken bin ich ganz woanders – oft bei dem, was ich als Nächstes tun will.

Ein jüngeres Kind, das mit seinen Geschwistern um die Aufmerksamkeit seiner Mutter konkurrierte, nahm einmal ihr Gesicht in seine Hände, sodass sie es ansehen und ihm zuhören musste. Jugendliche tun so etwas nicht mehr, aber auch sie wollen die volle Aufmerksamkeit, wenn sie sich ihren Eltern gegenüber öffnen. Allerdings gibt es auch hier beide Extreme.

Eine Mutter erzählte:

Ich höre viel zu angespannt zu, wenn meine Dreizehnjährige etwas erzählt, weil ich innerlich jedes Wort abklopfe und nach Hinweisen suche, ob etwas schiefläuft und sie demnächst in irgendeine ungute Richtung abdriften könnte.

Jugendliche sind oft nicht diplomatisch. Trotzdem müssen Eltern lernen, ruhig zu bleiben und die provozierenden Aussagen ihrer Kinder stehen zu lassen. Diese fünf Grundsätze sollten Eltern sich zu Herzen nehmen:

- Keine Vorträge halten
- Zuhören, ohne zu kommentieren
- Welche Gefühle schwingen mit?
- Privatsphäre respektieren und Freiraum geben
- Gelegenheiten zum Gespräch suchen

Keine Vorträge halten

Bei einem Elternseminar sagte eine Mutter:

Wenn meine Tochter mir eine Frage stellt, dann habe ich dreißig Sekunden Zeit zu antworten. Länger hört sie mir nicht zu.

Heute sind viele von uns ständig online, nicht nur die Jugendlichen. In den Nachrichten-Apps und den sozialen Medien scrollt man durch die Posts und springt von einem Thema zum Nächsten. Kein Wunder, dass die Aufmerksamkeitsspanne immer kürzer wird.

Eine Mutter gab zu:

> Ich bin im Umgang mit dem Smartphone leider nicht besser als meine Teenager.

Eine andere pflichtete ihr bei:

> Meine Teenager sind meistens sehr frustriert, wenn ich so tue, als würde ich ihnen zuhören, während ich gleichzeitig auf mein Handy schaue. Ich muss mir unbedingt angewöhnen, mein Handy wegzulegen und ganz bei der Sache zu sein, wenn sie mir etwas erzählen.

Ein Vater beteiligte sich an dem Gespräch:

> Man weiß auch nie, ob die Teenager nicht plötzlich eine philosophische Frage stellen. Vorige Woche fuhr ich meine Tochter zum Sport, als sie plötzlich fragte: „Papa, gibt es eigentlich irgendeinen tieferen Sinn im Leben?" Darauf sollte ich dann in dreißig Sekunden antworten, während ich am Steuer saß.

Im weiteren Gespräch beschlossen die Eltern, die wichtigsten Themen in Ruhe durchzudenken, um auf plötzlich gestellte wichtige Fragen ihrer Teenager eine kurze, gehaltvolle Antwort geben zu können.

Mit einer Gegenfrage kann man auch ein gutes Gespräch eröffnen: „Wow, was für eine große Frage! Aber sag du doch mal zuerst, was du darüber denkst! Deine Meinung würde mich echt interessieren." Fast immer haben die Teenager selbst schon über das Thema nachgedacht und wollen nun herausfinden, ob sich ihre Überlegungen mit den Ansichten ihrer Eltern decken. Dabei ist es auch keine Schande, wenn der Erwachsene um ein bisschen Bedenkzeit bittet und zugibt, im Moment keine Antwort zu haben.

Zuhören, ohne zu kommentieren

Wenn Eltern ihren Teenagern wirklich aufmerksam zuhören, besteht die Gefahr, dass sie zu emotional reagieren. Da setzt unser zweiter Tipp an. Üben Sie es, ruhig zuzuhören, ohne zu reagieren. Als unsere Kinder in der Pubertät waren, klebte an unserem Kühlschrank die Erinnerung: „Zuhören, nicht reagieren". Wenn Jugendliche etwas erzählen, wollen sie die Meinung der Erwachsenen oft gar nicht wissen. Sie möchten nur etwas loswerden.

Mein Vater behauptet immer, ich könnte ihm alles sagen. Aber kaum habe ich ein Thema angeschnitten, unterbricht er mich und will mir alles erklären, war er zu diesem Thema weiß. Neulich habe ich ihn gefragt, wie ich meinem Freund helfen könnte, der Drogen nimmt. Ich bekam keine Antwort, sondern er hielt einen Monolog über Drogensucht – als ob ich das nicht selbst wüsste. So läuft das immer bei ihm.

Ein fünfzehnjähriger Junge

Teenager, die etwas erzählen, möchten ausreden, ohne unterbrochen zu werden. Wenn die Erwachsenen ihnen ruhig und aufmerksam zuhören, können sie auch spüren, welche Gefühle die Jugendlichen bewegen.

Der Bericht einer Mutter verdeutlicht das:

Ich weiß noch, wie ich innerlich zusammenzuckte, als ich hörte, wie Linus seinen jüngeren Bruder bat, schnell ins Bett zu gehen, weil er noch etwas mit uns zu besprechen hätte. Was für ein Thema würde da auf uns zukommen?

Er trat aufgeregt von einem Fuß auf den anderen, als er wenig später vor uns stand: „Bald sind Ferien und ich will mit Freunden ans Meer fahren." Er war damals fünfzehn und wir waren auf so viel Selbstständigkeit nicht gefasst.

Nach längerem Schweigen hatte ich eine Idee: „Wir könnten ja alle zusammen ans Meer fahren! Vielleicht könnte sogar deine große Schwester mitkommen, sie hat dann Semesterferien."

Linus verlagerte sein Gewicht auf das andere Bein, räusperte sich und wandte ein: „Mir geht es gar nicht ums Meer, sondern um die Leute."

Das musste ich erst einmal verdauen. „Aha", sagte ich irritiert. Hatte er etwas gegen uns? Nur langsam fing ich mich wieder und verstand die Aussage von Linus. Er wollte nicht Urlaub mit seiner Familie machen, sondern Urlaub von der Familie. War das ein ganz normaler Wunsch nach mehr Selbstständigkeit?

„Ich glaube, wir müssen da erst mal drüber nachdenken", sagte ich vorsichtig. An diesem Abend redeten mein Mann und ich noch längere Zeit über die Pläne von Linus. Dann kamen wir auf die Idee, dass ein vertrauenswürdiger junger Erwachsener die Gruppe begleiten könnte. Vielleicht sogar Frank, ihr Fußballtrainer? Er verstand sich super mit Linus und seinen Freunden. Ob er sich darauf einlassen würde – und die Teenager damit einverstanden wären?

„Sie würden Frank akzeptieren, sie mögen ihn alle", vermutete mein Mann, „und er würde sicher gut auf die Gruppe aufpassen."

Es folgten mehrere Gespräche mit Linus, der nicht begeistert war. Aber die Eltern waren unerbittlich und letztlich fuhren die Teenager zusammen mit ihrem Fußballtrainer ans Meer. Sie hatten eine super Zeit, wozu der junge Trainer sicher viel beitrug, auch wenn Linus das nie zugegeben hätte.

Die Eltern hatten eine gute Lösung gefunden, weil sie ihrem Sohn zugehört und seine Gefühle wahrgenommen hatten. Sie waren zunächst erschrocken über das Ansinnen ihres Sohnes, aber sie hielten sich zurück, statt spontan zu reagieren. Natürlich ist nicht immer alles in Ordnung, was Teenager unternehmen wollen, manche Abenteuer würden kein gutes Ende nehmen. Aber wenn die Eltern aufmerksam zuhören, wenn sie versuchen, die Gefühle ihres Kindes nachzuvollziehen, und wenn sie ihre Fragen und Bedenken offen, aber vorsichtig äußern, dann wird die Beziehung keinen Schaden nehmen, auch wenn die Eltern einmal nicht mit etwas einverstanden sind.

Welche Gefühle schwingen mit?

Wenn Sie mitfühlend zuhören, dann werden Sie keine Ratschläge erteilen und auch keine endlose Serie von Fragen stellen. Teenager sind sehr emotional, gleichzeitig aber oft nicht in der Lage, ihre eigenen Gefühle zu verstehen oder in Worte zu fassen. Eltern können ihnen helfen, mit ihren Emotionen umzugehen, was Psychologen als den Erwerb emotionaler Intelligenz bezeichnen. Für Teenager ist das eine große Hilfe.

Hören Sie Ihrem Teenager mit großer innerer Offenheit zu und zeigen Sie mit kleinen Bemerkungen, dass Sie verstehen, worum es geht. Dazu zwei Beispiele:

Teenager: „Melanie ist so ein Arsch, vorneherum tut sie so nett und hintenherum lästert sie ab. Ich hasse ihre Lügen!"

Eltern (üblicherweise): „Wie kannst du so etwas sagen? Woher willst du wissen, dass Melanie lügt? Stell dir vor, andere würden so etwas über dich sagen! Und diesen Ausdruck verbitte ich mir!"

Eltern (wenn sie auf die wahrgenommenen Gefühle reagieren): „Klingt so, als würdet ihr beiden euch nicht mehr so gut verstehen. Das ist schwer auszuhalten, wenn ehemalige Freunde sich plötzlich gegen einen stellen, stimmt's?"

Im Falle der zweiten Antwort kann der Teenager die Aussage korrigieren, falls sie nicht seiner Realität entspricht. Das könnte so klingen: „Das stimmt nicht, Melanie hat sich nicht gegen mich gestellt, sie hat nur etwas total Gemeines gesagt." So hat der Kommentar der Eltern dem Teenager geholfen, die eigenen Gefühle zu deuten und die Situation zu verstehen.

Wenn wir die Gefühle richtig erfassen und benennen, fühlen sich die Jugendlichen verstanden. Wenn nicht, können sie uns korrigieren und die Situation klären, wobei sie sich ebenfalls verstanden fühlen. Mit dieser Hilfestellung können die Jugendlichen ihre Gefühle selbst einordnen und ihre Situation bewerten.

Stellen wir uns kurz vor, wie das ist, wenn jemand an unseren Gefühlen Anteil nimmt: Es hilft uns, Druck auszuhalten und Schwierigkeiten zu bewältigen. Diese Person können wir für unsere Kinder sein.

Privatsphäre respektieren

Nicht nur, dass manche Eltern zu viel auf ihre Teenager einreden, sie sind oft auch viel zu neugierig. Aber Sie müssen nicht alles wissen! Pflegen Sie einen offenen Austausch mit Ihren Kindern, dann brauchen Sie nicht die Chatverläufe zu lesen oder an die Schubladen der Kinder zu gehen. Wer das tut, verspielt das Vertrauen der Teenager.

» Als Teenager habe ich herausgefunden, dass meine Mutter heimlich meine Tagebücher las. Sie hat sich nie dafür entschuldigt, sondern behauptet, das sei ihr gutes Recht. Natürlich hat das damals dazu beigetragen, dass ich mich von ihr distanziert habe.

Wenn ich heute manchmal in Versuchung bin, die privaten Dinge meiner Kinder zu lesen, erinnere ich mich daran, wie ich mich damals gefühlt habe. Das ist es nicht wert! Lieber frage ich meine Kinder, wenn ich etwas wissen will. Es soll mir genügen, das zu wissen, was sie mir sagen wollen.

Eine alleinerziehende Mutter

Wenn Eltern herumspionieren, beschädigen sie die Beziehung zu ihren Kindern. Die Informationen, die man auf diesem Weg gewinnen kann, sind es nicht wert, dass die Teenager sich verschließen. Jugendliche müssen nicht immer alles offenlegen; sie brauchen einen gewissen Freiraum, um sich entfalten zu können.

Freiraum – auch sprachlich

Wir werden nicht immer alles mögen, was aus dem Mund unserer Teenager kommt. Das ist nicht schön, aber auch keine Katastrophe. Auch hier können wir Gnade walten lassen.

Was Experten sagen

Die beginnende Pubertät macht sich auch daran bemerkbar, dass die Jugendlichen eine Faszination für Kraftausdrücke und sexualisierte Schimpfworte entwickeln. Wenn Ihnen das bei Ihrem Kind auffällt, müssen Sie nicht in Panik geraten, Ihre Erziehung hat nicht versagt. Aber Sie sollten in aller Ruhe mit Ihrem Kind darüber sprechen.

Als meine Kinder immer mehr Kraftausdrücke mit nach Hause brachten, fing ich an, ihnen die Worte zu erklären, besonders wenn sie einen sexuellen Hintergrund hatten. „Weißt du überhaupt, was es heißt, geil zu sein?“ Oder: „Wie kommst du darauf, dass dein Bruder ein Hurensohn sein könnte?“ Insgeheim genoss ich ihre Verlegenheit ein bisschen, während ich zu ihrer Aufklärung beitrug. Schon bald ermahnten sich die Geschwister gegenseitig: „Sag dieses Wort nicht, sonst erklärt Mama uns das!"

Eine alleinerziehende Mutter

Das dreckige Wörterbuch

Eines Tages erfuhren wir von anderen Eltern, dass unser Dreizehnjähriger durch besonders derbe Kraftausdrücke auffiel. Die anderen Schüler nannten ihn „das dreckige Wörterbuch". Wir waren alarmiert und Claudia wandte sich ratsuchend an eine ältere Freundin. Sie sagte uns: „Zu 99 % ist das eine vorübergehende Erscheinung. Der Junge sucht nach Aufmerksamkeit. Redet doch mal im großen Familienkreis über den Gebrauch von Kraftausdrücken, statt ihn persönlich zur Rede zu stellen."

Wir versuchten das, aber es half nichts und David musste mit ihm ein Gespräch unter vier Augen führen. Es war ein gutes Gespräch, das zwar nicht sofort zum Erfolg führte, aber nach und nach wurde die Sprache unseres Jungen wieder besser.

Aus dem Familienarchiv der Arps

Räumlichen Freiraum geben

Nicht immer kann man so umräumen oder anbauen, dass neue Kinderzimmer entstehen. Trotzdem sollte man alles Erdenkliche tun, um den Teenagern einen Rückzugsort zu geben. Teenager brauchen diesen Raum, der ihnen allein gehört – manchmal kann man auch eine Wand einziehen, um von einem größeren Zimmer einen Teil abzutrennen, notfalls erfüllen auch Regale, Raumteiler oder Vorhänge ihren Zweck. Wenn ein Jugendlicher ein eigenes Reich hat, dann wird er auch manchmal eher die Lust verspüren, herauszukommen und sich mitzuteilen.

Bevor sie Teenager waren, teilten unsere Söhne sich ein großes Zimmer, in dem jedes Kind seinen eigenen Bereich hatte. Als der Älteste dann dreizehn war, wurde es für ihn immer schwieriger, zwei kleinere Brüder im Zimmer zu haben. Zu seinem vierzehnten Geburtstag richteten wir ihm in Davids ehemaligem Arbeitszimmer ein eigenes Zimmer ein, während das Arbeitszimmer in eine Ecke des Schlafzimmers verlegt wurde. David musste zurückstecken, aber für unseren Teenager und seine beiden jüngeren Brüder war es eine große Verbesserung.

Aus dem Familienarchiv der Arps

Als wir einmal eine Konferenz in Budapest in Ungarn leiteten, lernten wir eine Familie kennen, die das Raumproblem auf ihre Art gelöst hatte. Ihre Tochter war in der Pubertät und wollte ein eigenes Zimmer haben, aber die Wohnung war zu klein dafür. Allerdings wohnte die Familie in einem Altbau mit sehr hohen Decken. Also wurde für das Mädchen über einem Teil des Wohnzimmers eine Zwischendecke eingezogen und über eine Leiter konnte sie in ihren eigenen Bereich klettern.

Gehen Sie ruhig ungewöhnliche Wege – zum Wohl Ihres Teenagers.

Freiraum geben – auch emotional

Auch im emotionalen Bereich brauchen Jugendliche die Freiheit, ihre unterschiedlichen Stimmungen auszuleben. Die Unabhängigkeit, die sie anstreben, macht ihnen gleichzeitig Angst. Manchmal widersprechen sie allem, was man ihnen sagt, zu anderen Zeiten sind sie sehr leicht zu verunsichern, meistens sind ihre Gefühle intensiv und wechselhaft.

Was Experten sagen

Die Stimmungsschwankungen und die Reizbarkeit der Jugendlichen haben physiologische Gründe. Wenn sich Ihr Teenager plötzlich „dümmer" verhält als drei Monate zuvor, bedeutet das nicht, dass er Sie ärgern will; vermutlich ist das logische Denken gerade eingeschränkt, weil die Frontallappen umgebaut werden. Wenn die Frontallappen nicht im vollen Umfang zur Verfügung stehen, werden alle Emotionen im Kampf- oder Fluchtzentrum des Gehirns, der Amygdala, bearbeitet.

Wenn man das weiß, kann man besser einordnen, warum Jugendliche in der Pubertät emotional so labil sind. Sie brauchen Eltern, die ihnen zugestehen, wütend oder schlecht gelaunt zu sein, ohne jedes Wort auf die Goldwaage zu legen. Zu Hause sollen die Kinder auch Dampf ablassen können und sich sicher sein, dass man sie trotzdem liebt und akzeptiert. Einer unserer Söhne sagte einmal: „Zu Hause bereite ich mich auf die Kämpfe vor, die ich außerhalb ausfechten muss."

»

Mein Teenager war über einen längeren Zeitraum sehr verletzend zu mir. Als ich ihn darauf ansprach, erklärte er freundlich: „Mama, überall wo ich bin, muss ich mich zusammenreißen und richtig verhalten, in der Schule, bei Papa, bei Freunden. Nur bei dir kann ich mich gehen lassen."

Später hatte meine Tochter eine herausfordernde Zeit, und wenn sie abends müde und ausgelaugt zum Abendessen kam, war sie oft unfreundlich zu mir. Es tat ihr leid und sie entschuldigte sich, aber ich konnte sie mit den Worten ihres Bruders entlasten: „Hier bist du zu Hause und darfst auch zeigen, dass du müde und schlecht gelaunt bist. Bei anderen Leuten solltest du dich zusammenreißen, aber hier kannst du dich gehen lassen, wir haben dich lieb, egal wie du drauf bist."

Eine alleinerziehende Mutter

In einer Elterngruppe berichtete eine Mutter:

Letzte Woche kam Alex stinksauer von der Schule, warf seine Tasche in die Ecke, stürmte in die Küche und wetterte los: „Wir hatten heute einen unangekündigten Mathe-Test. Ich bin bestimmt durchgefallen. Dieser … Lehrer! Ich hasse ihn!! Ich hasse die ganze Schule!!!"

Zum Glück hatten wir kurz davor in der Elterngruppe darüber gesprochen, dass man nicht jedes böse Wort und jedes aggressive Verhalten tadeln muss. So konnte ich ganz ruhig bleiben: „Oh, da hattest du heute aber einen blöden Tag." Alex sah mich überrascht an: „Ja, allerdings."

Wir helfen unseren Teenagern sehr, wenn wir ihre Gefühle der Angst und Minderwertigkeit, aber auch ihren Stolz und ihre Hoffnung verstehen und in Worte fassen. Dann können sie sich selbst begreifen und mit ihren Stimmungen besser umgehen.

Erlauben Sie Ihrem Teenager den Luxus, schlechte Laune zu haben. Wenn wir uns bewusst machen, dass wir es nicht mehr mit einem Kind, sondern mit einem angehenden Erwachsenen zu tun haben, wird es uns leichter fallen, manches Fehlverhalten unkommentiert der Selbstverantwortung des Jugendlichen zu überlassen.

Natürlich ist das eine Gratwanderung und wir dürfen auch nicht alles gutheißen. Schlechte Laune und Unhöflichkeit dürfen kein Dauerzustand sein und sich auch nicht gegen Außenstehende richten. Aber manchmal sind Eltern eher zu streng, was dann dazu führen kann, dass die Jugendlichen ihre wahren Gefühle gar nicht mehr zeigen, sondern immer eine Maske tragen.

Eine andere Mutter erzählte in der Elterngruppe:

»

Ich habe gelernt, dass ich nicht immer das letzte Wort haben muss. Mein Sohn kann beim Rausgehen noch etwas Böses über mich sagen, ohne dass ich darauf reagiere. Ihm hilft das, seine Wut abzulassen, und er schadet keinem damit.

Einmal war unser Sohn bei seinem Freund Tom zu Besuch, der mehrere Geschwister im Teenageralter hatte. Er erzählte:

»

Ihr könnt euch das nicht vorstellen! Die Eltern hören überhaupt nicht richtig zu, wenn Tom ihnen etwas erzählt. Sie sagen nur ihre Meinung und ihr letzter Satz ist immer: „So viel dazu. Und jetzt Ende der Diskussion." So könnte ich nicht leben!

Der Übergang von einer vertikalen Eltern-Kind-Beziehung zur horizontalen, freundschaftlichen Erwachsenen-Beziehung gelingt besser, wenn wir uns früh daran gewöhnen, dem Jugendlichen viel emotionalen Freiraum zu geben. In der freundschaftlichen Beziehung zu erwachsenen Kindern begegnet man sich auf Augenhöhe, anders als vorher in der Eltern-Kind-Beziehung. Dieser Übergang ist nicht einfach zu bewerkstelligen. Aber wenn man während der Pubertät miteinander im Gespräch bleibt und in die Beziehung investiert, dann kann auch das gelingen.

Eine Freundin erzählte uns die traurige Geschichte der Beziehung zu ihrer Mutter, die immer in der Vertikalen blieb, obwohl unsere Freundin inzwischen vierzig Jahre alt und selbst zweifache Mutter war:

»

Für meine Mutter bin ich immer noch ein kleines Mädchen. Sie will mit mir keine gleichberechtigte Beziehung führen. Wenn ich es versuche und ihr zum Beispiel meine Meinung zu Themen sage, die sie anders sieht, regt sie sich auf. Ich solle so denken und fühlen wie sie, sonst sei ich respektlos ihr gegenüber. Schließlich sei sie doch meine Mutter. Dabei hätte ich sie viel lieber als meine Freundin.

Diese Mutter hat ihrer Tochter auch schon in der Pubertät keine eigene Meinung zugebilligt. Wie schade! Sie könnte heute eine viel schönere Beziehung mit ihrer Tochter haben.

Gelegenheit zum Gespräch suchen – den Teenager aus der Reserve locken

Eine Gruppe von Jugendlichen wurde gefragt: „Traut ihr euch, mit euren Eltern über Themen wie Drogen, Schule, moralische Fragen, Beziehungen und Sexualität zu sprechen?“ Die Antworten fielen unterschiedlich aus. Auffallend war aber, dass die Jüngeren eher am Gespräch mit den Eltern interessiert waren. Je älter die Jugendlichen waren, desto wichtiger war ihnen die Meinung der Gleichaltrigen, während das Interesse an der Meinung der Eltern abnahm.

Was macht man mit Kindern, die nicht mit ihren Eltern reden wollen? Wie kann man da ein Gespräch in Gang bringen? Wir haben dazu drei Tipps.

Nutzen Sie die Gelegenheiten, die sich bieten.

Teenager wollen oft zu den unpassendsten Zeiten mit uns reden: Während das Essen anbrennt, wenn wir müde von einem langen Tag nach Hause kommen, spätabends, wenn wir gerade schlafen gehen wollen – oder unmittelbar bevor Besuch kommt. Ein Teilnehmer einer Elterngruppe erzählte dazu:

Neulich kam unser Sohn um zwei Uhr morgens überglücklich von seinem Abiball zurück. Er setzte sich auf unsere Bettkante und es sprudelte nur so aus ihm heraus – er erzählte uns endlos viele Details, die ihm alle sehr viel bedeuteten. Aber wir beide waren einfach nur müde. Irgendwann sagte ich: „Kannst du uns den Rest morgen erzählen?“ Wir haben die restliche Geschichte nie erfahren. Er war um zwei Uhr morgens in der Stimmung, mit uns zu reden, nicht am nächsten Tag.

Mit jüngeren Kindern ist es einfach – man muss sie nur in die Eisdiele einladen und schon kann man mit ihnen über alles reden. Bei Teenagern ist ein Besuch in der Eisdiele mit Mama und Papa keine gute Idee – schließlich könnten sie dort von ihren Freunden gesehen werden.

Halten Sie das Gespräch mit guten Kommentaren so lange wie möglich in Gang. Einwürfe wie „Ach, echt?“, „Das hast du dich getraut?!“, „Das ist ja interessant!“ oder: „Dazu würde mich deine Meinung interessieren!“, helfen den Teenagern, sich Ihnen zu öffnen. Kinder in der Pubertät sind ein bisschen wie Schildkröten: Sie machen den Hals lang, schieben den Kopf aus dem Panzer und testen, ob sie gefahrlos reden können, indem sie einen provokanten Satz von sich geben. Wenn die Erwachsenen ruhig bleiben, können sie es riskieren, sich zu öffnen. Aber wenn ein längerer Monolog auf sie niedergeht, dann ziehen sie sich wieder zurück.

Wo lässt es sich entspannt reden?

Als unsere Kinder in der Pubertät waren, zogen wir in ein neues Haus. So ein Umzug bedeutet nicht nur, für alle Möbel den richtigen Platz zu finden und die Küche einzurichten. Man muss auch ganz neu herausfinden, wo gemütliche Orte sind, an denen man gern reden will. Bei uns wurde das Wohnzimmer zu diesem Raum. Wenn wir auf dem Sofa saßen, setzte sich immer mal wieder ein Junge dazu und kleine Gespräche konnten sich ganz ungezwungen entwickeln.

Wo reden Ihre Kinder am liebsten mit Ihnen? Wenn es so einen Ort gibt, dann empfehlen wir Ihnen, möglichst oft dort zu sein, bereit für das, was Ihnen vielleicht schon bald erzählt werden wird.

In unserer Küche gibt es eine winzige Essecke unter den Hängeschränken. Die Eckbank ist schmal und hart und die großen Teenager müssen sich regelrecht zusammenfalten, um in die Ecke zu rutschen. Keiner kann aufrecht sitzen. Aber hier finden unsere Gespräche statt, obwohl nur ein paar Schritte entfernt das große Wohnzimmersofa steht. Wenn meine mittlerweile erwachsene Tochter fragt: Können wir uns in die Küche setzen?, dann weiß ich, dass ihr ein schwieriges Thema auf der Seele liegt.

Eine alleinerziehende Mutter

Bei welchen Tätigkeiten kann man gut reden?

In unserer Familie waren sportliche Aktivitäten immer gute Gelegenheiten, um miteinander ins Gespräch zu kommen. Für uns als Eltern war das manchmal auch anstrengend. Wir haben schon erwähnt, dass wir mit über dreißig Jahren anfingen, Ski zu fahren. Einer unserer Söhne war ein begeisterter Tennisspieler und Claudia verbrachte viel Zeit damit, ihn zu den verschiedenen Turnieren zu begleiten. Wir selbst sind gar nicht besonders sportlich, aber während wir unsere Söhne bei deren sportlichen Aktivitäten unterstützten, waren wir miteinander in Kontakt.

In anderen Familien helfen die Kinder ihren Eltern am Computer oder mit einer neuen App, einem Computerspiel oder beim Erstellen einer Playlist – auch das sind Gelegenheiten, immer wieder miteinander zu reden. (In unserem Fall übernehmen nun die Enkelkinder diese Rolle.)

Nicht alle meine Teenager wollen stundenlang bei mir sitzen und reden, je nach ihrer Persönlichkeit. Aber alle fahren gern bei mir im Auto mit oder lassen mich mit ihnen zusammen ihre Lieblingsserie ansehen. Manchmal schaue ich mir einen Film auch mehrfach an, weil eines der Kinder ihn sehen möchte. Es geht mir nicht um den Film, sondern darum, mit meinen Teenagern zusammen zu sein.

Ein Elternteil

Manchmal haben die Teenager auch Lust, mit der Familie zusammen ein Projekt durchzuführen, einen Urlaub zu planen oder die Pflanzen im Garten zurückzuschneiden. Dabei dürfen sie mitbestimmen, wie alles laufen soll, und natürlich bekommen sie auch eigene Verantwortung.

Andere Teenager lieben einen gemeinsamen Einkaufsbummel, einen Besuch im Café, einen Wellness-Vormittag oder ein gemeinsames Work-out. Falls Sie eine musikalische Familie sind, bietet es sich vielleicht an, gemeinsam zu musizieren. Egal, was Sie zusammen machen, alles was die Kommunikation zwischen Ihnen fördert, ist perfekt.

Die Kunst der Gesprächsführung

Machen Sie sich bewusst, dass es ein Privileg ist, wenn Ihr Teenager Sie nach Ihrer Meinung fragt. Manchmal ist eine Gegenfrage trotzdem die beste Antwort: „Was denkst du, wie könnte das funktionieren?" Oder: „Welche Möglichkeiten siehst du?" Solche Fragen ermutigen Ihren Teenager, zu guten eigenen Ergebnissen zu kommen.

Ein Teenager-Mädchen erzählte uns:

Meine Mutter hat eine unglaublich gute Art, wenn ich sie bei einer Entscheidung um Rat bitte. Sie sagt nicht: „Du solltest das so machen …“ Stattdessen fragt sie mich: „Hast du dir überlegt, ob das gehen könnte?“ Oder: „Vielleicht würde das so funktionieren …“ Dann überlässt sie mir die endgültige Entscheidung und ermutigt mich so lange, bis ich eine Lösung gefunden habe.

Unsere heranwachsenden Kinder sollen nicht das Gefühl haben, andere Dinge wären uns wichtiger als das, was sie uns erzählen wollen. Wenn Ihr Teenager anfängt, sich Ihnen zu öffnen, dann legen Sie Handy und Zeitung weg und schalten Sie den Fernseher aus. Unterbrechen Sie, was auch immer Sie gerade tun, und hören Sie zu. Sie wissen nie, wann dieser Moment wieder eintreten wird, und Sie sollten diesen nicht verpassen! Denken Sie daran: Reden ist Silber, Zuhören ist Gold!

Zum guten Schluss

Nutzen Sie jede Möglichkeit, die sich zum Gespräch bietet.

Interessieren Sie sich für alles, was mit Ihrem Teenager zu tun hat.

Gestatten Sie ihm, echt und unvollkommen zu sein.

Richten Sie den Platz in Ihrer Wohnung, an der Ihr Teenager gern redet, gemütlich ein und seien Sie selbst oft dort.

Vor allem: Hören Sie zu und versuchen Sie, sich in die Gefühle Ihres Teenagers hineinzuversetzen (und behalten Sie dabei Ihre eigene Meinung und alle guten Ratschläge für sich, außer wenn Sie danach gefragt werden).

Miteinander reden

Die meisten Gespräche beginnen mit guten Fragen.

Zu Hause: „Kann es sein, dass du in der Schule heute Stress hattest? Magst du mir davon erzählen? Oder bist du nur müde?"

Im Auto: „Schau mal da drüben [das schicke Auto, das neue Gebäude, das Schaufenster …]. Gefällt dir das?"

In der Natur: „Es tut so gut, hier zu sein, stimmt's? Hier hat man den Kopf so frei. Kann ich dich noch mal wegen der Sache von neulich fragen [Probleme in der Schule, in Beziehungen, in der Familie …]? Magst du mir erzählen, wie es dir inzwischen damit geht?"

Kapitel neun

Von beschädigten und reparierten Brücken

Susan, die Mutter zweier Teenager, erzählte im Elternseminar von einem nächtlichen Erlebnis:

Ich wurde von gedämpften Stimmen geweckt: „Hey, was machst du denn da?“ – „Das wirst du mir nie glauben!“ – „Wie cool!“ – „Willst du auch mal?“

Träumte ich? Ein verschlafener Blick auf den Wecker – kurz nach Mitternacht. War das vielleicht kein Traum, sondern ein Albtraum? Die Stimmen kamen aus unserem Garten! In mir stieg Ärger auf. Unter dem Fenster meines Sohnes standen Leute. Empört richtete ich mich auf. Ich musste am nächsten Morgen wieder fit sein! Ich brauchte meinen Schlaf!

Im nächsten Moment stand ich im Zimmer meines Sohnes und legte los, erzählte ihm etwas von Rücksichtslosigkeit, Nachtruhe und dass das ja wohl nicht wahr sein könne …

Dann sah ich das Seil, das aus dem Fenster hing. Wollte er sich abseilen? Meine Stimme überschlug sich, während ich viele zornige Sätze über Vertrauen von mir gab, eines meiner Lieblingsthemen. Als alles gesagt war, zog ich mich wieder ins Schlafzimmer zurück.

Am nächsten Morgen fragte ich mich, wie ich diese Brücke, die ich in der Nacht eingerissen hatte, wieder reparieren sollte. Wie hatte das passieren können? Ich hatte meiner Wut freien Lauf gelassen und meinen Sohn mit Anschuldigungen überhäuft, ohne ihn zu Wort kommen zu lassen.

Was rieten wir dieser Mutter? Das nächste Mal, wenn die Wut wieder überhandnahm, sollte sie tief Luft holen und sich an drei Dinge erinnern:

- Kein Generalangriff auf die Persönlichkeit
- Keine grundsätzliche Kritik am Charakter
- Sich auf die aktuelle Situation beschränken

Wenn ein Konflikt zu eskalieren droht, sollte man keine grundsätzlichen Vorwürfe erheben. Einem Ertrinkenden gibt man auch keinen Schwimmunterricht. In der akuten Situation muss man schnell handeln.

Selbst wenn wir alles beherzigen, was wir bis jetzt schon über das Zuhören, das Erkennen von Gefühlen und das Reden mit den Kindern gelernt haben – die Brücke unserer Kommunikation wird doch immer wieder ins Wanken geraten. Misserfolge trotz aller Anstrengung sind unvermeidlich. Das gilt für uns selbst genauso wie für unsere Kinder.

Wenn Eltern die Brücke beschädigen

Susan berichtete weiter:

> Die Lage war eindeutig – ich hatte die Brücke gesprengt. Aber was jetzt? Mir war klar: Als Erstes würde ich mich entschuldigen müssen. Also ging ich zu meinem Sohn. „Es tut mir leid, wie ich mich heute Nacht verhalten habe. Ich war so wütend und habe dich überhaupt nicht zu Wort kommen lassen. Verzeihst du mir?“
>
> Als Zeichen, dass mir mein Verhalten wirklich leidtat, bot ich meinem Sohn an, ihm bei seiner Arbeit zu helfen. Er war gerade dabei, sich mit dem Restaurieren eines alten Möbelstücks ein bisschen Geld zu verdienen. Also half ich ihm beim

Schmirgeln, einer Arbeit, die ich überhaupt nicht mochte. Aber während wir dann gemeinsam das Holz abschmirgelten, verarbeiteten wir auch die Gefühle der letzten Nacht. So konnte ich meinem Sohn zeigen, dass ich trotz meiner feindseligen Worte auf seiner Seite stand.

Susan lernte durch diese Erfahrung, dass sich zerstörte Brücken wieder aufbauen lassen – aber in der Regel müssen die Erwachsenen den ersten Schritt tun.

Die Entschuldigung muss aufrichtig sein, ohne Rechtfertigung und ohne darüber zu sprechen, was der Teenager falsch gemacht hat. Auch Schuldzuweisungen an Dritte sind nicht Teil einer Bitte um Vergebung.

Wer sich entschuldigen will, der spricht aus, was er falsch gemacht hat: „Ich habe dir meine Vorwürfe um die Ohren geknallt und dich vor deinen Freunden blamiert. Das tut mir alles wirklich sehr leid. Kannst du mir vergeben?“ Auf keinen Fall darf am Ende dieser Satz kommen: „Und du, hast du mir vielleicht auch noch etwas zu sagen?“

Wenn Sie immer wieder aufrichtig um Vergebung bitten, dann wird Ihr Teenager von Ihnen lernen, was es heißt, sich zu entschuldigen.

Wenn Teenager die Brücke beschädigen

Frustrierte, wütende Jugendliche sind nicht gesprächsbereit. Stellen wir uns folgende Szene vor:

Mutter: „Mona, was ist los?“

Mona: „Dieser Scheißkerl! Er ist so ein Idiot. Wie konnte ich mich nur mit ihm treffen?“

Mutter: „Du klingst ganz schön wütend. Was war denn los?“

Mona: „Das geht dich nichts an! Lass mich in Ruhe!“

Mona stürmt in ihr Zimmer, die Tür fliegt krachend ins Schloss, sie setzt sich ihre Kopfhörer auf und lässt sich über mehrere Stunden nicht mehr blicken. Jetzt ist nicht nur Mona verletzt, sondern auch ihre Mutter. Sie würde ihrer Tochter so gern helfen, weiß aber nicht, wie.

In diesem Fall trifft die Mutter keine Schuld, sie war einfach nur gerade da, als ihre aufgebrachte Tochter nach Hause kam. Die Worte der Tochter richteten sich nicht gegen die Mutter, trotzdem ist die Brücke beschädigt. Was kann der Erwachsene in diesem Fall tun?

Vergeben!

Aufgabe der Eltern ist es, den Jugendlichen auch dann zu vergeben, wenn diese nicht darum bitten. Keine Beziehung gelingt langfristig ohne Vergebung.

Natürlich tut das weh, wenn man von seinem Teenager unfreundlich behandelt wird. Aber die eigene Kränkung darf sich nicht auf die Beziehung zum Kind auswirken. Es liegt in der Verantwortung der Erwachsenen, ihre Verletzungen zu bearbeiten und ihren Teenagern zu vergeben.

Eine Mutter erzählte uns:

> Die Beziehung zu meiner Tochter wurde immer schwieriger. Sie konnte keine fünf Minuten in meiner Nähe sein, ohne mich anzugiften oder zu attackieren. Dabei wusste sie genau, an welchen Punkten sie mich besonders verletzen konnte. So war ich immer angespannt, wenn sie da war, verteidigte mich, versuchte es manchmal auch mit Gegenangriffen. Bis mir eines Tages klar wurde, dass ich in unserer Beziehung die Erwachsene war. Als Mutter sollte ich mich anders verhalten als ein Teenager in der Pubertät.
>
> Zunächst versuchte ich, ihre Worte nicht persönlich zu

nehmen (ich schob alles auf den Umbau in ihrem Gehirn). Wenn mir alles zu viel wurde, zog ich mich kurz zurück und überlegte, wie es mir ging. Hatte ich das Gefühl, als Mutter versagt zu haben? Fühlte ich mich unterlegen? Oder verachtet? Dann überlegte ich, worum es meiner Tochter gerade ging.

Hatte ich alles geklärt und mich ein bisschen beruhigt, ging ich zurück zu meiner Tochter und versuchte, verständnisvoll und besänftigend mit ihr zu reden. Am Anfang fiel mir das extrem schwer. Doch je öfters mir das gelang, desto mehr entspannte sich unsere Beziehung. Die Anstrengung war es wert.

Eine andere Mutter versuchte, ihre aufgebrachte Tochter zu erreichen, indem sie ihr diese Nachricht schickte: „Ich kenne das. Es kann furchtbar wehtun, von jemandem enttäuscht zu werden. Wenn du reden willst – ich habe Zeit." Ohne sich aufzudrängen, zeigte diese Mutter ihren Wunsch zu helfen.

Jugendliche werden auf so ein Angebot unterschiedlich reagieren. Manche umarmen ihre Mutter und sagen ihr: „Ich hab dich lieb." Andere ignorieren die Nachricht. Doch darum geht es nicht. Entscheidend ist, was wir den Jugendlichen entgegenbringen: Liebe und Akzeptanz, ein vorbildliches Verhalten und Verständnis für ihre Gefühle.

Das Handy und die Nachtruhe – ein Dauerkonflikt?

In vielen Familien wird um dieses Thema gekämpft. Bei Ihnen auch?

Die vierzehnjährige Mia liebte es, abends noch lange am Handy zu sein, während ihre Eltern hofften, sie würde längst schlafen. Morgens war sie meist schlecht gelaunt. Ihre Eltern wussten, dass Strenge mehr schaden, als nützen würde. Also fassten sie einen Plan: Auf dem Küchentisch wurde ein Handykorb aufgestellt.

In einem ersten Schritt stellten alle Familienmitglieder – die Eltern auch! – ihre Handys vor den gemeinsamen Mahlzeiten auf lautlos und legten sie in den Korb. Als man sich daran gewöhnt hatte, bekam der Korb eine weitere Funktion: Nun sollte er alle Smartphones von 21.30 Uhr bis zum nächsten Morgen beherbergen. Mia rastete aus und es gab einen heftigen Streit. Am folgenden Tag wurde das Gespräch etwas ruhiger fortgesetzt.

Das Mädchen bat: „Kann ich mein Handy wenigstens als Wecker benutzen? Es weckt mich mit Musik, die ich aussuchen kann. Warum sagen wir nicht einfach, ich darf mein Handy nicht im Bett benutzen? Ihr müsst es mir doch nicht wegnehmen!“

Die Mutter ließ sich nicht darauf ein, sondern kaufte ihr einen klassischen Radiowecker, weil sie davon ausging, dass Mia der Versuchung, nachts mit ihren Freunden zu chatten, nicht widerstehen könnte. Mia gab ihr Handy am Abend nur äußerst ungern ab. Aber die Eltern setzten sich durch, Mia hatte mehr Schlaf und wurde insgesamt umgänglicher. Als es trotzdem wieder einmal Streit gab, fand die Mutter folgende Nachricht vor:

Liebe Mama,
es tut mir leid, dass ich gestern Abend so heftig drauf war. Ich will mich in Zukunft nicht so gehen lassen. Hab dich lieb.

Mia

PS: Trotzdem denke ich, dass es kein Problem wäre, wenn ich mein Handy nachts haben könnte.

Nicht alles lässt sich lösen

Manchmal muss man Kinder in der Pubertät auch einfach mal in Ruhe lassen. Wenn man jede Kleinigkeit anspricht, werden die Teenager irgendwann nicht mehr hinhören. Läuft im Leben der Jugendlichen etwas schief, gibt es Liebeskummer oder andere Nöte, dann würden die Eltern zu gern helfen. Aber das ist oft weder richtig noch gut.

Leider gibt es kein Patentrezept zum Umgang mit anderen Menschen, schon gar nicht mit solchen, die gerade in der Pubertät sind. Von daher bleibt es eine Gratwanderung, ob man helfend eingreifen oder nur beobachten soll.

Wenn die Brücke einstürzt, weil die Eltern Nein sagen müssen

Es gibt Situationen, da bricht die Kommunikations-Brücke zusammen, weil die Eltern zu einem Wunsch ihres Teenagers Nein sagen müssen. So ging es auch Familie Schmidt und ihrem vierzehnjährigen Felix, der seine Eltern eines Abends mit lobenswerter Ehrlichkeit ins Vertrauen zog.

Es war noch nicht lange her, seit die Schmidts ihren Sohn beim Rauchen erwischt hatten. Sie untersagten es ihm, weil rauchen unter achtzehn gesetzlich verboten ist. Aber sie sprachen mit Felix auch über die Hintergründe. Immerhin ist es wissenschaftlich erwiesen: Je früher man mit dem Rauchen beginnt, desto eher wird man abhängig und lebenslang ein Raucher bleiben.

Nun eröffnete Felix seinen überraschten Eltern: „Ihr wollt ja nicht, dass ich rauche, also habe ich angefangen zu vapen. Dagegen habt ihr nichts, oder? Alle machen das. Das ist harmlos, nur Dampf, kein Rauch."

Felix hatte also gar nicht versucht, mit dem Rauchen aufzuhören, sondern war nur auf E-Zigaretten umgestiegen.

Schmidts nahmen sich Zeit für das Thema, es wurde recherchiert und diskutiert, doch Felix blieb dabei: „Alle Vierzehnjährigen, die ich kenne, vapen, manche kiffen auch. Seid doch froh, dass ich das nicht mache."

Den Eltern half nun, dass Vapen genau wie Rauchen durch das Jugendschutzgesetz geregelt ist: „Okay, wir sind froh, dass du kein Gras rauchst, aber E-Zigaretten sind unter 18 genauso verboten wie alles andere. Wir dürfen es dir gar nicht erlauben."[25]

Halbherzig versprach Felix schließlich, damit aufzuhören, aber das Thema war für die Eltern noch nicht erledigt. Sie informierten sich, sahen mit ihrem Sohn zusammen Studien und Forschungsergebnisse an und sprachen über die finanziellen Interessen der Tabakindustrie. Doch sie konnten Felix nicht überzeugen, er glaubte seinen Freunden mehr.

Obwohl das Mindestalter beim Rauchen gesetzlich klar geregelt ist, hörte Felix von seinen Eltern kein rigoroses „Kommt überhaupt nicht infrage", sondern sie erkundigten sich immer wieder, wie es ihm mit dem Thema ging, und ertrugen es auch, dass er zwar weitgehend, aber nicht vollständig mit dem Vapen aufhörte. Felix spürte darin die Liebe seiner Eltern, die ihn motivierte, immer seltener zu vapen.

Die Situationen, in denen man einfach Nein sagen muss, lassen sich nicht immer vermeiden. Aber auch dann können Eltern um die Einsicht ihres Teenagers werben, statt mit einem „Schluss jetzt! Ich will davon nichts mehr hören!" die Brücke in die Luft zu jagen.

Auf gute Weise Nein sagen

Hier haben wir sieben Tipps, wie sie Nein sagen können, ohne die Brücke zu Ihrem Teenager zu beschädigen:

1. Hören Sie mitfühlend zu und lassen Sie Ihren Sohn oder Ihre Tochter beschreiben, wie er oder sie sich fühlt.
2. Haben Sie Geduld! Natürlich wäre es einfacher, zu sagen: „Wir sind deine Eltern und das entscheiden wir!" Aber es

ist besser, die Diskussionen zu führen und dabei in Verbindung zu bleiben. Sonst machen die Jugendlichen heimlich doch, was sie wollen.

3. Kämpfen Sie ohne Verbissenheit und bleiben Sie humorvoll.
4. Sehen Sie die Beziehung zu Ihrem Kind als höchste Priorität. Erlauben Sie dem Konfliktthema nicht, wie eine dunkle Gewitterwolke über Ihrer Familie zu hängen.
5. Wenn ein Problem Sie zu sehr aufregt, dann warten Sie vierundzwanzig Stunden, bevor Sie sich wieder damit befassen (soweit das möglich ist).
6. Wenn Sie hungrig, erschöpft oder unausgeschlafen sind, verschieben Sie das Gespräch! Sonst besteht die Gefahr, dass Sie zu heftig reagieren und dies später bereuen.
7. Versuchen Sie, so selten wie möglich Nein zu sagen. Zu viele negative Reaktionen sind frustrierend.

Streit vermeiden

Angenommen, ein Jugendlicher trifft falsche Entscheidungen, erlebt negative Folgen und ist gleichzeitig zu den Eltern aggressiv. Wie verhält man sich dann? Jim Burns, ein Experte in Erziehungsfragen und guter Freund von uns, rät: „Lassen Sie sich nicht auf Streit ein, er kostet zu viel Kraft und bringt nichts." Zusammen mit seiner Frau Cathy hat er drei Schritte formuliert, wie Eltern in konfliktreichen Phasen mit ihren Kindern reden können. Wenn sich ein Streit ankündigt, dann gehen Sie diese drei Schritte:

1. Sagen Sie zuerst: „Ich ahne, wie sich das für dich anfühlt." Sie können Mitgefühl zeigen, ohne Ihren Teenager aus der Verantwortung zu entlassen. Vielleicht leidet der Jugendliche unter den Folgen seines falschen Verhaltens. Oder er

will etwas, das Sie auf keinen Fall akzeptieren können (eine Frage der Moral oder der Sicherheit oder etwas, was sich auch in 25 Jahren noch auswirken wird).
2. Lassen Sie direkt danach das Wort „Trotzdem“ folgen.
3. „Das Leben ist nicht fair.“ Diesen Satz haben wir oft zu unseren Teenagern gesagt. Wenn Jugendliche sich gegen etwas auflehnen, was in ihren Augen einfach ungerecht ist, dann ist das die richtige Antwort. Je schneller sie verstehen, dass manche Dinge einfach unfair sind, desto eher hören sie auf, ihre Eltern dafür zu attackieren. Leider gibt es auch viele Erwachsene, die das noch nicht verstanden haben und anderen das Leben schwer machen, weil sie ihre Situation nicht akzeptieren wollen.[26]

Wenn Wut die Brücke zerstört

Eine der Hauptursachen für zusammengebrochene Kommunikations-Brücken ist der falsche Umgang mit Wut und Zorn. Mag sein, dass Sie alle Regeln der Kommunikation mit Teenagern beherrschen. Aber dann passiert etwas, was Sie wütend macht, Sie legen los und reißen alle Brücken ein. Das werden die meisten von uns kennen. Falls Sie noch nie auf Ihr pubertierendes Kind wütend waren, dann können Sie diesen Teil des Kapitels überspringen – und wir würden Sie gern kennenlernen!

Wut ist eine sogenannte sekundäre Emotion, die aus Angst, Frustration oder Verletzung entsteht und die anerkannt und verarbeitet werden muss. Sie sorgt im Körper für eine Extraportion Adrenalin, das uns auf Angriff oder Flucht einstellt. Angenommen, die sechzehnjährige Tochter ist zum Shoppen losgezogen, nun ist es spät und sie hat sich noch nicht gemeldet. Angst beschleicht uns, ihr könnte etwas passiert sein. Da hören wir, wie sich die Haustür öffnet. In dem Moment verwandelt sich die Angst in Wut – mit der wir dann die Tochter empfangen. Wenn wir die Ursache der Wut sehen, können wir sie leichter beherrschen.

Umgang mit Wut und Zorn

Es ist Aufgabe der Eltern, Ihren Kindern in der Pubertät zu zeigen, wie man mit Wut umgehen kann. Ein Vater beschrieb das so:

Unser Sohn kann so schnell wütend werden, dass schon alles zu spät ist, wenn wir es realisieren. Dann ist er mit Worten nicht mehr zu erreichen. Wir können ihn nur noch allein lassen oder mit ihm Sport machen, bis er sich wieder beruhigt hat. Das ist ziemlich belastend für uns.

Wut kann furchterregend sein. Sie ist das stärkste Gefühl, das uns bei Teenagern begegnet. Ein falscher Umgang damit kann bei Eltern und Kindern Angst und Verzweiflung auslösen. Niemand ist vor Wut gefeit und manchmal, wenn Kinder explodieren, werden auch die Eltern angesteckt. Unser Tipp: Wenn Sie merken, wie in Ihnen die Wut hochkocht, dann halten Sie inne und atmen Sie ein paarmal tief durch. Bewusste Atmung kann helfen, die Emotionen wieder herunterzufahren.

Was Experten sagen

Wer den Zusammenhang zwischen der Gehirnentwicklung und dem Verhalten der Teenager berücksichtigt, kann besser mit ihnen umgehen. Man muss nicht aneinander verzweifeln. Es ist nun einmal so: Teenager werden von Emotionen überflutet, reagieren heftig auf Stress, sind risikofreudig und können die Frontallappen nicht nutzen, um ihre Gefühle zu kontrollieren.

> Erwachsene müssen ihnen helfen, mit ihrer Unausgeglichenheit umzugehen und Wege zu finden, sich zu entspannen. Es ist nicht einfach, Wut zu kontrollieren, aber man kann es üben und sich selbst verstehen lernen.[27]

Wie ging es Ihnen, als Ihr Kind zuletzt explodiert ist? Wurden Sie auch sauer? Das geht sehr schnell. Doch solange Sie Ihre eigene Wut nicht im Griff haben, können Sie Ihrem Kind auch nicht helfen. Wenn die Wut uns gepackt hat, haben wir uns oft zurückgezogen und ausgeruht. Ausgeschlafen konnten wir mit schwierigen Themen besser umgehen.

Einmal sagte David zu einem unserer Söhne: „Ich bin so wütend. Bitte rede mindestens eine Stunde lang nicht mit mir!" Ein anderes Mal rief Claudia mitten in einer Auseinandersetzung: „Schluss jetzt! Hört auf, sonst gehe ich an die Decke. Das wollen wir alle nicht!" Wenn Sie noch ein bisschen Humor aufbringen können, hilft das immer.

Noch eine Warnung: Jugendliche in der Pubertät sind sensibel. Wenn ihre Eltern wütend auf sie sind, bekommen sie Angst, die Liebe und Annahme ihrer Eltern zu verlieren. Achten Sie darauf, dass die Kinder Ihre Wut nicht als Ablehnung missverstehen.

Denken Sie daran, fast alle Konflikte sind vorübergehend. Wenn Sie sich nicht um lebenswichtige Dinge streiten, sondern um Banalitäten wie Kleidung, Haare oder Unordnung, dann beruhigen Sie sich, weil das in ein paar Jahren niemanden mehr interessieren wird. Entscheidend wird später nur noch sein, ob Sie und Ihre Kinder gute Freunde geblieben sind. Lösen Sie den Konflikt, wenn es geht – oder finden Sie sich mit der Situation ab. Aber beschädigen Sie wegen so etwas nicht die Beziehung zu Ihrem Kind.

Auch hier gilt: Achten Sie darauf, dass die Beziehung stimmt, und bleiben Sie im Gespräch mit Ihrem Teenager!

Hier eine Geschichte über den unbeherrschten Zorn einer Mutter und den Wiederaufbau einer beschädigten Brücke:

Die 17-jährige Anna hatte sich intensiv auf ihre praktische Fahrprüfung vorbereitet. Ihre Mutter sollte sie in einen benachbarten Ort fahren, wo die Prüfung stattfinden würde. Doch auf dem Weg zur Prüfung ging einiges schief. Die Mutter erzählte uns:

Wir wollten gerade das Haus verlassen, als mir auffiel, dass mein Mann aus Versehen ein Dokument mit zur Arbeit genommen hatte, das Anna vorlegen musste, um an der Prüfung teilnehmen zu können. Zeitlich würden wir es nicht mehr schaffen, bei seiner Firma vorbeizufahren. Während ich das zu klären versuchte, wurde es immer später und Annas Nervosität stieg.

Mein Mann versprach, direkt zum Prüfungsort zu kommen, und wir fuhren los. Aber inzwischen lagen bei Anna die Nerven blank – Papa würde bestimmt zu spät kommen und das würde alles nicht mehr klappen. Während ich unser Auto so schnell wie möglich durch den Verkehr steuerte, wurde ich immer wütender, auf mich selbst, weil ich die Papiere nicht vorher kontrolliert hatte, auf meinen Mann, weil er sie mitgenommen hatte, und auf Anna, weil sie so panisch war.

Als Anna mich arglos fragte, ob ich wütend sei, brannte bei mir die Sicherung durch. Ich warf ihr alles an den Kopf, was mich schon immer an ihr gestört hatte. Sie sei anspruchsvoll, egoistisch, ungeduldig … Ich konnte gar nicht mehr aufhören. Bis ich einen Blick nach rechts warf. Sie saß still auf dem Beifahrersitz, den Blick gesenkt, und Tränen liefen ihr übers Gesicht. Schlagartig war meine Wut weg und ich fühlte mich einfach nur noch schrecklich. Wie konnte ich so gemeine, hasserfüllte Sachen sagen – auf dem Weg zur Fahrprüfung? Wieso beschuldigte ich sie für einen Fehler, den mein Mann gemacht hatte?

Ich versuchte, mich zu entschuldigen, aber meine Worte klangen viel zu schwach, gemessen an dem Schaden, den ich angerichtet hatte.

Wir waren rechtzeitig da, mein Mann auch. Zum Abschied sagte ich ihr noch, dass ich sie lieb habe und dass sie die Prüfung bestimmt schaffen würde. Anna trocknete ihr Gesicht und ging mit hängenden Schultern zur Fahrprüfung.

Dann setzte ich mich wieder ins Auto, wartete auf Anna und hatte Zeit zum Nachdenken. Hoffentlich konnte sie den Streit ausblenden. Hoffentlich war sie konzentriert. Hoffentlich konnte sie mir vergeben. Und hoffentlich, HOFFENTLICH, würde ich nie wieder so ausrasten!

Dann kam sie zurück, lächelnd. Sie hatte bestanden. Ich war sehr erleichtert. Auf der Heimfahrt hielten wir bei einem Café und feierten. Ich sagte ihr noch einmal in Ruhe, wie sehr mir mein Verhalten leidtat und wie gern ich meine bösen, gemeinen Worte zurücknehmen würde. Als ich sie erneut um Vergebung bat, sagte sie: „Schon okay, Mama."

Ich antwortete: „Es ist niemals okay, wenn jemand so mit dir umgeht. Ich bereue mein Verhalten wirklich sehr. Aber danke, dass du mir verzeihst. Ich hoffe, dass so etwas nie wieder vorkommt."

Was Experten sagen

Denken Sie daran, dass das Gehirn im Zustand starker Emotionen (zum Beispiel Wut) hauptsächlich mit dem Kampf- oder Flucht-Zentrum arbeitet, was für alle Altersgruppen gilt. In einem solchen Zustand ist logisches Denken kaum möglich. Der Ausdruck „außer sich sein vor Wut" trifft das ziemlich genau. In dieser Verfassung ist es das Beste, zunächst das überschüssige Adrenalin abflauen zu lassen, zum Beispiel durch körperliche Betätigung. Erst danach kann man versuchen, behutsam und gut überlegt auf das Konfliktthema zu sprechen zu kommen.

Wie hilft man einem Teenager, der ausrastet oder eine Panikattacke bekommt?

Jugendliche sollen auch wütend sein dürfen und die Möglichkeit haben, ihre negativen Gefühle ungefiltert zum Ausdruck zu bringen, solange sie damit keinem Dritten schaden. Wütende Teenager brauchen Erwachsene, die ihnen zuhören und sie verstehen, ohne nach Lösungen für ihre Probleme zu suchen. Wenn die Wut sich wieder gelegt hat, kann man gemeinsam Strategien suchen, wie man mit so starken Gefühlen umgehen kann.

Der Versuch, einem wütenden Teenager zu helfen, ist genauso nutzlos, wie wenn man ein zorniges Kleinkind beruhigen will. Die Vorschullehrerin meines Kindes sagte einmal: „Ein schreiendes Kind kann nichts hören." Warten Sie ab, bis die Wut verflogen ist, dann können sie mit dem Kind oder dem Teenager sprechen.

Ein Elternteil

Das Wichtigste: Wenn Ihr Teenager ausrastet, sollten Sie selbst versuchen, ruhig zu bleiben! Sagen Sie sich selbst: „Meinem Kind geht es gut", auch wenn das Wort „gut" in dem Moment vielleicht so etwas bedeutet wie

G-gekränkt
U-unsicher
T-traurig

Es gibt verschiedene Übungen, die man einsetzen kann, wenn Wut oder Angst überhandnehmen. Bewusstes, gleichmäßiges Atmen kann helfen, zunächst Ihnen selbst, dann auch Ihrem Kind. Eine mit uns befreundete Ärztin, deren dreizehnjähriger Sohn zu extremen Wut- und Panikanfällen neigte, erzählte uns, was in ihrem Fall half.

Sie gab ihrem Sohn ganz ruhig die folgenden vier Aufgaben:

Sag mir vier Dinge, die du sehen kannst!

Fasse drei Dinge an!

Welche zwei Dinge kannst du hören?

Was kannst du riechen?

Nachdem ihr Sohn diese vier Schritte gegangen und wieder etwas ruhiger geworden war, stellte sie ihm zwei weitere Fragen:

Wovor hast du Angst?

Was wäre das Allerschlimmste, das passieren könnte und dir jetzt gerade Angst macht?

Die Übung half ihrem Sohn und sie empfiehlt sie auch anderen Familien. Diese Fragen beruhigen Kinder, sie spüren dabei, dass sie nicht alleine sind.

Die Ärztin sprach auch davon, wie gut Sport und Bewegungsspiele helfen können. Es kann Wunder bewirken, joggen zu gehen, einen Boxsack zu bearbeiten oder Bälle auf einen Basketballkorb zu werfen. Für unseren Sohn, der Tennis spielte, hatten wir eine Wand gebaut, an der er seine Schläge üben konnte. Dorthin ging er manchmal, wenn er wütend war, und donnerte Tennisbälle gegen die Wand – ein gutes Ventil für ihn. Auch Claudia hat an dieser Wand gelegentlich ihren Frust über die drei Teenager verarbeitet.

Tipps zum Brückenbauen

Es braucht beide dazu, Eltern und Teenager. Uns als Familie haben dabei drei Grundsätze geholfen:

1. Ich-Botschaften senden

Sätze, die mit „Du“ anfangen, klingen nach Angriff, während „Ich-Sätze“ für den anderen nicht so bedrohlich klingen, da der Sprecher sich selbst reflektiert. Zwei Beispiele:

„Du gehst mir auf die Nerven!" – besser: „Ich bin super wütend!"

„Du liebst mich ja gar nicht!" – besser: „Ich habe das Gefühl, dass mich niemand leiden kann."

2. Warum-Fragen vermeiden

Fragen, die mit dem Wort „Warum" anfangen, sind oft der Anfang vom Ende einer Brücke. Zum Beispiel: „Warum denkst du nicht auch einmal an mich und räumst deine Sachen im Wohnzimmer auf?" Das klingt ziemlich feindselig. Besser wäre: „Das Wohnzimmer sieht ja furchtbar aus. Könnten wir das mal eben zusammen aufräumen?" Entscheidend ist, dass Sie mit Ihrem Kind zusammen das Problem anpacken, statt Ihr Kind anzugreifen.

3. Gefühle ausdrücken

Wie wichtig echtes Zuhören ist, bei dem wir auch die Gefühle des Teenagers wahrnehmen, haben wir bereits besprochen. Doch nicht weniger wichtig ist es, dass auch Eltern über ihre Gefühle sprechen und darin ihren Kindern ein Vorbild sind. Wir haben dazu eine sehr banale Formel gefunden, die uns seit vielen Jahren hilft: *Sag einfach, wie du dich gerade fühlst.*

Man kann zum Beispiel schimpfen: „Nie machst du rechtzeitig deine Hausarbeit. Ich kann mich einfach nicht auf dich verlassen!" Wenn man aber äußert, wie man sich gerade fühlt, dann klingt das eher so: „Mich stresst das, wenn du den ganzen Nachmittag bei deinem Freund bist und deine Hausarbeit erst spätabends machst – oder ganz vergisst."

Wir wollen das Problem aus der Welt schaffen, ohne unsere Teenager in die Defensive zu drängen. Falls Ihr Teenager Ihnen zuhört und gerade gesprächsbereit wirkt, dann können Sie diese Frage nachschieben: „Wie denkst du grundsätzlich über die Verteilung der Hausarbeit? Ist dein Part okay für dich? Und wie kann ich dich daran erinnern, ohne dich zu nerven?" Wenn wir so bedacht vorgehen, werden wir vielleicht als Antwort hören: „Ach, stimmt, tut mir leid, das habe ich ganz vergessen. Nächstes Mal mache ich es besser." Damit haben wir über das Problem gesprochen, ohne dass eine schlechte Stimmung aufgekommen ist.

Wenn Sie mit Ihrem Teenager nicht einer Meinung sind, wäre eine gute Formulierung: „Du siehst das so, aber ich sehe es anders." Wieder haben wir unsere Gefühle mitgeteilt, ohne uns zu verteidigen und ohne den Teenager anzugreifen.

Ein weiterer Satz, den wir oft verwenden: „Das ist ja interessant."

Natürlich, das wird nicht immer alles so klappen. Aber wenn wir üben, miteinander zu leben, ohne uns anzugreifen, dann sind wir gut aufgestellt für alles, was die Zukunft noch bringen mag.

> **Was Experten sagen**
>
> Vermeiden Sie „Du musst …" (… dein Zimmer aufräumen, den Geschirrspüler ausräumen etc.). Sätze, die „müssen" enthalten, kommen nicht gut an. Die Teenager werden sich fragen: „Muss ich das wirklich? Eigentlich nicht! Nur meine Eltern wollen das." Sätze wie „Hey, ich brauch dich mal kurz …" funktionieren viel besser. Einer Bitte um Unterstützung folgt man lieber als einem Kommando.

Wenn Sie sich mit einem Teenager über irgendein Thema unterhalten, dann vermeiden Sie es, gleichzeitig Ihre Weltanschauung zu vermitteln. Teenager setzen sich gern mit verschiedenen Standpunkten auseinander, wenn sie diese prüfen, annehmen oder ablehnen können. Aber sie wollen nicht in eine bestimmte Richtung gedrängt werden. Unser Verhalten wird sie viel mehr beeinflussen als unsere Worte, wir können sie mit unserem Lebensstil prägen, statt ihnen unsere Meinung aufzudrängen.

Studien haben gezeigt, dass autoritäre Eltern, die ihre Werte und Überzeugungen unbedingt an ihre Kinder weitergeben wollen, oft eher das Gegenteil bewirken. Viel mehr erreichen Eltern, die hohe Erwartungen an ihre Kinder haben, aber gleichzeitig die Beziehung betont liebevoll gestalten.

Was Experten sagen

Wenn Eltern ständig an Ihrem Teenager herumkritisieren, kann das dazu führen, dass der Jugendliche seine Achtung vor ihnen verliert. Das Vertrauen leidet und die kritischen Worte prallen ab, während sich der Jugendliche cool und selbstbewusst gibt – besonders Jungen reagieren so. Gleichzeitig richtet die ständige Kritik der Eltern viel Schaden an. Der Schmerz kann so groß werden, dass der Kontakt zu den Eltern abgebrochen wird, um neue Verletzungen zu vermeiden.

Zum guten Schluss

Vieles kann eine Brücke zum Einstürzen bringen: wenn Eltern überreagieren, wenn Kinder ausflippen, wenn Eltern Nein sagen müssen oder wenn unbeherrschte Wut aufbricht. Aber Brücken können repariert werden! Beginnen Sie jetzt damit, indem Sie Ihre Fehler einräumen und sich selbst vergeben. Gehen Sie dann auf Ihren Teenager zu, machen Sie eine gemeinsame Unternehmung, schreiben Sie eine Nachricht oder lassen Sie Ihr Kind einfach in Ruhe, wenn es das ist, was es sich wünscht.

Hören Sie zu und achten Sie dabei auf die Gefühle hinter den Worten, vermeiden Sie jede Bewertung. Und machen Sie sich klar: Egal wie schwierig und wichtig das Konfliktthema auch sein mag, die Beziehung zu meinem Kind ist wichtiger. Beurteilen Sie die Situation anhand der Frage: *Wird das Thema in zehn Jahren noch eine Rolle spielen?* Stehen Sie über den Dingen und lassen Sie sich von Liebe und Barmherzigkeit leiten.

Miteinander reden

Denken Sie noch einmal über die letzte Situation nach, als Sie überreagiert haben – und sprechen Sie mit Ihrem Kind darüber. Welches Verhalten wäre besser gewesen?

Üben Sie diese beiden Sätze: „Darf ich dir sagen, wie sich das für mich anfühlt?" (Es frustriert mich, macht mich wütend, glücklich …) Und: „Wie geht es dir dabei?"

Sprechen Sie offen miteinander, wie Sie künftig mit Wut umgehen wollen. Das betrifft jeden in der Familie, der zu Wutausbrüchen neigt, Eltern und Kinder. Helfen Sie sich gegenseitig, im Ernstfall an das zu denken, was Sie miteinander besprochen haben.

Kapitel zehn
Wichtiges und weniger Wichtiges

Wenn mein Zimmer endlich mal so richtig gemütlich ist, kommt meine Mutter und meint, ich soll aufräumen.

Ein dreizehnjähriges Mädchen

Das klingt lustig, aber mal ganz ehrlich – welche Eltern haben sich noch nie über das Zimmer ihres Teenagers aufgeregt? Wie schnell können aus solchen Kleinigkeiten große Auseinandersetzungen werden – eine unbedachte Bemerkung, schon hat man einen Streit losgetreten, den keiner wollte.

Unlängst haben wir eine Elterngruppe gestartet. Einer der Väter war ein Ausbilder beim Militär. Er erzählte frustriert: „Mein Sohn ist total respektlos. Außerdem ist er unzuverlässig und ungehorsam."

Aus der Gruppe wurden ein paar Fragen an ihn gestellt und schnell wurde deutlich, dass es um das Zimmer des Jungen ging. „Wenn ich ihm sage, er soll das Zimmer aufräumen, sein Bett machen und die Kleider aufhängen, dann schaut er mich groß an und meint: ‚Warum denn? Was ist dein Problem? Ich mag es so und es ist mein Zimmer.'"

Nun mischte sich seine Frau ein: „Das Problem ist, dass du wegen des Zimmers die Beziehung zu deinem Sohn ruinierst!"

„Welche Beziehung?", gab der Mann zurück. „Er redet ja gar nicht mit mir. Aber Respekt verlange ich schon. Wenn er nicht tut, was ich sage, dann ist das respektlos. Die Männer in meiner Kompanie würden es niemals wagen, so mit mir zu reden. Die tun, was ich ihnen befehle, im Laufschritt!"

Behutsam versuchten wir, diesem Vater zu erklären, dass er mit seinem Sohn anders umgehen sollte als mit seinen Untergebenen beim Militär. Mit Befehlen wird er bei seinem Teenager nichts erreichen.

Ein anderer Vater meldete sich zu Wort:

» Ganz ehrlich, auch bei unserer Tochter ist das Zimmer eine Zumutung. Aber deswegen fange ich mit ihr keinen Streit an, ich mache einfach die Tür zu. Dafür streiten wir uns ständig um ihre Kleidung – ich kann doch nicht zulassen, dass sie wie eine Prostituierte herumläuft!

Haarfarbe, schulische Leistungen, Musikstil und Freunde – wann müssen Eltern eingreifen? Es gibt zu viele kontroverse Themen, von daher würden wir empfehlen, sich aufs Wesentliche zu konzentrieren. Das spart Nerven, Zeit und Kraft.

In unserer Familie hatten wir ein paar Werte, die uns wirklich wichtig waren. Dazu zählten Respekt, Ehrlichkeit, Offenheit, sich dem Gruppenzwang nicht zu beugen und sich von Drogen und Ähnlichem fernzuhalten. Doch als unsere Jungen in der Pubertät waren, hörten sie täglich unsere kritischen Kommentare zu ihrer Kleidung und Musik, ihren Zimmern, der Körperpflege, Haarlänge, Sauberkeit – und abends dann immer noch ein: „Gehst du dir jetzt bitte die Zähne putzen?"

Natürlich sind auch diese Dinge wichtig, aber Nebensächliches darf nicht zur Hauptsache werden. Wir lernten, überall dort nachzugeben, wo es nicht um moralische Fragen ging. Welche Kleidung und Haarfarbe man schön findet, ist Geschmackssache, da kann man Kompromisse machen, ebenso wie bei Fragen von Ordnung und Sauberkeit. Mit einigen dieser Nebenschauplätze wollen wir uns als Nächstes beschäftigen.

Das Zimmer des Teenagers und seine Privatsphäre

Teenager brauchen ein eigenes Zimmer und das lässt sich mit gutem Willen und ein bisschen Kreativität meistens auch in einer kleinen Wohnung realisieren – vom Raumteiler bis zum Hochbett über dem halben Wohnzimmer.

Doch der Zustand dieser Privatsphäre des Teenagers kann Eltern mitunter an ihre Grenzen bringen. Der folgende Dialog zeigt das Konfliktpotenzial.

Eltern: „Fühlst du dich wohl in deinem Zimmer?"

Teenager: „Super!"

Eltern: „Findest du es nicht ein bisschen chaotisch?"

Teenager: „Ja, deshalb fühle ich mich ja auch wohl darin."

Mein Zimmer ist der Ort, der nur mir gehört. Hier kann ich die Tür zumachen und mit meinen Gedanken allein sein. Manchmal sind meine Gedanken genauso durcheinander wie meine Sachen. Mein Bett soll nicht geschüttelt und glatt gestrichen, sondern ein kuscheliges Nest aus Decken und Kissen sein, in dem ich lernen und Kekse essen kann.

Ein Teenager

Unterschiedliche Perspektiven

Wer mit Jugendlichen in der Pubertät zu tun hat, muss sich in ihre Sicht hineinversetzen, gerade weil sie so anders ist.

Das Zimmer unseres Sohnes hat rote Wände, einen roten Teppich und schwarze Vorhänge. Auf dem Bett liegt ein Tierfell-Imitat. Die Möbel stehend störend im Raum, die Bilder an den Wänden setzen einem zu – und wir erlauben ihm das alles. Weil er darin lebt! Seine Freunde mögen sein Zimmer so sehr, dass sie sich lieber bei ihm treffen, als auszugehen. Das erspart uns einige Sorgen. Wir haben uns auch gefreut, als wir einen Freund sagen hörten: „Du kannst froh sein, du hast echt coole Eltern, die so was erlauben." Insgesamt hat es sich wirklich gelohnt, diesen Bereich losgelassen zu haben.

Ein Elternteil

Eine andere Mutter erzählte von ihrem Sohn, der seinen Tisch nicht mochte (der hervorragend zu den übrigen Möbeln passte), und deshalb immer auf dem Bett lernte. Er wünschte sich ein Zeichenbrett. Als er das hatte, begann er, fleißig zu lernen – im Stehen!

Außerdem fügte die Mutter zusätzliche Regalbretter in seinen Schrank ein und schuf den perfekten Stauraum für die Wanderschuhe, den Schlafsack und andere Dinge, die beim Sport und Camping gebraucht wurden. Als alles seinen Platz hatte, begann er, Ordnung halten. Damit waren viele Konflikte zwischen Mutter und Sohn gelöst.

Wir hatten schon beschrieben, dass sich das Thema „Zimmer" hervorragend für die Jahresbox eignet. Damit geht es in die Verantwortung der Jugendlichen über. Wir selbst haben das bei allen Kindern gemacht. Einer der Söhne war ein scheinbar hoffnungsloser Fall und bekam die gleiche Karte jedes Jahr aufs Neue in seine Box. Aber heute hat er drei Kinder und man kann bei ihm vom Fußboden essen. Eltern müssen den Zustand des Kinderzimmers nicht mögen, aber solange man keinen Kammerjäger braucht, ist alles okay.

Vielleicht hilft der Gedanke, dass die meisten Eltern mit den Zimmern ihrer Teenager ein Problem haben. Aber hierfür lohnen sich keine Kämpfe, genießen Sie lieber eine harmonische Beziehung zu Ihrem Kind.

Kleidung und Körperpflege

Wie kann man einen Teenager dazu bringen, sich zu duschen, die Zähne zu putzen und genug Deo zu benutzen? Am besten, man versucht das erst gar nicht. Abwarten ist der bessere Weg. Es wird nicht lange dauern, bis der Jugendliche ins andere Extrem fällt und stundenlang das Bad blockiert.

Ein Freund erzählte:

> Ich bin immer noch fassungslos. Noch vor Kurzem konnte ich meine Tochter kaum dazu bringen, sich die Haare zu waschen. Jetzt hat sie die totale Kehrtwende gemacht. Gestern Abend hat sie sich die Haare gewaschen und mit dem Lockenstab schöne Wellen gemacht. Heute Morgen hat sie die Haare nass gemacht, die Locken von gestern ausgekämmt und neue gedreht.

Eine Freundin hat ein anderes Problem:

> Unsere älteren Töchter wollen nur noch sehr kurze Shorts anziehen. Aber da sie weder tiefe Ausschnitte noch hohe Absätze tragen, haben wir beschlossen, aus den Shorts kein Thema zu machen.

Mal ehrlich, haben wir selbst als Teenager nicht auch Dinge getragen, die unsere Eltern kritisiert haben? Ist heute wirklich alles so viel schlimmer? Wir können die Modetrends unserer Teenager aushalten! Dazu noch ein Beispiel:

Als wir in Wien lebten, zählte zu den Freunden unserer Söhne ein Mädchen, das sehr streng religiös erzogen wurde und in der Schule keine Jeans tragen durfte. Doch das Mädchen wusste sich zu helfen. Jeden Morgen ging sie zuerst zu ihrer Freundin, tauschte Rock gegen Hose und machte sich dann auf den Weg zur Schule. Auf dem Heimweg ging sie wieder bei ihrer Freundin vorbei, um sich „zurückzuverwandeln".

Doch Eltern können das auch ganz anders handhaben:

> Solange unsere Kinder sich irgendwie bedecken, lassen wir ihnen freie Hand. Sie sehen manchmal wirklich merkwürdig aus, aber wenigstens werden sie nie sagen, dass wir ihnen vorgeschrieben hätten, sich so zu kleiden.

Oder, wie es einmal ein Jugendleiter unserer Kinder sagte: „Alles, was man irgendwann wieder abschneiden, auswaschen oder wachsen lassen kann, ist egal." Unsere Teenager werden in Bereichen, die wirklich wichtig sind, eher auf uns hören, wenn wir ihnen bei Kleidung und Frisur Freiraum geben.

Was ist aber, wenn Sie mit Ihrem Kind zusammen eine Einladung haben und die Erscheinung Ihres Teenagers Sie in Verlegenheit bringt? Dann können Sie Ihrem Kind in mehrfacher Hinsicht ein Vorbild sein: Demonstrieren Sie bedingungslose Liebe, Unabhängigkeit von der Meinung anderer, bewusste Prioritätensetzung, Mut und Authentizität!

Bei jüngeren Teenager-Mädchen wird auch die Frage des Make-ups oft zum Streitthema. Sie wollen gern älter aussehen, haben aber gleichzeitig noch nicht so viel Erfahrung, wie man sich geschickt schminken kann. Das Ergebnis ist nicht immer das, was Eltern gefällt.

> Meine Tochter fing mit elf Jahren an, sich für Make-up zu interessieren. Mir war das viel zu früh, aber statt es ihr zu verbieten, zeigte ich ihr, mit welchen Tricks man einen natürlichen Look erzielt. Sie lernte schnell und ich machte ihr Komplimente, wenn sie es gut hinbekam. Womit ich nicht gerechnet hätte: Nach einiger Zeit verlor sie das Interesse am Schminken.
>
> Eine Mutter

Ich schenkte meiner Tochter zum Geburtstag einen Gutschein für ein Wochenend-Seminar für junge Mädchen, bei dem sie von Farb- und Stilberatung über Frisuren bis zu Make-up viel lernen konnte. Sie freute sich, löste ihn aber nie ein, da sie in den sozialen Medien genügend Tutorials entdeckte. Aus diesen Videos hat sie – ganz ohne Kosten – gelernt, ihren eigenen Stil zu entwickeln und sich geschmackvoll zu schminken.

Eine alleinerziehende Mutter

Man kann sich in der Kosmetikabteilung eines Kaufhauses kostenlos beraten lassen, welche Farben einem stehen. Im Internet gibt es in Bezug auf Farben, Outfits und Frisuren unendlich viel Inspiration. Statt den Mädchen in der Pubertät zu verbieten, mit ihrem Aussehen zu experimentieren, können wir ihnen helfen, sich vorteilhaft zu stylen. Das wird ihnen auch im späteren Leben nützlich sein.

Streit um Markenklamotten?

Der Trend, bestimmte Marken kaufen zu müssen, ist rückläufig, aber in Bezug auf manche Sneakers, elektronische Geräte und teilweise auch bei Kleidung nicht ganz verschwunden – natürlich abhängig davon, in welchen Kreisen man sich bewegt. Das ökologische Bewusstsein unter den Jugendlichen und ein zunehmendes Verständnis für Nachhaltigkeit stößt auch in diesem Zusammenhang positive Entwicklungen an. Dafür ist die Akzeptanz in den sozialen Medien umso wichtiger geworden. Wer viele Abonnenten, Follower und Likes hat, der ist in.

Wenn Ihr Teenager trotzdem gern teure Sachen kauft oder Ihrer Meinung nach grundsätzlich zu viel Geld beim Shoppen ausgibt, können Sie regulierend eingreifen, ohne einen grundsätzlichen Streit führen zu müssen. Sprechen Sie mit Ihrem Teenager über das Familienbudget, wie viel für Kleidung, Schuhe und andere Anschaffungen gerechtfertigt ist, und legen Sie einen Betrag fest, über den der Jugendliche dann selbst verfügen kann. Das lässt sich auch gut mit der Jahresbox organisieren, in der dieser Betrag dann von Jahr zu Jahr angehoben wird. Ob Ihr Teenager sich dann ein teures oder drei preiswerte Teile kauft, ist seine Entscheidung und ein wichtiger Lernprozess.

Erscheint dem Jugendlichen das bewilligte Budget zu niedrig, kann er sich vielleicht durch Mithilfe im Haushalt etwas dazuverdienen oder sich bestimmte Markenartikel zum Geburtstag wünschen.

Weitere Nebenschauplätze

Darüber hinaus gibt es viele weitere Themen, um die es sich nicht zu kämpfen lohnt. Dazu würden wir auch Experimente im Bereich der Ernährung (vegetarisch, vegan, Intervallfasten …) und des Musikstils zählen, teilweise auch den Umgang mit elektronischen Medien.

Vielleicht gefallen Ihnen nicht alle Personen, denen Ihr Teenager folgt, und Sie finden manche Musikvideos unerträglich. Doch diese Dinge sind nicht gefährlich für Ihr Kind, während es im Internet an anderen Stellen durchaus gefährlich werden kann. Auch wenn der Medienkonsum überhandnimmt, kann elterliches Eingreifen erforderlich werden. Doch darauf gehen wir im elften Kapitel noch ausführlicher ein.

Kinder müssen in den Jahren der Pubertät mit einschneidenden körperlichen Veränderungen zurechtkommen, ihre Identität entwickeln, gegen Minderwertigkeit ankämpfen, vor ihren Altersgenossen bestehen und emotionale Wechselbäder aushalten. Da brauchen sie nicht auch noch Eltern, die sich wegen jeder Kleinigkeit aufregen. Stärken wir sie lieber darin, dem Gruppendruck nicht zu erliegen, eine positive Grundeinstellung zu entwickeln und gute Entscheidungen zu treffen. Wenn wir die kleinen Themen klein lassen, haben wir mehr Energie für die Dinge, die wirklich wichtig sind.

Eine Mutter war von ihrem Dreizehnjährigen ziemlich genervt:

Ich musste ihn ständig korrigieren und ihm sagen, was er tun sollte. Dauernd hatten wir Streit. Eines Tages sah er mich resigniert an und fragte: „Mama, wieso bin ich dir nicht mehr gut genug?" Da verstand ich, dass meine ständigen Ratschläge und meine vermeintliche Hilfe das Gegenteil bewirkt hatten. Es war Zeit umzudenken, die unwichtigen Themen loszulassen und mir zu überlegen, wo eine Einmischung nötig war und wo nicht.

Das Wichtige ernst nehmen

Vor einigen Jahren waren wir Hauptredner bei einer Familienkonferenz. An einem Abend waren auch die Teenager der teilnehmenden Eltern eingeladen. Als wir in ihre Gesichter sahen, hatten wir keinen Zweifel: Die Jugendlichen waren nicht freiwillig hier.

Als Erstes bedankten wir uns bei den jungen Teilnehmern dafür, dass sie ihre Eltern trotz deren Lustlosigkeit mitgeschleppt hatten. Einige grinsten über unseren Scherz. Im Laufe des Abends führten wir den Grundgedanken aus, dass man zwischen wichtigen und unwichtigen Themen unterscheiden muss.

Dann baten wir die Teenager, die Dinge zu nennen, die ihren Eltern wichtig sind. Unser Whiteboard füllte sich mit Stichpunkten wie: „mich für Geschenke bedanken" und „morgens frühstücken".

Dann fragten wir die Eltern, was ihren Kindern besonders wichtig ist.

Schnell wurde klar: Eltern und Kinder lebten in zwei verschiedenen Welten.

Nun forderten wir die Familien zum Gespräch auf. Kinder und Eltern sollten sich darüber verständigen, was ihnen wichtig war und was nicht. Dazu gaben wir ihnen zwei Fragen an die Hand, mit denen sie alle Themen prüfen konnten:

1. *Geht es dabei um etwas Moralisches?*
2. *Wird es sich in ein paar Jahren noch auswirken?*

Zufrieden beobachteten wir, wie sich tatsächlich überall im Raum Gespräche entwickelten. Später wurde uns rückgemeldet, dass dieser Abend das wichtigste Ereignis der Konferenz gewesen war und sich als langfristig hilfreich erwiesen hatte.

Eine Teilnehmerin erzählte:

> » Ich frage mich oft, was zu irreversiblen Veränderungen im Äußeren, in der Seele oder im Lebenslauf meiner Kinder führt. Manches bleibt ein Leben lang (ein Baby, eine schwere Sucht und ihre Folgen, Narben vom Ritzen, Tattoos) und verändert den Körper oder den Lebenslauf. Davor warne ich meine Kinder und versuche, ihnen die Konsequenzen ihres Handelns bewusst zu machen. Anderes akzeptiere ich im Vertrauen darauf, dass es sich wieder ändern wird.

Wie können wir dafür sorgen, dass unsere Teenager in Sicherheit heranwachsen, ohne dass wir ständig Nein sagen müssen? Je älter die Jugendlichen werden, desto weniger können wir sie überwachen. Stattdessen müssen wir ihnen beibringen, die Gefahren selbst richtig einzuschätzen. Das geht am besten, wenn sie bei harmlosen Dingen die Folgen falscher Entscheidungen selbst erleben können.

Doch was ist harmlos und welche Themen sind nicht diskutabel? Alkohol, Drogen, Sex? Oder die Fähigkeiten, Beziehungen zu pflegen, Entscheidungen zu treffen und Werte zu verinnerlichen?

Wir hatten als Familie die beiden vielfach erwähnten obersten Prioritäten: im Gespräch bleiben und die Beziehungen pflegen – auch wenn wir ansonsten in vielem unterschiedlicher Meinung waren. Aber auch Respekt, Ehrlichkeit und gute Grundeinstellungen waren uns wichtig, ebenso wie der Anspruch, dass jedes Kind seine besonderen Fähigkeiten entfalten konnte. Was sind Ihre Prioritäten?

Ein Thema, dem wir ebenfalls sehr hohe Bedeutung zumessen, ist der Umgang mit Gruppenzwang. Es ist extrem wichtig, Jugendliche im Umgang damit zu stärken.

Umgang mit Gruppenzwang

Fragt man Teenager, was sie als besonders belastend empfinden, dann wird oft der Druck genannt, der von einer Gruppe ausgeht, der man angehören möchte. Der Zwang, sich anzupassen, beginnt schon vor der Pubertät und nimmt immer mehr zu; trotzdem ist auch das ein ganz normaler Prozess.

Das Gehirn von Teenagern und der Gruppenzwang

Neuere Forschungen zeigen, dass das Gehirn zwar nie aufhört, sich zu entwickeln (gut zu wissen für Erwachsene!), aber in der Pubertät tut sich besonders viel. Der Umgang mit Freunden und Gleichaltrigen verändert sich, Emotionen werden intensiv erlebt und das soziale Engagement nimmt zu. Teenager lieben es, Neues zu entdecken, sind kreativ und experimentierfreudig.

Was Experten sagen

Veränderungen im jugendlichen Gehirn tragen dazu bei, dass sich Jugendliche von ihren Eltern ab- und Gleichaltrigen zuwenden. Damit wechseln Teenager auf ihrem Weg zur Selbstständigkeit von einer Form der Abhängigkeit zu einer anderen, von den Eltern zu den Gleichaltrigen. Wie Teenager diese Jahre bewältigen, hat einen erheblichen Einfluss darauf, ob sie als Erwachsene im Leben zurechtkommen.

Psychologen versichern also, dass diese Abhängigkeit von der Meinung der Freunde normal und vorübergehend ist. Wenn Eltern sich das bewusst machen und daran denken, dass das Verhalten ihrer Teenager auch mit den Prozessen im Gehirn zu tun hat, dann können sie ihren Kindern hilfreiche Begleiter sein, statt sich gegen deren Entwicklung zu stemmen.

» Ich habe gelernt, die Freunde meiner Kinder nicht kritisch zu beurteilen, sondern sie mit meinen Kindern zusammen in mein Herz zu schließen. Das hilft meinen Kindern, mir im Vertrauen zu sagen, was ihre Freunde denken und tun, woraus sich oft wertvolle Gespräche entwickeln.

Eine alleinerziehende Mutter

Nun wollen wir uns einige Bereiche anschauen, in denen der Gruppenzwang für die Jugendlichen zu einer besonderen Belastung werden kann. Wir wollen nach Wegen suchen, wie unsere Jugendlichen nicht nur einigermaßen durch diese turbulente Zeit kommen, sondern wie sie darin wachsen können.

Erwartungsdruck im Bereich der Sexualität

In den letzten Jahrzehnten hat sich die Vorstellung von Liebe und Partnerschaft sehr verändert. Was von den Medien vorgegeben wird, prägt die Jugendlichen, zusammen mit den Ansichten der Gleichaltrigen.

Gleichzeitig ist die Zahl der Teenager, die sexuell aktiv sind, in den letzten Jahren deutlich zurückgegangen. Doch das ist nur teilweise eine gute Nachricht, da auf der anderen Seite der Konsum von Pornografie und allem, was die sozialen Medien in diesem Bereich anbieten, stark zugenommen hat. Pornografische Filme sind für Jugendliche heute der übliche Weg, um etwas über Sex zu lernen, was definitiv keine gute Vorbereitung für eine erfüllte sexuelle Beziehung ist.

Uns sind noch nie Eltern begegnet, die sich gewünscht hätten, dass ihre Kinder von Freunden, über das Internet oder durch Pornoseiten aufgeklärt würden. Eltern wünschen sich für ihre Teenager eine gute Einstellung zu allen Fragen der Sexualität und wollen ihnen diese im Normalfall selbst vermitteln.

Wie können Sie Ihrem Kind helfen, das am Anfang der Pubertät steht und dem Druck durch die Medien und die Freunde ausgesetzt ist? Und wenn Sie noch jüngere Kinder haben: Wie können Sie diese behutsam an das Thema Sexualität heranführen? (Wenn Sie Kinder im Alter zwischen acht und elf Jahren haben, können wir Ihnen dazu unser Buch „Pubertät in Sicht“ empfehlen.)

Und auch Ihr eigener Umgang mit dem Thema ist wichtig und wird sich auswirken, wie das folgende Zitat zeigt:

Was Experten sagen

Ihr Kind wird Ihre Einstellung zur Sexualität genau wahrnehmen. Wenn Sie traumatische Erfahrungen gemacht haben und von Schuld oder Scham belastet sind, sollten Sie sich möglichst therapeutische Hilfe suchen, um diese negativen Einstellungen nicht unbewusst weiterzugeben.

Nutzen Sie die Gelegenheiten, die sich bieten, um ganz belanglos über sexuelle Themen zu reden, zum Beispiel so wie in diesem Fall: Die Freundin der fünfzehnjährigen Anna war schwanger geworden. Annas Mutter meinte nachdenklich, dass sich damit das Leben von Annas Freundin für immer verändern würde. Sie sprachen darüber, wie es zu der Schwangerschaft hatte kommen können und warum das Mädchen schon so früh sexuell aktiv war. Ob ihr Freund sie dazu gedrängt hatte? Ob sie Angst gehabt hatte, ihn zu verlieren, oder ihn nicht enttäuschen wollte?

»

Als mein Sohn mit der Nachricht nach Hause kam, dass seine Schulkameradin schwanger war und jetzt von der Schule abgehen würde, um das Baby zu bekommen, war es mir wichtig, keinen negativen, kritischen oder abwertenden Kommentar meiner Kinder zuzulassen. Stattdessen sprach ich über den Mut des Mädchens, das Baby zur Welt zu bringen, zumal – soweit ich weiß – auch zu dessen Vater keine Beziehung bestand. Ich nutzte die Gelegenheit, um meinen Kindern meine vollste Unterstützung zuzusagen, sollten sie einmal in diese Situation geraten.

Eine alleinerziehende Mutter

Regen Sie Ihre Teenager dazu an, frühzeitig über diese Zusammenhänge nachzudenken und sich zu überlegen, nach welchen Werten sie leben wollen. Wenn dann die große Liebe zu ihnen sagt: „Wenn du mich wirklich liebst, dann tust du das für mich", dann können sie erwidern: „Ich will das noch nicht, und wenn du mich wirklich liebst, dann kannst du das akzeptieren."

Nicht immer passt es, über sexuelle Themen zu reden. Aber es gibt die Momente, in denen es sich förmlich anbietet. Nutzen Sie die Gelegenheiten, wenn Ihre Teenager offen und gesprächsbereit sind. Es sind kostbare Zeitfenster, in denen Sie die Werte und Erfahrungen weitergeben können, von denen Sie hoffen, dass Ihre Kinder sich danach ausrichten werden.

Wenn zuerst eine Reaktion kommt wie „Das weiß ich alles" oder „Du musst darüber nicht mit mir reden", dann lassen Sie sich nicht abwimmeln. Machen Sie kein Geheimnis daraus, wie wichtig Ihnen dieser Austausch ist. „Ich möchte verstehen, was du denkst und welche Erfahrungen du machst, und ich möchte dir auch von mir erzählen. Vor allem will ich dich unterstützen, weil ich weiß, wie schwierig das alles sein kann."

Aber wenn Ihr Teenager einfach nicht darüber reden will, dann trösten Sie sich mit dem Gedanken, dass Ihr Leben mehr sagt als Ihre Worte. Auch Teenager, die offen mit Ihren Eltern reden, stehen unter dem Einfluss ihrer Freunde und es wird nicht immer alles nach Plan gehen. Erwarten Sie keine Perfektion – aber bleiben Sie in Kontakt.

Alkohol und Drogen

Der Anruf kam aus dem Krankenhaus: „Ihr Sohn wurde gerade mit einer Überdosis bei uns eingeliefert. Können Sie bitte sofort kommen?"

Ralf, der Vater dieses Teenagers, war von Beruf Familientherapeut. Er machte sich schon länger Sorgen um seinen mittleren Sohn. Die Noten waren zuletzt deutlich abgefallen und sein Verhalten hatte sich stark verändert. *Eigentlich hätte ich es wissen müssen! Warum habe ich ihn nie darauf angesprochen?*

Er war sehr erleichtert, als die Ärzte ihm versicherten, sein Sohn sei nicht in Lebensgefahr. Dann stand er am Bett seines Sohnes. „Papa, es tut mir so leid. Ich verspreche dir, das kommt nie wieder vor."

Die meisten Süchtigen machen solche Versprechen. Ralf war vom Fach, er wusste, wie groß die Gefahr des Rückfalls war, und machte sich erhebliche Sorgen und Selbstvorwürfe. Später erzählte er uns von den folgenden Monaten:

»Von meiner Arbeit her wusste ich, dass ich nicht für die Entscheidung anderer Menschen verantwortlich bin. Unser Sohn hatte beschlossen, Drogen zu nehmen, nicht meine Frau und ich. Wir wehrten uns gegen die rückwärtsgewandten Fragen. Egal, wie es dazu hatte kommen können, wir wollten nach vorne schauen und Wege suchen, unserem Sohn zu helfen.

Als er aus dem Krankenhaus kam, unterstützten wir ihn darin, sein Leben zu strukturieren. Wir stellten feste Regeln auf, die wir streng durchsetzen konnten, da wir uns keine eigene Schuld an seinen Drogenproblemen gaben. Gefühle von eigenem Versagen und eigener Schuld ließen wir nicht aufkommen, so waren wir stark genug, um ihm Halt zu geben.

Das ist ein wichtiger Rat: Egal wie schwierig die Situation Ihres Kindes ist, die Eltern müssen nach vorne schauen. Es hilft nicht, viel zu fragen: Wie konnte das passieren?, sondern es geht immer darum: Wie geht es weiter?

Drogen sind keine Modeerscheinung, die irgendwann wieder verschwinden wird; und sie werden sich auch durch eine teilweise Legalisierung nicht kontrollieren lassen. Umsichtige Eltern werden sich informieren und vorbereitet sein, wenn ihr Kind mit Drogen in Berührung kommt.

Untersuchungen zeigen, dass Jugendliche, die mit ihren Eltern über Alkohol, Drogen und Suchtgefahren sprechen können, nur halb so oft Abhängigkeiten entwickeln wie andere Jugendliche, die zu Hause keine Ansprechpartner dafür haben. In einem ersten Schritt empfehlen wir Eltern, sich gut zu informieren, um zu verstehen, welche Gefahren von welchen Substanzen ausgehen.

Bier und Wein

Im Alter von etwa zwölf Jahren beginnen viele angehende Teenager, sich für alkoholische Getränke zu interessieren. Ab sechzehn sind Wein und Bier in Deutschland, Österreich und der Schweiz legal. Doch meist bleibt es nicht dabei.

Nikotin, Cannabis und Hochprozentiges

Das Suchtpotenzial ist bei Nikotin besonders hoch, was grundsätzlich für alle Altersgruppen gilt, aber bei Jugendlichen noch ausgeprägter ist. Während in den letzten Jahren weniger Zigaretten geraucht werden, erfreuen sich Shisha-Bars und E-Zigaretten zunehmender Beliebtheit. Gleichzeitig gehört hochprozentiger Alkohol in Cocktails oder pur bei älteren Jugendlichen meist ebenso zu einer Party wie ein Joint. Fast die Hälfte der jungen Erwachsenen in Deutschland gibt an, schon mindestens einmal Cannabis probiert zu haben. Es ist hierzulande die am häufigsten konsumierte illegale Droge.[28]

Härtere Drogen

Das Interesse an Partydrogen, die man in immer neuer Aufmachung und Zusammensetzung online und auf Partys bekommen kann, ist ungebrochen, obwohl jeder weiß, wie unberechenbar die Substanzen in ihrer Wirkung sein können. Ecstasy (MDMA) und Amphetamine (Speed, z. B. Crystal Meth, auch im ADHS-Medikament Ritalin enthalten) sind weit verbreitet, während das Interesse an Opiaten zurückgeht und Kokain für Jugendliche in der Regel zu teuer ist.[29]

Der folgende Rat stammt von einem Vater, dessen jüngste Tochter starb, als sie nach einem LSD-Trip aus dem Fenster sprang:

»

Sie können Ihre Kinder nicht rund um die Uhr bewachen, aber Sie können versuchen, eine Beziehung zu Ihrem Teenager aufzubauen. Vielleicht ist es Ihnen möglich, Ihr Kind davor zu schützen, Drogen zu nehmen. Wenn nicht, dann können Sie sich zumindest sagen, dass Sie es versucht haben – und dieses Wissen kann Sie davor bewahren, den Verstand zu verlieren. Junge Menschen müssen spüren, dass man an ihnen interessiert ist, ihnen vertraut und das Beste von ihnen erwartet. So oder so: Gehen Sie nicht grundsätzlich davon aus, dass bei Ihrem Teenager alles in Ordnung ist.

Der Zusammenhang zwischen einem geringen Selbstwertgefühl und Drogenkonsum ist nachgewiesen. Wer seinem Gefühl der Wertlosigkeit entkommen will, zieht sich in die irreale Welt zurück. Andererseits fühlen sich drogenabhängige Jugendliche durch ihre Sucht entwertet und von der Gesellschaft geächtet. So entsteht ein Teufelskreis, aus dem man psychisch und körperlich nur schwer ausbrechen kann – und selbst wenn man das schafft, sind die Rückfallquoten hoch. Die Realität ist bitter, trotzdem gilt auch in diesem Fall, dass die Beziehung der Eltern zu ihrem Kind von größter Bedeutung ist.

Ein Vater erhielt einen Anruf von der Polizei, sein Sohn sei mit Drogen aufgegriffen worden und er solle ihn abholen. Auf der Wache sagte der Polizist: „Der junge Mann ist jetzt Ihr Problem." Der Vater widersprach: „Nein, er ist nicht mein Problem, er ist mein Sohn, den ich lieb habe." Er sah die Probleme seines Sohnes und bemühte sich auch um fachkundige Hilfe, aber seine Liebe schmälerte das nicht.

Neben fehlendem Selbstwert gibt es noch weitere Faktoren, die in die Sucht führen können:

1. Mangelnde soziale Einbindung
2. Unklare Wertvorstellungen

3. Schwierigkeiten, Entscheidungen zu treffen
4. Unfähigkeit, Ziele zu setzen und zu erreichen
5. Fehlende Erfolgserlebnisse im praktischen Leben
6. Mangel an positiven Vorbildern
7. Überbetonung von materiellen Werten
8. Vernachlässigung gesunder Beziehungen.

Was Experten sagen

Normalerweise sind Gleichaltrige die Ersten, mit denen Ihr Kind über Drogen und damit verbundene Probleme spricht. Doch wenn Sie ein gutes Verhältnis zu Ihrem Kind haben, werden auch Ihre Warnungen etwas bewirken.

Alarmsignale

Es gibt Hinweise, die eine mögliche Suchtproblematik vermuten lassen, aber natürlich auch andere Ursachen haben können. Vielleicht geht es Ihrem Teenager vorübergehend nicht so gut und die Auffälligkeit verschwindet wieder. Aber wenn die folgende Liste überwiegend und über einen längeren Zeitraum auf Ihr Kind zutrifft, dann sollten Sie aktiv werden, mit Ihrem Kind reden und Hilfe suchen:

- Geheimniskrämerei und neue Freunde
- Appetitlosigkeit, besonders bei Jungen
- Konzentrationsschwäche und schlechtere Noten
- Trägheit, Apathie und Schläfrigkeit
- Verändertes Verhalten in der häuslichen Umgebung
- Ein Verhalten, als ob man betrunken wäre
- Gedächtnislücken
- Beeinträchtigtes Urteilsvermögen
- Längeres Fernbleiben von zu Hause ohne plausible Erklärung
- Depression

Was Experten sagen

Wenn sich jemand von seinem Wesen her deutlich verändert und sich anders verhält als bisher, sollte man das ernst nehmen. Vielleicht sind Drogen im Spiel. Nehmen Sie unbedingt professionelle Hilfe in Anspruch.

Was Sie tun können:

1. Sprechen Sie mit Ihrem Teenager und investieren Sie in die Beziehung, zeigen Sie Ihre Liebe und nehmen Sie sich Zeit. (Ja, wir wiederholen uns, aber damit steht und fällt einfach alles!)
2. Wenn Ihr Teenager ankündigt, zu einer Party gehen zu wollen, dann informieren Sie sich genau, was dort geplant ist. Wir haben oft bei der Familie des gastgebenden Teenagers angerufen und gefragt, ob die Eltern auch zu Hause sein würden. Wenn nicht, ließen wir unseren Sohn nicht gehen.

   Eine befreundete Mutter war etwas geschickter als wir: Sie rief bei der jeweiligen Familie an und fragte, ob sie ihrem Kind lieber Kuchen oder Pizza mitgeben sollte. Stellen Sie sich die Überraschung vor, als die angerufenen Eltern dann fragten: „Was für eine Party?“
3. Ermutigen Sie Ihr Kind, sich Gruppen anzuschließen, die sich gegen Alkohol und Drogen einsetzen – oder wo diese zumindest nicht konsumiert werden.
4. Erlauben Sie Ihrem Teenager, Sie auch in der Nacht anzurufen, um sich abholen zu lassen. Ihr Kind wird Ihnen dankbar sein und Sie haben die Gewissheit, dass kein benebelter Fahranfänger den Fahrdienst übernimmt. Dazu gehört dann aber auch, dass es keinen Ärger gibt, wenn Ihr Teenager nicht ganz nüchtern ist.

Mobbing und Cybermobbing

Mobbing ist ein weiteres Thema, das unter Jugendlichen sehr verbreitet ist und das man nicht auf die leichte Schulter nehmen darf. In einer Umfrage gaben zwanzig Prozent aller Teenager an, schon einmal von Cybermobbing, der digitalen Mobbing-Variante, betroffen gewesen zu sein. Mobbing findet online, verbal oder in direkten körperlichen Angriffen statt, aber auch Blicke, Flüstern und Gesten können Mobbing sein. Das tut weh und ist ein massiver Angriff auf das Selbstwertgefühl. Wie können wir Teenagern helfen, sich dem entgegenzustellen?

Janina war dreizehn und saß weinend ihrer Mutter gegenüber. „Sie lügt! Was sie den anderen über mich erzählt hat, stimmt gar nicht. Jetzt hassen mich alle und keiner will etwas mit mir zu tun haben. Alles nur wegen dieser …! Ich hasse sie!"

Zuerst galt es für Janinas Mutter, genau hinzuhören und den Schmerz ihrer Tochter auf sich wirken zu lassen. Gleichzeitig gab sie ihrer Tochter Zeit, sich zu beruhigen. Dann sprachen sie miteinander über die Situation und Janinas Mutter versicherte, dass sie ihr glaubte und helfen wollte.

Mädchen in der Pubertät können verbal und online sehr grausam sein, während Jungen sich eher handgreiflich attackieren. Doch auch unter Jungen kann es verbal oder online sehr verletzend zugehen. Wenn Ihr Kind davon in der Schule (oder anderswo) in irgendeiner Form betroffen ist, dann braucht es Ihre Hilfe und viel Unterstützung. Zögern Sie nicht, schon bei den leisesten Anzeichen die Lehrer und, wenn vorhanden, die Sozialarbeiter an der Schule Ihres Kindes ins Vertrauen zu ziehen.

Nach einigem Nachfragen erfuhr ich von meinen Teenagern, dass ein Lehrer sich ihnen gegenüber unfair verhielt. Meine Kinder waren überrascht, als ich ihnen erklärte, dass man so etwas nicht hinnehmen muss. Wenn Mobbing von Erwachsenen ausgeht, zumal von Autoritätspersonen, denken Jugendliche oft gar nicht daran, dass sie sich wehren könnten. Ich ermutigte sie, respektvoll, aber offen mit dem Lehrer zu sprechen. Ich selbst würde mich nur in Absprache mit ihnen einschalten, versicherte ich ihnen.

Ein Elternteil

»

Meine Kinder erzählten mir von dem Mobbingverhalten, was sie in der Schule beobachteten. Ich ermutigte sie, sich einzumischen, und als sie mir das erlaubten, wandte ich mich auch an die Schule. Einmal führte es dazu, dass ein Junge Hilfe bekam, der von einigen Jungen sehr gequält wurde, ohne dass es die Eltern oder Lehrer ahnten. Ein anderes Mal wurde ein Lehrer gemobbt, für den meine Kinder und ich uns einsetzen konnten. Ich schrieb an die Elternschaft und die Schulleitung, sprach mit dem Lehrer und ermutigte meinen Teenager, sich im Unterricht respektvoll zu verhalten. Soweit ich das beurteilen kann, geht es dem Lehrer inzwischen wieder gut.

Eine Mutter

Auffallend ist, dass die Täter oft nicht verstehen, warum ihr Verhalten grausam ist. Auch die Lehrer reagieren meist nur zögerlich und glauben dem Opfer nicht. Eine Reaktion wie „Das sollen die Kinder unter sich ausmachen“ reicht nicht. Mobbing ist eine massive Form von Gewalt, die von Erwachsenen gestoppt werden muss, wofür Eltern, Lehrer und gegebenenfalls auch Behörden zusammenarbeiten sollten.

Zum guten Schluss

Jede Familie kann für sich selbst entscheiden, welche Werte hochgehalten werden und was nicht so wichtig ist. Man kann die Teenager auch nicht vor allen Gefahren beschützen, aber man kann sie auf verschiedene Situationen vorbereiten und sie vor Dingen warnen, die sie langfristig bereuen würden.

Eltern können für das weitere Leben ihrer Teenager Weichen stellen, zum Beispiel so:

- Nehmen Sie Anteil am Alltag Ihres Teenagers. Achten Sie auf Veränderungen, fragen Sie, wie es in der Schule läuft, und nehmen Sie sich Zeit, wenn Ihr Kind reden will.
- Achten Sie auf Hinweise, ob Ihr Kind dazu gedrängt wird, Dinge zu tun, die es nicht will.
- Helfen Sie Ihrem Teenager, sich in einer konsumorientierten, pluralistischen Gesellschaft zurechtzufinden. Fangen Sie schon früh an, Werte zu vermitteln. Jugendliche, die ein gesundes Selbstbewusstsein und klare eigene Werte haben, halten dem Gruppenzwang eher stand. Üben Sie auch mit Ihrem Teenager, Entscheidungen zu treffen und dazu zu stehen (mehr dazu im zwölften Kapitel).
- Nutzen Sie die Momente, die sich im Alltag bieten, um über die Dinge zu reden, die Ihnen wichtig sind. In Verbindung mit der konkreten Situation werden Ihre Worte für den Teenager einprägsam.
- Zeigen Sie Ihrem Teenager, wie man starke Gefühle mithilfe von Atemtechniken, Sport oder Meditation beherrschen kann. Sprechen Sie darüber und leben Sie auch vor, dass man nicht unbedingt Alkohol, Drogen oder Sex braucht, um seelischen Druck zu ertragen.
- Immer wieder: Suchen Sie die Nähe zu Ihrem Teenager,

der sich irgendwo zwischen Kindheit und Erwachsenenwelt befindet, der allen gefallen will und gar nicht weiß, wie ihm emotional geschieht. Und sparen Sie Ihre Kraft für die wirklich wichtigen Kämpfe, die sich nicht vermeiden lassen. Einige von ihnen finden auf dem großen Schlachtfeld der digitalen Welt statt, um das es im nächsten Kapitel gehen wird.

Miteinander reden

Welche Themen halten Sie in Ihrer Familie für wichtig?

Was stufen Sie und Ihr Teenager als „nicht so wichtig" ein?

Wann haben Sie zuletzt einen großen Streit über ein kleines Thema geführt?

Gibt es zurzeit Spannungen wegen eines Themas, das eigentlich egal ist?

Handelt es sich dabei um Ihre eigenen Meinungen, Gefühle, Einstellungen?

Oder verteidigen Sie die Ansicht einer bestimmten gesellschaftlichen Gruppe, deren Lehre oder Vorurteil?

Werden Ihre Überzeugungen auch in fünfundzwanzig Jahren noch relevant sein?

Was lässt sich nicht mehr rückgängig machen?

Wie können Sie sich gegenseitig helfen, diese Dinge, die Ihnen wirklich wichtig sind, umzusetzen?

Kapitel elf

Generation online: Sicher in der digitalen Welt

Ich hatte die Möglichkeit der Handy-Ortung entdeckt und freute mich: Mein Sohn verbrachte wirklich viel Zeit in der Bibliothek, um zu lernen. Bis ich ihm eines Tages ein vergessenes Buch dorthin bringen wollte. Sein Handy war in der Bibliothek, aber er nicht. Er bezahlte tatsächlich einen Mitschüler dafür, sein Handy mittags in die Bibliothek zu bringen und es abends dort wieder abzuholen!

Eine Mutter

Unsere Welt dreht sich schnell. Im Jahr 2000 besaßen nur fünf Prozent aller 13- bis 17-Jährigen ein Handy, jetzt sind es nahezu hundert Prozent. Als wir vor dreizehn Jahren die letzte Neuauflage dieses Buches bearbeiteten, haben wir noch erklärt, was Facebook ist und was man unter Chaträumen versteht. Die Plattformen von damals interessieren die Teenager von heute kaum noch. Sie sind damit aufgewachsen, das Internet ständig in der Hosentasche zu haben und eine Vielzahl immer neuer Apps zu nutzen. Junge Eltern haben nur eine Hand für den Kinderwagen, weil die andere das Smartphone hält und auch die ältere Generation verbringt mehr Zeit online, als sie eigentlich will.

Es gibt immer mehr kostenlose WLAN-Hotspots im öffentlichen Raum, Freunde teilen ihre mobile Datenverbindung per Hotspot miteinander, und wenn die Eltern zu Hause den

Router ausschalten, können die Kinder immer noch ihre mobilen Daten nutzen. Internetzugang ist fast immer gegeben.

Über die sozialen Medien sind die Jugendlichen ständig miteinander in Kontakt und das gesamte weltweite Wissen steht ihnen zur Verfügung. Neben allen Vorteilen birgt das natürlich auch Gefahren. Wie können Eltern ihren Teenagern helfen, online sicher unterwegs zu sein?

Zunächst ein paar Statistiken: 2021 besaßen 94 % der Teenager in Deutschland ein eigenes Handy.[30] Laut einer Studie über die Mediennutzung der 16- bis 18-jährigen deutschen Jugendlichen gaben 93 % der Teilnehmer an, dass sie einen Teil ihrer täglichen Zeit damit verbringen, Filme, Videos und Serien online zu schauen.[31] Deutschland zählt zu den zehn Ländern, die weltweit die stärkste Handy-Nutzung aufweisen (Brasilien ist auf Platz eins).[32]

Wenn Eltern diese Zahlen auf sich wirken lassen und ihre Teenager beobachten, die das Handy kaum noch aus der Hand legen, dann würden sie gern wissen, was ihre Kinder eigentlich tun und welchen Informationen, Kontakten und Gefahren sie ausgesetzt sind. Ständig gibt es neue Trends und Entwicklungen und Eltern haben kaum eine Chance, auf dem Laufenden zu bleiben und die Anwendungen zu prüfen, zu erlauben oder zu verbieten.

Teenager bewegen sich gern online, hier steht ihnen die Welt offen und hier treffen sie ihre Freunde. Das Internet ist für sie wie ein Flugzeug, das sie an jeden Ort der Erde bringen kann. Aufgabe der Eltern ist es, für einen sicheren Flug zu sorgen. Doch viele Jugendliche reizt es auch, Grenzen zu überschreiben und verbotenes Terrain zu erforschen. Die Barrieren, die wohlmeinende Eltern in ihren Handys oder Notebooks einzubauen versuchen, halten sie nicht unbedingt auf.

Aber unser bewährter Rat hilft auch hier: Eltern, die mit ihren Teenagern offen und vertrauensvoll reden, können sie in die Lage versetzen, gute und weniger gute Angebote selbst auseinanderzuhalten und richtige Entscheidungen zu treffen.

Als ich (Claudia) mir ein neues MacBook kaufte, nutzte ich das Angebot des Herstellers und ließ mir mehrere kostenlose Einführungsstunden von Robert, einem jungen Mac-Experten, geben. Dabei verstand ich nicht nur, wie mein neues Gerät funktioniert, sondern ich lernte auch die Generation der Digital Natives besser verstehen. Robert erzählte, er hätte sein erstes MacBook mit fünf Jahren bekommen. Jugendliche wachsen heute in einer Kultur auf, die ihren Eltern fremd ist. Sie sind die Generation Z, die zwischen Mitte bis Ende der 1990er-Jahre und den 2010er-Jahren geboren ist, die erste Generation, die mit dem Smartphone aufgewachsen ist.

Wie sieht die Welt aus, in die Gen-Z-Teenager hineinwachsen? (Gen-Z spricht man übrigens „Dschen-si" aus.)

- Das Handy wird als Kamera benutzt.
- Was man nicht weiß, kann man googeln.
- Discord, WhatsApp, Snapchat, Instagram und YouTube sind Standard.
- Tickets und Hotels bucht man online.
- Musik besitzt man in Form von Playlists.
- Statt Fernsehen und Kino werden Serien gestreamt.
- Bluetooth, AirDrop u. a. ermöglichen drahtlose Kommunikation.

Gen-Z und die Handys

Von einem 19-jährigen Studenten wissen wir:

> Eltern können nicht viel machen. Die meisten haben keine Ahnung, wie ihre Kinder das Internet nutzen. Sie können nur versuchen, ihnen möglichst früh gute Werte zu vermitteln, damit die Teenager selbst entscheiden können, was richtig ist.

Umfragen unter Jugendlichen ergeben, dass die meisten Eltern keine Vorgaben in Bezug auf Internet- und Mediennutzung machen. Vermutlich wissen sie zu wenig über diese Welt ihrer Kinder und scheuen die Anstrengung, Regeln durchzusetzen.

Doch wir glauben, dass ein paar Richtlinien den Teenagern helfen würden, gute Entscheidungen für sich selbst zu treffen. Da stellt sich zunächst die Frage, was Eltern über den Medienkonsum ihrer Teenager wissen. Welche Plattformen und Webseiten benutzt ihr Kind? Mit wem hat es Kontakt?

Ein Vater erzählte:

» Ich habe viel darüber gelesen, wie ich die Handys unserer Kinder sicher machen und dabei laufend auf dem neuesten Stand sein kann. Aber die Kinder fanden immer Wege, die Sperren zu umgehen. Es gibt sogar Tutorials, die den Jugendlichen zeigen, wie man solche Barrieren wieder löschen kann.

Die Inhalte des Internets werden von den Usern selbst kreiert: Was die einen ins Netz stellen, wird von den anderen heruntergeladen. Entsprechend wichtig ist es, den Jugendlichen Kriterien an die Hand zu geben, nach denen sie selbst entscheiden können, was sie hochladen oder öffnen wollen. Das Internet vergisst nichts, was einmal gepostet wurde, kann man nicht mehr sicher einfangen. Fremde können Screenshots davon machen und Missbrauch damit treiben.

Kürzlich übernachtete Elkes 14-jährige Tochter bei einer Freundin, zusammen mit mehreren anderen Freunden. Mitten in der Nacht unternahmen sie eine Spritztour durchs Dorf. Wie hatte Elke das herausgefunden? Ganz einfach, ihre Tochter lud am nächsten Tag die Fotos hoch! Ein klassisches Beispiel dafür, dass Jugendliche oft nicht lange überlegen, ehe sie etwas posten.

Jugendliche brauchen ihre Privatsphäre, sie erwarten das Vertrauen ihrer Eltern und sie wollen selbstständig sein. Gleichzeitig möchten ihre Eltern sie beschützen, was sich dann schnell wie „ausspionieren“ anfühlen kann. Mit langen Vorträgen kann man da nicht viel erreichen, aber vielleicht mit ein paar Stichworten?

Unser Vorschlag ist ein Kärtchen mit fünf Regeln, das Sie Ihrem Teenager aushändigen können. Wir empfehlen, diese Tipps möglichst früh an Kinder oder junge Teenager zu geben, am besten direkt zusammen mit dem ersten Handy. Auch wenn diese Richtlinien für ältere Teenager nicht unbekannt sind, die Apps teilweise selbst solche Warnungen geben und sie in der Schule besprochen werden, eine Erinnerung wird nicht schaden.

Fünf Don'ts:

- Gib keine persönlichen Informationen weiter.
- Gib niemandem deine Passwörter.
- Triff dich nie allein mit jemandem, den du online kennengelernt hast.
- Schau dir die Adresse an, bevor du einen Link anklickst.
- Schreibe nichts über andere, was du ihnen nicht auch direkt ins Gesicht sagen würdest.

Das große Dilemma: Soll man das Handy der Teenager überwachen oder nicht?

Im Gespräch mit verschiedenen Eltern wurde deutlich, dass die Ansichten zu diesem Thema nicht unterschiedlicher sein könnten. Weil das Thema so umstritten ist, haben wir zusätzlich die Meinung von Teenagern eingeholt. Hier sind einige ihrer Antworten:

»Wenn Eltern das Handy kontrollieren, ist das …

… als würde man mein Tagebuch lesen. Ich schreibe persönliche, vertrauliche Dinge auf. Das geht meine Eltern nichts an!

… als würden sie gar nicht überlegen, was man sonst noch tun könnte. Dabei können sie doch das Handy für jüngere Kinder mit einer Sperre versehen. Und mit Teenagern können sie über Sexting und den sicheren Umgang mit dem Internet auch sprechen. Aber das Smartphone zu kontrollieren, das geht gar nicht.

… ein massiver Vertrauensbruch! Wenn Eltern das tun, schaden sie der Beziehung, wir Teenager gehen auf Distanz und ziehen uns zurück.

Und was sagen die Eltern? Einige stimmen mit den Teenagern überein. Eine Mutter hat geantwortet:

»Im Allgemeinen würde ich davon abraten, das Handy der Teenager zu kontrollieren, weil es ein Zeichen von Misstrauen ist. Meine Teenager müssen sich da keine Sorgen machen, ich öffne ihre Handys nie, genauso wie ich mein Tagebuch nicht vor ihnen verstecken muss, weil ich ihnen vertrauen kann, dass sie nicht darin lesen. Aber oft kommen sie mit ihrem Handy in der Hand zu mir, weil sie mir etwas zeigen wollen, sie leiten mir Screenshots von Chats weiter und Links zu vielem, was ihnen gefällt. Ich denke, sie würden mir erzählen, wenn sie mit komischen Leuten in Kontakt kämen – oder ich würde es spüren.

Eine andere Mutter reagierte anders:

»Als wir unserer Tochter zum zwölften Geburtstag ihr erstes Smartphone schenkten, trafen wir mit ihr die Vereinbarung, dass ich gelegentlich schauen würde, was sie im Internet tut. Bei einer dieser Kontrollen, sie war damals fünfzehn, entdeckte ich

> einen Chatverlauf, der mir suspekt vorkam. Es stellte sich heraus, dass sie über den Fanklub eines Schauspielers einen Mann kennengelernt hatte, dem sie persönliche Daten gegeben hatte, einschließlich unserer Adresse und ihrer Schule. Ich war entsetzt und hatte in der Folgezeit größte Angst um sie. Wir redeten viel über die Methoden, mit denen junge Mädchen entführt oder in die Prostitution gelockt werden. Für unsere Tochter war es hilfreich, meine Angst zu spüren und die Gefahr zu begreifen, der sie sich ausgesetzt hatte.

Dies ist ein schwieriges Thema, für das es keine guten Antworten oder sicheren Methoden gibt. Also kommen wir auf unsere beiden Hauptpunkte zurück: Bemühen Sie sich um eine gute Beziehung und bleiben Sie im Gespräch miteinander.

Jede Familie muss für sich selbst herausfinden, wie sie mit der Handynutzung ihrer Kinder umgeht. Aber die Teenager müssen auch verstehen, dass es Grenzen gibt, die sie nicht überschreiten dürfen, weil sie sich sonst auf gefährliches Terrain begeben.

Noch ein Tipp: Man kann Apps auch verbergen. Unter „Einstellungen“ kann man bei den meisten Smartphones die Möglichkeit „Apps ausblenden“ auswählen. Damit können die Teenager das unsichtbar machen, was ihre Freunde oder Eltern nicht sehen sollen. Auch mit Apps von Drittanbietern kann man Apps verstecken. Nicht nur Teenager, auch Eltern können solche Möglichkeiten nutzen, um die Sperren, die sie in den Handys ihrer Kinder eingebaut haben, geheim zu halten. Doch schöner ist es, wenn das alles nicht nötig ist, weil Eltern und Teenager eine vertrauensvolle Beziehung pflegen und offen miteinander reden.

Wir sehen uns nun einige Plattformen und Apps genauer an.

Soziale Medien und Apps

Die Apps, die derzeit von Jugendlichen (und Erwachsenen) benutzt werden, sind vielleicht schon nicht mehr aktuell, wenn Sie dieses Buch lesen. Vor zehn Jahren war Facebook das Medium der Teens und Twens, doch dann haben die Erwachsenen diese Domäne übernommen. Zurzeit werden von deutschen Jugendlichen vor allem Instagram, TikTok, Twitter, YouTube, WhatsApp, Snapchat, Discord, Facetime, iMessage und Telegram genutzt.

> **Was Experten sagen**
> In den USA nutzen junge Leute Insta-DM, Snapchat und den Facebook Messenger. In Korea nutzen sie KakaoTalk, in China WeChat, in anderen asiatischen Ländern Line. Hier in Deutschland nutzen wir vor allem WhatsApp, aber wir kommunizieren auch über Direktnachrichten auf Social-Media-Seiten wie Instagram.

» Chatten ist gut, wenn man sich austauschen will. Bequemer als reden, finde ich. Außerdem hilft es, wenn man sich einsam fühlt und nicht so viele soziale Kontakte hat. Man kann einfach „Hallo" schreiben und schauen, was passiert.

Auch wenn Jugendliche viel Zeit damit verbringen, sollten sie dafür nicht kritisiert werden, es gibt viele Dinge, die weniger nützlich oder schlimmer sind. Chatten ist eine Form der sozialen Interaktion, die man aber auch lernen muss.

Ein Teenager

Teenager (und inzwischen auch viele Erwachsene) sind es heute nicht mehr gewohnt, im klassischen Sinn zu telefonieren. Stattdessen haben sie eine Auswahl an Apps, die sie nutzen, um miteinander zu reden und, wenn sie wollen, dabei auch die Videokamera einzuschalten: Discord wird dazu viel genutzt oder (bei Apple) Facetime; auch über WhatsApp kann man mit oder ohne Video telefonieren.

E-Mails sind bei Jugendlichen ganz aus der Mode gekommen und werden eigentlich nur noch geschrieben, wenn es schulische oder berufliche Gründe dafür gibt. Trotzdem sollten die Teenager wissen, dass man die Absenderadresse anschauen muss und in verdächtigen Mails keine Anhänge oder Links anklicken darf, um sich keine Viren oder Spyware einzuhandeln.

Wenn wir uns über Hausaufgaben oder den Stoff für Klassenarbeiten austauschen, nehmen wir WhatsApp – oder Telegram für diejenigen, die kein WhatsApp haben.

Für den Online-Unterricht in der Corona-Zeit hat jede Schule ein anderes Programm benutzt. Mit den Lehrern kann man über die Schul-Plattform schreiben, aber eigentlich wird meistens WhatsApp benutzt.

Schreiben macht nicht so süchtig wie Computerspiele, Reels, die Startseite bei Instagram oder bei TikTok die „For You"-Page (FYP), wo man viel Zeit vertrödelt. Schreiben ist am harmlosesten.

Ein Teenager

DM steht für „direct messaging", also Direktnachrichten. Es ist eine Möglichkeit, über Apps wie Instagram oder Twitter auch Privatnachrichten an die Besitzer eines Accounts zu schicken. So können Freunde miteinander chatten. Von Fremden werden Direktnachrichten manchmal für Anzüglichkeiten genutzt. Ein Problem dabei ist, dass Accounts oft unter einem ausgedachten Namen geführt werden und man nicht weiß, mit wem man es wirklich zu tun hat.

»Wenn man in die DMs slided, kann das genauso eine Anmache sein, als würdest du einen Fremden auf der Straße ansprechen. Das ist zu einem Meme geworden. Mit der Phrase „Slide into your DM is like …“ erstellen User witzige Bilder, die zeigen, wie man in die Privatnachrichten eines anderen „rutscht“ und auf sich aufmerksam macht.

Ein Teenager

Die Gefahr, von zwielichtigen Personen angeschrieben zu werden, besteht immer. Neueren Studien zufolge wird jedes fünfte Kind im Internet irgendwann einmal einen solchen Kontakt haben. Aus einem harmlosen Chat kann dann schnell eine Gefahr werden. Das können auch elterlichen Kontrollen kaum verhindern.

Die größte Sicherheit bietet einem Teenager die vertrauensvolle Beziehung zu seinen Eltern, denen er auch seltsame Kontakte oder Nachrichten zeigen kann. Fallen den Eltern Anzeichen dafür auf, dass es ihrem Kind nicht gut gehen könnte (Rückzug aus dem normalen Familienleben, depressiv, launisch, ängstlich, verschlossen), dann können sie sich erkundigen, wie es ihrem Teenager geht.

Wenn Sie eine entspannte Beziehung zu Ihrem Teenager aufgebaut haben, können Sie auch fragen, ob Sie ihm auf den sozialen Medien folgen dürfen. Wenn ja, dann verteilen Sie großzügig Ihre Likes, aber schreiben Sie nichts in die öffentlich sichtbaren Kommentare (das wäre peinlich) und sprechen Sie Ihr Kind auch nicht auf Dinge an, die nicht Ihrem Geschmack entsprechen. Alles, was nicht eindeutig gefährlich ist, können Sie einfach kommentarlos ignorieren. Sonst riskieren Sie das Privileg, Ihrem Kind zu folgen.

Halten Sie in den sozialen Medien auch einen diskreten Abstand zu den Freunden Ihrer Kinder, die Sie als Follower Ihrer Kinder sehen können. Hier können Teenager sehr unterschiedlich empfinden. Manche sind stolz auf Eltern, die sich auf denselben Plattformen bewegen wie sie selbst und ihre Freunde. Sie mögen es, wenn ihre Eltern auf diese Weise erfahren, was sie erleben, ohne dass sie alles erzählen müssen. Anderen wäre das unangenehm. Fragen Sie Ihr Kind, auch dessen Freunde, wo man Sie haben will und wo nicht.

Wenn Ihr Teenager jedoch nicht möchte, dass Sie ihm folgen, dann nehmen Sie das einfach hin. Wahrscheinlich möchte Ihr Kind nur seine Privatsphäre schützen und nicht bei jedem Post darüber nachdenken, wie die Eltern das finden werden. Das bedeutet nicht, dass Ihr Teenager etwas Falsches tut. Vielleicht geht es nur darum, etwas Abstand zu wahren. Außerdem ist es in manchen Teenager-Kreisen einfach uncool, Eltern als Follower zu haben. Halten Sie die Grenzen ein, die Ihr Teenager Ihnen vorgibt, damit er oder sie nicht auf Distanz zu Ihnen geht.

Weitere Warnungen

Reden Sie mit Ihren Kindern darüber, dass das Internet nichts vergisst. Sexting (das Versenden von erotischen Bildern und Nachrichten) wirkt vielleicht harmlos, so lange es zwischen einem Pärchen stattfindet. Aber in der Pubertät entwickeln sich Beziehungen schnell – und lösen sich manchmal ebenso schnell wieder auf. Was dann? In den Phasen von Verletzung und Enttäuschung werden solche Bilder und Nachrichten manchmal auch an Dritte weitergeleitet. Allein durch die Drohung, das zu tun, werden betroffene Teenager erpressbar, vielleicht auch zu sexuellen Gefälligkeiten gezwungen.

Außerdem werden die Bilder immer online auffindbar sein, zukünftige Arbeitgeber oder Kollegen können sie finden, wenn sie sich im Internet ein bisschen auskennen und mehr über die Person wissen wollen. Nichts wird jemals endgültig gelöscht. Auch wenn die Bilder, wie bei Snapchat, nach dem Öffnen schnell wieder verschwinden, können sie durch einen Screenshot festgehalten werden.

» Dies ist ein typisches Argument der Erwachsenen, aber die Leute schenken dem Problem zu viel Aufmerksamkeit. Nur wenige Posts sind später wirklich öffentlich sichtbar, außerdem ist nur wenig von dem, was man postet, wirklich schlecht, daher ist diese Gefahr in zweifacher Hinsicht gering.

Ein Teenager

Ein Freund von uns, der ein USA-weit agierendes Technologieunternehmen leitet, sagte dagegen:

» Praktisch alles, was in den sozialen Medien veröffentlicht wird, kann eingesehen werden. Wenn wir junge Erwachsene zwischen zwanzig und dreißig Jahren einstellen, verlangen wir manchmal den Zugang zu ihren Social-Media-Kanälen, um mehr über sie zu erfahren.

Was Eltern auch stören könnte, ist das aufreizende Aussehen vieler weiblicher Charaktere in Online-Spielen und die Darstellung von Gewalt in vielen Spiele-Apps. Gewalt gehört zur Online-Spiele-Welt dazu, obwohl Spiele-Apps ebenso wie Computer- und Videospiele nach deutschem Recht einigen Beschränkungen unterliegen. So dürfen keine Kriegsverherrlichung oder leidende Menschen in einer die Menschenwürde verletzenden Weise dargestellt werden und es gibt auch Vorschriften für das Mindestalter der Nutzer.

Unser Rat: Stellen Sie feste Regeln in Bezug auf den Handygebrauch am besten gleich von Anfang an auf, wenn das erste Handy im Kinderzimmer Einzug hält. Spätestens ab dem dreizehnten Geburtstag ist die Jahresbox ein ideales Werkzeug, um für Sicherheit zu sorgen, die allmählich in Selbstverantwortung übergeht.

Tipps zum guten Umgang mit dem Handy

Unsere Tochter kann ihr Handy kaum länger als ein paar Augenblicke aus der Hand legen. Ich versuche, diese Tatsache zu ignorieren, um sie nicht ständig in Verlegenheit zu bringen. Aber ich unterbreche meinen Satz, sobald sie nach ihrem Handy greift, und warte schweigend, bis sie es wieder weglegt. Das ist mein höflicher Versuch, sie auf ihre Gewohnheit aufmerksam zu machen. Ich mache ihr keine Vorwürfe, aber ich zeige Selbstachtung – ich will meine Worte nicht verschwenden, wenn sie gar nicht zuhört. Ich hoffe, dass sie sich dieses Verhalten eines Tages wieder abgewöhnen wird.

Ein Elternteil

Wir hatten schon die fünf Warnungen im Umgang mit den sozialen Medien aufgelistet. Hier folgen weitere Regeln, die Sie zum Schutz Ihrer Teenager aufstellen können:

- Kein Cybermobbing und keine peinlichen Fotos von anderen weiterleiten! Sprechen Sie über Standards für angemessene und unangemessene Nachrichten und warum es nicht gut ist, etwas abzuschicken, während man verärgert ist.
- Kein „Sexting". Sprechen Sie darüber, warum es unangemessen ist, Nacktfotos von sich selbst mit anderen zu teilen oder erotische Chats zu schreiben.
- Richten Sie einen Handy-Parkplatz ein, auf dem die Handys vor dem Schlafengehen deponiert werden (ausgeschaltet, damit sie nachts keine Geräusche machen!). Bei älteren Teenagern kann man das dann auslaufen lassen.

- Keine Mobiltelefone bei den Mahlzeiten. Richten Sie einen Handy-Sammelplatz im Esszimmer ein oder führen Sie eine „handyfreie Zeit“ ein. Wir haben das gelernt, als wir von einem unserer Enkel zum Essen eingeladen wurden. Er erklärte, jetzt sei „handyfrei“, und jeder schaltete sein Gerät aus. Über eine Stunde saßen wir am Tisch, ohne dass jemand auf sein Handy schaute. Unser Enkel verfügt manchmal über mehr Reife und Weisheit als seine Großeltern. ☺
- Kein Herunterladen von urheberrechtlich geschützter Musik, Filmen usw.

Downloads

Wenn Ihr Sohn oder Ihre Tochter online unterwegs sind, laden sie vielleicht Videos, Musik oder andere Inhalte herunter, die teilweise kostenpflichtig sind. Vieles geht über Prepaid-Karten, die sich die Jugendlichen überall kaufen können. Einige Downloads erfordern aber eine Zahlung mit einer Kreditkarte oder einem PayPal-Konto. Falls Ihr Kind sich da an Ihrem Konto bedient, werden Sie das merken.

»

Das kostet alles, Amazon Prime, Netflix, Disney Plus. Man nutzt entweder den Account der Eltern (zum Beispiel wenn sie Amazon Prime haben) oder illegale Seiten oder, falls verfügbar, Prepaid-Karten.

Ein Teenager

Nicht alles kann man legal herunterladen. Allerdings wissen Jugendliche oft, wie man die Vorschriften umgehen kann. Sprechen Sie mit ihnen darüber, dass das alte Gebot „Du sollst nicht stehlen“ immer noch gilt. Illegales Herunterladen ist eine Straftat und kann hohe Geldstrafen nach sich ziehen. Warnen Sie Ihre Kinder auch davor, über das Internet heruntergeladene Musik und Videos an Freunde weiterzuleiten. Damit verstoßen sie möglicherweise auch gegen das Urheberrecht.

Musik

Es gibt heute verschiedene Musik-Streaming-Plattformen, die man entweder gratis mit Werbeunterbrechungen oder gegen Gebühren benutzen kann. Sie bieten Zugang zu unendlich viel Musik und jeder Nutzer kann seinen eigenen Geschmack entwickeln. Sprechen Sie mit Ihrem Teenager auch über die Musik, die er oder sie gern hört, lassen Sie sich etwas von den Bands erzählen, schauen Sie gemeinsam Videos an und fragen Sie, ob Sie die Playlists haben dürfen. Dann können Sie sich in die Musik Ihres Kindes einfühlen.

Ich (Claudia) bat unseren 14-jährigen Enkel, eine Playlist für mich zusammenzustellen, von der er annahm, dass sie mir gefallen könnte. In einem engagierten Gespräch erzählte er mir viel über die Gruppen, die er für mich ausgesucht hatte. Ich war überrascht, wie schön die Musik war, und höre diese Playlist heute immer noch.

Wenn Eltern wissen, welche Musik ihr Teenager hört, können sie daraus auch Schlüsse auf seine Verfassung ziehen. Musik kann ein Barometer sein oder auch, wie bei unserem Enkel, ein Türöffner für intensive Gespräche.

Es gab eine Zeit, in der unser Teenager uns viel von seiner Musik zeigte, und viele Texte und Symbole hatten mit Tod zu tun. Ein Mitglied einer seiner Lieblingsbands beging in dieser Zeit Selbstmord. Totenköpfe zierten seine Kleidung und die Wände seines Zimmers, während er vorgab, es ginge ihm gut. Später erzählte er uns etwas anderes. Aber zumindest waren wir alarmiert genug, um ihn sehr behutsam zu behandeln. Ich glaube, das war das Einzige, was wir damals tun konnten, was aber sehr wichtig war.

Ein Elternteil

Computerspiele

Computerspielsucht wurde 2018 von der WHO offiziell als eigenständiges Krankheitsbild eingestuft (Gaming Disorder oder Pathologischer Computergebrauch).[33]

Gleichzeitig ist das Spielen am Computer oder am Handy für die meisten Jugendlichen heute ein selbstverständlicher Teil ihres Lebens. Entscheidend ist, dass sie lernen, dabei mit ihrer Zeit umzugehen. Dafür brauchen sie die Unterstützung ihrer Eltern.

Man könnte denken, Computerspiele wären das typische Problem der Jungen, während Mädchen sich eher mit Beauty-Themen die Zeit vertreiben. Aber der Anteil der Mädchen unter den Gamern steigt und sie sind nicht weniger gefährdet als die Jungen, was das Zeitmanagement betrifft.

In Bezug auf die Beliebtheit bestimmter Spiele gilt hier dasselbe wie für die sozialen Medien: Was heute aktuell ist, kann sich schon wieder verändert haben, bis Sie das Buch lesen. Trotzdem ein paar Namen von Spielen, die von Teenagern in Deutschland aktuell gespielt werden: Minecraft, League of Legends, Fortnite, Valorant, CS:GO (Counter-Strike: Global Offensive), Overwatch, PlayerUnknown's Battlegrounds (PUBG), Call of Duty: Modern Warfare. Dies sind alles Online-Multiplayer-Spiele, die über Chaträume verfügen, in denen sich die Spieler während des gemeinsamen Spielens austauschen. Ego-Shooter gibt es als Online- und als Offline-Spiele.

Einzelspieler-Spiele lädt man herunter und spielt dann offline, sie haben natürlich auch keine Chaträume und sind grundsätzlich vielleicht etwas weniger populär als Multiplayer-Spiele. Bekannte Einzelspieler-Spiele sind Elden Ring, The Witcher oder Life is Strange, Red Dead Redemption, Grand Theft Auto (GTA), The Legend of Zelda und Super Mario.

World of Warcraft (WoW) ist ein Beispiel für ein Spiel, das Suchtprobleme verursacht hat, aber derzeit eher von den Zwanzig- bis Dreißigjährigen gespielt wird; die Grafiken sind nach Einschätzung der Teenager nicht mehr aktuell.

Grundsätzlich ist die Auswahl unendlich, und was Ihr Kind genau spielt, das müssen Sie selbst herausfinden. Das meint auch ein Teenager:

»

Eltern sollten sich über die Spiele und das, was ihre Kinder tun, informieren. Beispielsweise, dass man ein Online-Spiel nicht einfach verlassen kann, weil das Abendessen fertig ist. Das ganze Team würde das Spiel verlieren, die Freunde im Team wären verärgert und oft würde das auch für einen selbst beim nächsten Spiel negative Konsequenzen haben.

Online entwickeln sich echte Freundschaften, nicht nur beim Chatten, sondern auch beim Spielen, das sollten Eltern nicht unterschätzen. Durch das gemeinsame Spielen in Teams entstehen oder vertiefen sich Freundschaften.

Gamer sind meistens besser im Englischunterricht als der Rest der Klasse.

Ein und dasselbe Spiel kann auf verschiedene Jugendliche in unterschiedlichen Situationen sehr unterschiedliche Auswirkungen haben.

Computerspiele machen Spaß, dienen der Entspannung, sie fördern mathematische Fähigkeiten und räumliches Denken, Entscheidungsfreudigkeit, künstlerisch veranlagte Jugendliche bekommen viel Inspiration für eigene Zeichnungen. Online-Spiele sind Begegnungsräume, in denen Jugendliche sich mit ihren Freunden zum gemeinsamen Spielen treffen und mit Jugendlichen aus anderen Ländern wird dabei wie selbstverständlich Englisch geübt.

Aber das Spielen kann auch zur Sucht werden und enorm viel Zeit beanspruchen. Außerdem normalisieren manche Spiele Gewalt und Erotik, eine brutale Ausdrucksweise und unsoziales Verhalten.

Wie immer: Lassen Sie sich von Ihren Teenagern zeigen, was sie spielen, und wenn möglich, spielen Sie zusammen! Dann merken Sie schnell, was wirklich nicht gut ist und was nicht so schlimm ist, wie es aussieht.

» Als mein Elfjähriger von einem bestimmten Spiel (Star Wars Battlefront) sehr fasziniert war, nahm ich mir die Zeit, es mit ihm zu spielen. Wir waren Gegner, die sich suchen mussten, um sich gegenseitig zu töten. Der Überlebende würde gewinnen. Aber als ich ihn endlich gefunden hatte, war ich glücklich, ihn zu sehen, und auch er machte einen Freudensprung. Also beschlossen wir, uns nicht gegenseitig anzugreifen, sondern gemeinsam die schön gestaltete Welt zu genießen. Am Ende sprangen wir Hand in Hand von einer Felsplattform, um das Spiel zu beenden. Es war ein schönes gemeinsames Erlebnis und hat mir die Angst vor dem genommen, was mein Kind da spielt.

Eine Mutter

» Meine Kinder haben eine Zeit lang alle ein bestimmtes Online-Spiel (Clash of Clans) auf ihren Handys gespielt. Ich ärgerte mich so lange darüber, bis sie mir das Spiel einmal zeigten. Mit der Hilfe meines Sohns wurde ich Teil eines erfolgreichen, freundlichen Teams von erwachsenen Spielern.

In dieser Zeit trug ich die Hauptverantwortung für meine schwerkranken Eltern und das Spiel half mir, immer wieder für ein paar Minuten abzuschalten. Schließlich spielte ich mehr als meine Kinder und es brauchte mehrere Anläufe, bis ich es schaffte, wieder damit aufzuhören.

Diese Erfahrung verbindet die Kinder und mich seither, ich verstehe ihre Freude an den Spielen und weiß auch, wie schwer es ist, nicht zu viel Zeit damit zu verbringen.

Eine alleinerziehende Mutter

Pornografie – eine der großen Gefahren im Internet

Eine kürzlich in fünf europäischen Ländern durchgeführte Studie ergab, dass zwischen 19 und 30 % der 14- bis 17-Jährigen regelmäßig Online-Pornografie auf dem Handy ansehen.[34]

Eine Schweizer Zeitung berichtete, dass sich Eltern wegen Pornografie am meisten Sorgen um ihre Teenager machen.

Es gibt aber auch Väter, die ihre Söhne in die Pornografie einführen und denken, dass die Pornos, die sie ihren Kindern zeigen, die einzigen blieben, die ihr Kind jemals sehen würde. Das ist natürlich ein Trugschluss. Die meisten Teenager werden von den gewöhnlichen pornografischen Darbietungen schnell in die extremen und dunklen Ecken gezogen, wo Gewalt die Norm ist. Sie nehmen an, dass Ohrfeigen, an den Haaren Reißen, Würgen und andere Formen der Gewalt beim Sex normal wären. Immer mehr Teenager-Mädchen kommen mit denselben vaginalen Verletzungen wie Vergewaltigungsopfer in die Krankenhäuser, erklären aber, dass der Sex einvernehmlich war.

Pornografie ist nicht nur für Jungen eine Gefahr, auch Mädchen können davon süchtig werden. Wenn bei Ihnen zu Hause das Thema irgendwann auf den Tisch kommt, dann nutzen Sie die Gelegenheit, um Ihren Kindern eine Strategie vorzustellen, die aus drei einfachen Schritten besteht:

Schau nicht hin.
Leg dein Handy weg.
Erzähle einem Erwachsenen davon.

Wenn die Teenager verstehen, dass Pornografie genauso gefährlich ist wie harte Drogen und dabei immer nur einen Klick weit von ihnen entfernt ist, dann werden sie verstehen, warum ein so entschlossenes Verhalten sinnvoll ist. Sie müssen einen Weg finden, mit der allgegenwärtigen Pornografie umzugehen. Wenn sie davor fliehen, indem sie schnell ausschalten, werden sie der Suchtgefahr entkommen. Und wenn sie die Begegnung mit pornografischen Inhalten nicht als dunkles Geheimnis in sich tragen, sondern offen darüber reden, wird das Ganze seine Macht und Anziehungskraft verlieren.

Vielleicht wird Ihr Teenager dieses Konzept ablehnen. Dann bleibt Ihnen immer noch die Möglichkeit, bei passenden Gelegenheiten immer wieder auf die Gefahren hinzuweisen, die von pornografischen Inhalten ausgehen.

Ein Teenager erzählte:

» Jeder denkt anders über Pornos. Es gibt Eltern und Lehrer, die finden, dass Pornos in Ordnung sind. Ich würde nicht wollen, dass mein Vater mir Pornos zeigt. Aber darüber reden könnten wir schon. Besser, als gar nicht zu wissen, wie man damit umgehen soll. Wenn man niemanden hat, um darüber zu reden, kann man da schon sehr unsicher sein. Wobei ich eigentlich lieber mit jemand anderem darüber reden würde, nicht mit meinem Vater, am liebsten mit einem Mann, der nach den Werten lebt, die ich auch gut finde und die ich gern umsetzen würde.

Zum guten Schluss

Nachdem wir uns nun so lange nicht nur mit den guten, sondern auch mit den düsteren Seiten des Internets beschäftigt haben, ist Ihnen vielleicht ganz mulmig geworden. Ob wir die Digitalisierung begrüßen oder ablehnen, ändert aber nichts daran, dass wir in einer immer komplexeren Welt leben. Es war noch nie einfach, erwachsen zu werden, und heute ist es besonders schwer. Wer weiß schon, wie die Welt in sechs Monaten, einem Jahr oder fünf Jahren aussehen wird?

Die aktuelle Ausgabe dieses Buches entstand vor dem Hintergrund eines Krieges in Europa und der weltweiten Pandemie. Viele Jugendliche verbrachten lange Monate zu Hause und hatten nur online Schulunterricht. Während sie sich nicht mit anderen Menschen treffen konnten, verbrachten sie umso mehr Zeit im Netz. Immer mehr Teenager litten an Depressionen und die Selbstmordrate stieg. Die langfristigen Auswirkungen dieser besonderen Zeit, in der Teenager vor ihren Bildschirmen lebten, müssen erst noch erforscht werden. Doch man kann davon ausgehen, dass auch die Gehirnentwicklung davon beeinflusst wurde, weil das der Normalfall ist, wenn ein Kind viel Zeit im Internet verbringt.

Lassen Sie sich davon nicht einschüchtern, sondern helfen Sie Ihren Teenagern, sich zuversichtlich und mit Freude in der virtuellen und in der realen Welt zu bewegen. Jugendliche brauchen Eltern und andere Vorbilder, von denen sie das echte Leben lernen können. Doch auch wenn die Beziehungen zu den Eltern, Freunden und Lehrern gut sind und die Jugendlichen grundsätzlich interessiert am Leben teilnehmen, kann es sein, dass sie mehr Zeit mit Handy und Computer, Chatten, Serien und Musikvideos verbringen, als eigentlich gut für sie ist.

Ja, die digitalisierte Welt kann einem Angst machen. Trotzdem muss man sich den Herausforderungen und Schwierigkeiten stellen und den Teenagern den Weg zu einem guten Leben weisen, online und offline!

Im folgenden Kapitel werden wir uns damit beschäftigen, wie Jugendliche lernen können, eigene Werte zu entwickeln und kluge Entscheidungen zu treffen – zwei Fähigkeiten, die sie in unserer digitalisierten Welt dringend benötigen.

Miteinander reden

Fragen, mit deren Hilfe Sie mit Ihrem Teenager über die Online-Welt ins Gespräch kommen könnten:

„Ich habe mich heute aus Versehen wieder auf einer Webseite festgelesen. Passiert dir das auch manchmal?"

„Was sind deine liebsten Plattformen und deine liebsten Apps?"

„Womit verbringst du die meiste Zeit am Handy?"

„Magst du mir mal deinen Instagram-Account zeigen?"

„Wollen wir deine Playlist heute auf der Autofahrt laufen lassen?"

„Welche Serie schaust du zurzeit? Darf ich mal mitschauen?"

„Kommt das in der Schule manchmal vor, dass Kinder sich Pornoseiten anschauen? Bekommst du manchmal solche Links? Was machst du dann?"

Kapitel zwölf
Gute Werte und weise Entscheidungen

Statt zu hoffen, dass Ihre Kinder so werden wie Sie, seien Sie lieber gespannt darauf, zu welchen Originalen sie sich entwickeln werden.

Wie ein roter Faden zieht es sich durch das Buch: Die Beziehung zu den Kindern ist entscheidend, unabhängig ob man einer Meinung ist oder nicht. Wir haben gezeigt, wie Teenager schrittweise in die Selbstverantwortung entlassen werden können, und haben unterschieden zwischen den Dingen, für die Eltern sich stark machen müssen, und dem Rest, für den es sich nicht zu streiten lohnt. Zuletzt haben wir die Herausforderungen der digitalen Welt betrachtet.

Unsere nächste Frage wird sein, wie Eltern dazu beitragen können, dass Teenager sich gute Werte aneignen. Statt von der Meinung der Erwachsenen gelenkt zu werden, sollen sie herausfinden, was ihnen selbst wichtig ist, und eigene Entscheidungen treffen. Wenn sie das lernen, werden sie sich auch gegenüber ihren Altersgenossen behaupten können.

Kristin hatte ihre 16-jährige Tochter Leonie zum Einkaufszentrum gefahren und war wieder zu Hause, als das Telefon klingelte. Leonie war am Apparat und schluchzte: „Mama, du musst kommen. Es gibt hier ein Problem … es tut mir leid. Hier will jemand mit dir sprechen. Hass mich jetzt bitte nicht, ja?“

Kristins Magen zog sich zusammen, als eine fremde Stimme fragte: „Sind Sie Leonies Mutter? Ich bin der Detektiv des

Einkaufszentrums. Ihre Tochter hat einen Ladendiebstahl begangen. Wenn Sie sofort kommen und Ihre Tochter abholen, werden wir die Polizei vorerst nicht einschalten."

Wie kann das sein?, fragte sich Kristin auf dem Weg zum Einkaufszentrum, während ihr Herz wie wild pochte. Leonie war ein liebes Mädchen. Sie hatte auch genügend Geld – und natürlich wusste sie, dass Diebstahl verboten ist.

Als Kristin das Büro des Detektivs betrat, fing Leonie wieder an zu weinen: „O Mama, es tut mir so leid, ich bin so bescheuert. Aber Charlotte hat gesagt, keiner würde es merken, wenn ich eine kleine Goldkette nehme." Die Mutter nahm sie in den Arm und Leonie fuhr fort: „Viele machen das. Aber ich hab es noch nie gemacht. Und dann gleich das. Was wird jetzt passieren?"

Der Detektiv erklärte, man würde Anzeige erstatten, aber da Leonie bisher nicht auffällig gewesen sei, würde sie mit einer Verwarnung davonkommen. Allerdings würde es eine Geldstrafe und zwei Jahre lang Hausverbot geben. Damit zeigte sich die Geschäftsführung zwar ziemlich nachsichtig, aber für Leonie war es hart, zwei Jahre lang nicht mehr in ihr Lieblingseinkaufszentrum gehen zu können.

Dazu kamen dann noch die Strafen der Eltern: einen Monat lang weder Handy noch Internet plus das Verbot, ihre Freunde zu treffen. Leider fiel die große Schulparty in diese Zeit. Das war schwer für Leonie, aber auch für die restliche Familie. Die ältere Schwester meinte nur: „Bist du bescheuert? Weißt du nicht, dass Leute aus unserer Familie bei so etwas immer erwischt werden?"

Jugendliche, die beim Stehlen ertappt werden, haben nur einen Vorteil: Sie tun es wahrscheinlich nicht wieder.

Eine kleine Erklärung zwischendurch: Nachdem im Laufe der Jahre mehrere Hunderttausend Exemplare dieses Buches verkauft wurden, ist uns bewusst, dass unsere Leser viele verschiedene Weltanschauungen vertreten. Unabhängig davon, ob Sie religiös sind oder nicht, gehen wir davon aus, dass alle Eltern sich wünschen, dass ihre Kinder nach guten ethischen Werten leben werden. Spiritualität bedeutet für jeden etwas anderes und wir hoffen, dass dieses Kapitel Sie auf Ihrer eigenen spirituellen Reise ermutigen wird, wo auch immer Sie unterwegs sind.

Wer hat das Sagen?

Kämpfen Sie gerade mit einem Teenager um Dinge, die sich Ihrer Kontrolle entziehen? Denken Sie daran: Je wichtiger Ihnen selbstbestimmte moralische, ethische und religiöse Überzeugungen sind, desto größer ist die Gefahr, dass Sie zu viel Druck ausüben und das Gegenteil bewirken. Anstatt Ihr Kind zu überzeugen, werden Sie erleben, wie es sich Ihnen gegenüber verschließt. Kinder im zweiten Lebensjahrzehnt wollen hinterfragen und selbst beurteilen.

Statt etwas durchsetzen zu wollen, fragen Sie sich lieber, was Sie sich für Ihr Kind wünschen. Als wir in einem Elternseminar diese Frage stellten, bekamen wir interessante Antworten.

Unser Wunsch wäre, …

- dass die Beziehung zwischen uns stimmt und wir über alles reden können.
- dass unser Kind nicht tut, was andere von ihm erwarten, und nicht mit Drogen und Ähnlichem zu tun hat.
- dass unsere Tochter einen Ehepartner findet, der dieselben Werte vertritt wie sie.
- dass unser Teenager ein verantwortungsbewusster Erwachsener wird, der sich für die Gesellschaft einsetzt.
- dass unser Sohn lernt, vernünftige Entscheidungen zu treffen.

Was wünschen Sie sich für Ihr Kind? Eine Freundin sagte einmal: „Wenn meine Kinder nur einen Teil meiner Werte übernehmen würden, dann hätte ich schon das Gefühl, dass alles super gelaufen ist."

Unsere Kinder werden Wege gehen, die wir nicht kennen, und Erfahrungen machen, die uns fremd sind. Das Leben verläuft vorwärts, nicht rückwärts. Der libanesisch-amerikanische Philosoph Khalil Gibran schrieb: „Versuchen Sie nicht, Ihre Kinder sich ähnlich zu machen." Selbst wenn es Ihnen gelingt, Ihre eigenen Werte und Glaubensüberzeugungen an Ihre Kinder weiterzureichen, wird die Fackel in deren Leben anders scheinen als in Ihrem. Erwarten Sie keine Kopien. Sonst werden Sie über die Entscheidungen Ihrer Kinder enttäuscht sein. Und Enttäuschung können die Beziehungen zwischen Eltern und erwachsenen Kindern sehr belasten.

Werte und Überzeugungen auswählen

Die Jahre der Pubertät sind für Jugendliche eine wichtige Zeit, um über grundlegende Wahrheiten nachzudenken und ihre eigenen Werte, Ansichten und religiösen Überzeugungen zu entwickeln. Sie suchen nach ihrer eigenen Identität, beginnen, philosophische Fragen zu stellen, und denken über das Leben, den Tod, Schmerz und Leid, Katastrophen, die Sorge um die Welt, Rassismus und Ähnliches nach.

Zuletzt wurden interessante säkulare Untersuchungen über Spiritualität bei Kindern durchgeführt. Sie ergaben, dass man anhand der spirituellen Entwicklung eines Heranwachsenden zuverlässige Aussagen über dessen zukünftige Erfüllung im Leben, seinen Erfolg und späteren Wohlstand machen kann. So schrieb die Forscherin Lisa Miller in ihrem Buch „The Spiritual Child", dass die neuere wissenschaftliche Untersuchung der Spiritualität zeige, dass die Beschäftigung mit spirituellen

Themen im Jugendalter vor Depressionen, Drogenmissbrauch und anderen selbstgefährdenden Verhaltensweisen schützen kann.[35]

Jugendliche mit einem persönlichen spirituellen Bewusstsein werden …

- mit 80-prozentiger Wahrscheinlichkeit nicht an Depressionen leiden und
- mit 60-prozentiger Wahrscheinlichkeit keine harten Drogen konsumieren.
- 70 % der Mädchen werden wahrscheinlich keinen ungeschützten Sex haben.

Außerdem zeigen Daten aus der bildgebenden Gehirnforschung, dass die Großhirnrinde bei Jugendlichen, die ein aktives spirituelles Leben führen, dicker ist. Darüber hinaus ist der Spiegel des Stresshormons Kortisol bei Jugendlichen, die einen Bezug zum Glauben haben, besser reguliert. Die Forscherin weist auch darauf hin, dass Eltern einen großen Einfluss auf die Entwicklung der Spiritualität ihrer Kinder haben.

Dr. Miller schrieb weiter, dass die aufrichtige Liebe der Eltern die natürliche Neigung von Kindern zur Spiritualität fördert. Die beiden grundlegenden Faktoren sind:

- die persönliche Spiritualität der Eltern und
- die bedingungslose Liebe und Zuneigung der Eltern.

Eine andere Studie hat gezeigt, dass Kinder, die denselben religiösen Glauben haben wie ihre Mütter, mit 80-prozentiger Wahrscheinlichkeit im Alter von 16 bis 26 Jahren keine schwere Depression bekommen werden. Und sie sind sogar zu 90 % geschützt, wenn neben der Mutter auch ein Großelternteil denselben Glauben hat. Der Glaube ist ein erstaunlicher Schutz vor vielem, worüber Eltern sich Sorgen machen![36]

Wir können unseren Teenagern nicht vorschreiben, was sie

glauben sollen, aber wir können ihnen Möglichkeiten, Bücher und Internet-Quellen zur Verfügung stellen, die sie zum Nachdenken anregen. Natürlich ohne Druck, ohne ihnen die eigenen Werte und Überzeugungen aufzudrängen. Das geht auch gar nicht, wir können sie weder zum Lesen der von uns favorisierten Bücher und Artikel noch zum Mitkommen zu den von uns besuchten Veranstaltungen zwingen.

Vielleicht gehören Sie einer Glaubensgemeinschaft an? Dann können Sie sich dort über die Angebote für Jugendliche informieren. Wenn Ihr Kind sich dort nicht wohlfühlt, kann man auch die Kirche oder Gemeinde wechseln, um den Teenagern eine gute Jugendgruppe anbieten zu können.

Eine Mutter schenkte ihrer Tochter zum Geburtstag die Erlaubnis, selbst eine Kirchengemeinde auszuwählen, nachdem sie auf die bisherige Kirche keine Lust gehabt hatte. Nach dem Wechsel engagierte sich die Tochter gern in der neuen Gemeinde, weil es dort eine tolle Jugendgruppe gab.

Was Experten sagen

Kinder aus nicht religiösen Familien werden davon profitieren, wenn sie einer sozial aktiven oder gemeinnützigen Organisation beitreten, wo sie soziales Miteinander, Hilfsbereitschaft, Teamwork und Zielstrebigkeit kennenlernen können.

Suchen Sie außerhalb Ihrer Familie nach Mentoren für Ihre Kinder

Wenn unsere Söhne Fragen hatten, wollten sie nicht unbedingt unsere Meinung dazu hören. Manchmal suchten sie nach anderen Inputs von Erwachsenen, denen sie vertrauten. Jugendliche brauchen Vorbilder, Erwachsene und Gleichaltrige, mit denen sie über Überzeugungen, Normen und Werte diskutieren können. Kluge Eltern stellen den Kontakt zu Personen her, deren Einfluss auf ihre Kinder sie für wünschenswert halten.

Als wir in Wien lebten, entwickelte sich für uns und unsere Teenager eine ideale Situation. Mehrere junge Sportler einer Ringer-Mannschaft freundeten sich mit unseren Söhnen und deren Freunden an, woraus die Freitagspfannkuchen-Treffen entstanden.

Die jungen Ringer gestalteten die Treffen inhaltlich, führten Sketche auf, organisierten Tischtennis-Turniere, zeigten Videos und gaben kurze Inputs darüber, wie gute Werte das Leben beeinflussen können. Vor allem ging es ihnen aber darum, Spaß zu haben.

Unser Anliegen war es, ein positives Umfeld für unsere Söhne zu schaffen, wo sie junge Menschen mit Vorbildfunktion kennenlernen konnten. Die Gruppe wuchs und wir freuten uns für unsere Söhne. Bis heute haben wir Kontakt mit einigen Ringern von damals, deren Kinder inzwischen selbst Teenager sind.

Aus dem Familienarchiv der Arps

Denken Sie nicht, das sei uns leicht gefallen. Wir waren damals im Umgang mit der jugendlichen Altersgruppe unerfahren und unsicher. Aber um unserer Söhne willen war uns der Kontakt wichtig und wir haben uns Mühe gegeben, uns in diese Gruppe von Jugendlichen einzufühlen. Man kann das lernen!

Setzen Sie alles daran, dass Ihre Teenager eine Gruppe von Gleichaltrigen finden, die zu ihnen passt. Begegnen Sie den Freunden Ihrer Teenager herzlich und haben Sie ein offenes Haus. Es wird Zeit und Benzin kosten, die Kinder zu ihren sportlichen und sonstigen Veranstaltungen zu fahren, aber es lohnt sich.

»Ich hatte mir immer gewünscht, ein offenes Haus und einen offenen Kühlschrank für die Freunde meiner Kinder zu haben. Aber dann war ich alleinerziehend in einer kleinen Wohnung mit wenig Zeit und wenig Geld. Trotzdem versuchte ich, die Beziehung zu den Freunden meiner Kinder zu pflegen, auch wenn nicht so viele auf einmal zu uns kommen konnten. Aber eine gemeinsame Aktion im Garten oder in unserer Küche oder ein Freund/eine Freundin über Nacht, das ging immer. Auch wenn ich kein offenes Haus bieten konnte, eine offene Tür und ein offenes Herz hatte ich schon.

Eine alleinerziehende Mutter

Eltern können vieles richtig machen, aber letztlich ist es die Entscheidung des Jugendlichen, welche Inputs er nutzt und zu welcher Einstellung er sich entscheidet. Es ist für die Jugendlichen nicht einfach, die Maßstäbe festzulegen, nach denen sie leben wollen, ebenso schwer ist es für Eltern, sie in diesem Prozess zu begleiten und die Zweifel und Fragen ihrer Kinder auszuhalten.

In einer Elterngruppe sprach eine Mutter über ihre Sorgen:

»Ich mache mir große Sorgen um meine Tochter. Sie hat viele Fragen und Zweifel und betont immer, dass sie ihr eigenes Leben leben will. Sie wirkt so zerrissen zwischen dem, was ihre Umgebung ihr vermittelt, und den Werten, mit denen sie aufgewachsen ist. Manchmal ist sie mir gegenüber deshalb richtig feindselig und kalt.

Eine Freundin, der ich mich anvertraut habe, meinte, das sei doch alles ganz normal. Für mich aber nicht. Als mir zum ersten Mal der Gedanke kam, unsere Kinder könnten sich entscheiden, nach anderen Werten zu leben als wir, wurde mir ziemlich elend. Der Gedanke ist schwer zu ertragen.

Was Experten sagen
Damit ein junger Mensch sich bestimmte Moralvorstellungen und Werte aneignen kann, braucht er die Freiheit, diese aus einer Vielzahl von Möglichkeiten zu wählen. Das gilt auch für religiöse Überzeugungen.

Angenommen, Ihre Teenager haben immer Ihrer Meinung und Ihrer Weltanschauung vertraut und verlassen dann das Elternhaus. Sie betreten ohne eigene innere Überzeugungen eine fremde Welt. Egal, ob sie anfangen zu arbeiten, zu studieren, zum Militär oder ins Ausland gehen, es werden viele fremde Normen und Ansichten auf sie einstürmen und eine Auseinandersetzung erfordern, die den neuen Lebensabschnitt erheblich behindern kann. Wenn junge Erwachsene auf der Suche nach ihrer eigenen Einstellung verschiedene Weltanschauungen ausprobieren, kann das Chaos und viele Brüche in den Jahren verursachen, in denen sie sich eigentlich auf ihre Ausbildung konzentrieren sollten. Wäre es da nicht besser, Ihre Jugendlichen würden sich mit weltanschaulichen Fragen auseinandersetzen, solange sie noch zu Hause sind? Aber wie können Sie den Teenagern dabei helfen?

Als Erstes: Sorgen Sie für eine Atmosphäre, in der man gern Fragen stellt, wo es keine Tabus gibt und wo Zweifel nicht mit Vorträgen niedergebügelt werden.

Ein 16-jähriges Mädchen erzählte:

Ich beunruhigte meine Eltern immer wieder mit meinen Fragen und war die Skeptikerin in unserer Familie. Aber meine Eltern lehnten keine Frage ab; sie sprachen mit mir über alles und halfen mir, selbst Antworten zu finden, wenn sie keine hatten. So habe ich gelernt, dass Glaube und Denken sich nicht ausschließen, und das hat mir geholfen, meine Überzeugungen zu bilden – gerade weil ich sie hinterfragen durfte.

Wenn junge Menschen nicht mit ihren Eltern reden können, werden sie bei anderen Personen nach Antworten suchen. Ihre Welt ist kompliziert, sie müssen sich mit Alkohol, Partys, Drogen, Druck in Bezug auf frühe sexuelle Erfahrungen, Mobbing, Cybermobbing, Pornografie, Gewalt, Klimawandel, Umweltverschmutzung, Rassismus und vielem mehr auseinandersetzen, auch mit der Welt der sozialen Medien. Dafür brauchen sie Unterstützung und Ermutigung.

Eine Jugendliche erzählte:

»

Mein Vater war Professor für Theologie und ich liebte es, ihn mit meinen Fragen zu löchern. Einmal fragte ich ihn: „Wie kann ich wissen, ob es einen Gott gibt?“ Ich wollte unbedingt herausfinden, ob das, was ich glaubte, richtig war.

Ich erinnere mich noch gut an die ruhige und liebevolle Atmosphäre, als mein Vater mir nach langem Schweigen antwortete: „Das ist eine gute Frage. Ich bin froh, dass du sie gestellt hast.“

Ich war so erleichtert!

An diesem Abend erzählte mein Vater, dass ihn vor Jahren die gleichen Fragen bewegt hatten. Ich müsse nicht mit verbundenen Augen durch die Welt gehen, mich auch nicht an Hoffnungen und Gefühle klammern oder den Glauben aufgeben. „Sondern“, erklärte er, „wenn etwas real ist, kann man darüber nachdenken, es hinterfragen und mit anderen Überzeugungen vergleichen. Es wird sich gegen alles behaupten und sich als zuverlässig erweisen.“

Ich beschloss, genau das zu tun.

Geben Sie Überzeugungen weiter, nicht Widersprüche! Ihre Kinder sollen sehen, dass Ihr Leben mit Ihren Werten übereinstimmt. Das ist das beste Argument für Ihren Glauben und Ihre Weltanschauung.

Wie gehen wir mit eigenen Fehlern um? Manche Eltern explodieren, ohne sich zu entschuldigen, und machen dann einfach weiter, als sei nichts gewesen. Andere explodieren auch (wer hat sein Kind noch nie angeschrien oder ungerecht behandelt?), aber sie können dann sagen: „Es tut mir leid, mein Verhalten war falsch." Das ändert alles.

Die Fähigkeit, eigene Fehler einzugestehen, hat Einfluss darauf, ob Ihr Teenager Ihr Wertesystem wählen möchte oder nicht. Auch wenn Sie Ihren Teenager nicht ständig korrigieren, sondern grundsätzlich einfach lieb haben, werden die Grundwerte, die Ihnen wichtig sind, eher zu einer Realität im Leben Ihrer Kinder werden.

Gemeinsame Mahlzeiten

Wie oft sitzen Sie als Familie zusammen am Tisch? Wenn Sie starke Beziehungen aufbauen wollen, dann lautet die Regel: Je öfter, desto besser. Natürlich lässt sich das im Alltag oft nicht so leicht organisieren, aber das ändert nichts daran: In Familien, die zusammen essen, sind die Beziehungen stabiler als dort, wo sich jeder nur im Vorbeigehen etwas zu essen nimmt.

Was Experten sagen

Sorgen Sie für interessante Gespräche beim Essen und diskutieren Sie die Themen, von denen in den Medien berichtet wird. Fangen Sie damit schon an, wenn Ihre Kinder noch klein sind.

Man hat nachgewiesen, dass Kinder, die regelmäßig mit ihrer Familie essen, seltener gefährliche Verhaltensmuster zeigen als andere, sie werden seltener drogenabhängig oder im Teenageralter schwanger und haben weniger Depressionen.

Das ist noch nicht alles. Sie haben in der Regel auch einen besseren Notendurchschnitt und ein höheres Selbstwertgefühl. Das Gespräch bei Tisch erweitert den Wortschatz mehr als Bücherlesen; und Geschichten, die am Tisch erzählt werden, fördern die psychische Widerstandsfähigkeit der Kinder nachweislich.

Außerdem treten bei Kindern, die mit ihren Eltern am Tisch essen, seltener Übergewicht und Essstörungen auf. Entscheidend ist dabei natürlich nicht die Mahlzeit an sich, sondern die Zeit, die man regelmäßig als Familie im Gespräch verbringt. Wie oft sitzen Sie als Familie im Schnitt pro Woche zusammen?[37]

Über Werte reden

Bevor Sie mit Ihrem Kind reden, überlegen Sie kurz:

- Ist mein Kind alt und reif genug für die Werte, die ich ihm vermitteln will? Verpacken Sie Ihren Inhalt so, dass Ihr Kind Sie verstehen kann.
- Reden Sie nicht über das, was Ihr Kind an seinem Verhalten ändern sollte. Das hat nichts mit Werten zu tun.
- Achten Sie genau auf alles, was Ihr Kind über seine Gefühle in Bezug auf den Glauben sagt. Widersprechen Sie nicht und kritisieren Sie auch keine abweichende Meinung.
- Ermutigen Sie Ihr Kind, mit seinen Fragen zu Ihnen zu kommen. Geben Sie ihm Bestätigung und guten Rat, während es seine eigenen Überzeugungen herausarbeitet.
- Lassen Sie das Gespräch über diese Themen nie abreißen, nutzen Sie alltägliche Situationen, um die Werte und Über-

zeugungen zu veranschaulichen, von denen Sie hoffen, dass Ihr Kind sie eines Tages übernehmen und umsetzen wird.

Tipps für gute Gespräche

Wenn Sie das Gespräch mit der Aufforderung „Leg mal dein Handy weg" beginnen, dann ist das ein denkbar schlechter Start. Wie können Sie den richtigen Moment erkennen und so nutzen, dass Ihr Teenager sich auch wirklich für die wichtigen Themen öffnet, über die Sie mit ihm reden wollen?

Nutzen Sie alltägliche Ereignisse als Aufhänger. Situationen gibt es genug: Ein Dopingfall im Sport, Prominente, die mit Drogen- oder Alkoholexzessen Schlagzeilen machen, Politiker, die der Lüge überführt werden – alles kann als Anlass dienen, um zu fragen, wie Ihr Kind und seine Freunde darüber denken.

Suchen Sie den Dialog. Vermeiden Sie es, nur Ihren Standpunkt darzulegen, sondern ermöglichen Sie einen echten Meinungsaustausch. Belehrungen überzeugen nur selten. Versuchen Sie zu erfahren, wie Ihr Kind über die Dinge denkt, die Ihnen wichtig sind.

Richten Sie den Fokus nicht auf das, was falsch ist. Überlegen Sie stattdessen gemeinsam, welches Verhalten vernünftig und in Ihren Augen richtig wäre.

Halten Sie sich an die Fünf-Minuten-Regel. Wenn es länger dauert, wird Ihr Teenager nicht mehr zuhören. Kurze Gespräche sind angenehmer und hinterlassen oft einen nachhaltigeren Eindruck.

Suchen Sie gemeinsam nach möglichen Verhaltensstrategien. Wie könnte Ihr Teenager Nein zum Rauchen oder Alkohol sagen, ohne sich zu blamieren? Manchmal helfen vielleicht die Eltern als Ausrede: „Nein, lieber nicht. Meine Mutter würde es riechen und ich habe keinen Bock auf Stress."

Planen Sie Gesprächszeitpunkte bewusst. Nicht immer ist der Moment günstig, in dem sich ein Gespräch ungeplant ergibt. Aber Sie können die günstigen Gelegenheiten nutzen, um ein Thema anzusprechen. Solche Situationen waren für uns:

- gutes Essen – das brachte unsere Jungen meistens zum Reden.
- gemeinsame Arbeit – zum Beispiel im Garten oder in der Küche, da redet es sich fast wie von selbst.
- eigene Fehler eingestehen – das schafft Vertrauen und eine Atmosphäre, in der sich oft tiefe Gespräche ergaben.

Wie Jugendliche lernen, gute Entscheidungen zu treffen

Ob Ihre Kinder sich von Ihnen beeinflussen lassen, hängt davon ab, wie die Beziehung zwischen Ihnen ist. Auch wenn Sie Ihren Teenagern beibringen wollen, wie man Entscheidungen trifft, gilt es, zuerst in die Beziehung zu investieren. Ihre Kinder akzeptieren Sie nicht mehr so selbstverständlich als Lehrer oder Vorbilder, wie sie das in jüngeren Jahren getan haben. Wir wollen nun in vier Schritten zeigen, wie man Jugendlichen helfen kann, gute eigene Entscheidungen zu treffen.

1. Beziehen Sie Ihren Teenager in familiäre Entscheidungen mit ein.

Egal, ob es um ein Urlaubsziel, Aktivitäten am Wochenende, einen beruflichen Wechsel oder einen Umzug geht, beziehen Sie die ganze Familie in die Entscheidung ein – ganz besonders die Teenager. Auch wenn viele Faktoren einfließen, werden die Kinder lernen, dass ihre Meinung zählt, und sie werden sich selbst zutrauen, richtige Entscheidungen zu treffen.

2. Die Wahl zwischen mehreren Optionen

Jugendlichen fällt es leichter, Entscheidungen zu treffen, wenn sie mehrere Möglichkeiten zur Auswahl haben. Unser jüngster Sohn spielte sehr gern Basketball, genauso begeistert war er aber auch vom Skifahren. Beides ging nicht, da sich die Trainingszeiten überschnitten.

„Du musst dich entscheiden, was du in diesem Jahr machen willst", sagten wir zu ihm. „Vielleicht schreibst du einmal auf, was bei den beiden Sportarten dafür und was dagegen spricht, und dann nimmst du, was dir am besten erscheint." Er entschied sich fürs Skilaufen.

Wichtig ist es, dass die Jugendlichen selbst nachdenken. Versuchen Sie, eine Frage mit einer Gegenfrage zu beantworten. „Warum denkst du das?" Oder: „Was hältst du selbst in dieser Situation für das Klügste?" Nicht unsere Ratschläge und Antworten sind gefragt, sondern unsere Hilfestellung, um eigene Entscheidungen zu treffen.

3. Geben Sie Verhandlungsspielraum.

Manchmal ist ein Teenager durchaus entscheidungsfreudig, aber Sie als Eltern können nicht zustimmen.

Einer unserer Söhne war eine Zeit lang Mannschaftskapitän in der Fußballmannschaft, was täglich stundenlanges Training nach der Schule bedeutete. Am Wochenende spielte er Tennis. Jetzt wollte er noch zusätzlich einen Abend in der Woche arbeiten und die Tennishalle putzen, was bedeutete, dass er erst um Mitternacht nach Hause kommen würde.

Wir hatten Bedenken. „Komm, lass uns noch mal in Ruhe darüber nachdenken", schlugen wir vor. „Wir machen eine Pro-und-Kontra-Liste."

„Nicht das schon wieder!“, stöhnte unser Sohn.

„Du erzählst und ich schreibe. Was spricht dafür, dass du abends arbeitest?“ Wir warteten geduldig.

„Also“, sagte er schließlich, „erstens Geld, zweitens Geld, drittens Geld.“

Die Pro-Liste war fertig. Auf die Kontra-Liste kamen Schlafmangel, mögliche negative Auswirkungen in der Schule und Ähnliches.

Irgendwie halfen uns diese beiden Listen nicht weiter und wir wechselten in den Verhandlungsmodus. Dazu gingen wir in drei Schritten vor.

1. Wir formulierten das Problem: Unser Sohn wollte abends (in der Schulzeit) arbeiten und wir waren dagegen.

2. Wir überlegten uns ein paar Alternativen:

a) nur an den Wochenenden arbeiten

b) an den Wochenenden und an einem Abend in der Woche arbeiten

c) am Wochenende und nachmittags arbeiten

d) am Wochenende, zweimal morgens vor der Schule und an einem Abend die Plätze pflegen (das würde auch einen Teil des Abends brauchen, aber weniger, als die ganze Halle zu putzen).

3. Entscheidung treffen. Wir beschlossen gemeinsam, die vierte Alternative zu nehmen – vorausgesetzt, die Leute im Tennisverein würden damit einverstanden sein – was sie waren.

Aus dem Familienarchiv der Arps

Nimmt so etwas nicht sehr viel Zeit in Anspruch? Richtig. Natürlich wäre es einfacher, zu sagen: „Du machst das so!“ Aber wie sollen Jugendliche dann lernen, eigene Entscheidungen zu treffen?

4. Stellen Sie sich darauf ein, dass Ihr Teenager Fehler machen wird.

Schwierig wird es, wenn Eltern zusehen müssen, wie ihre Teenager Fehler machen, und Ereignisse eintreten, die wirklich schmerzlich, vielleicht auch teuer sind. Aber auch das gehört zum Lernprozess dazu. Eltern müssen das aushalten, weil es für die Jugendlichen enorm wertvoll ist.

Zum guten Schluss

Leider lernen Jugendliche oft nur aus schlechten Erfahrungen oder dummen Entscheidungen. Wäre es nicht wunderbar, wir könnten unseren Kindern eine „Werte-und-Weisheitspille" verabreichen und damit moralische Überzeugungen, Charakterstärke und die Fähigkeit zu guten Entscheidungen in sie einpflanzen? Es mag Eltern geben, die glauben, sie könnten ihren Kindern Ziele vorschreiben und Überzeugungen eintrichtern. Aber wir empfehlen den mühsamen Weg, es die Teenager selbst lernen und herausfinden zu lassen und sie dabei behutsam anzuleiten.

Indem Jugendliche lernen, in belangloseren Situationen Entscheidungen zu fällen, und dabei Vertrauen in ihre Entscheidungskompetenz entwickeln, werden sie auch gute Entscheidungen in Bezug auf Werte, Überzeugungen und grundlegende Einstellungen treffen können. Dieser Prozess mag für Eltern manchmal beängstigend sein, aber es ist der Weg zur Selbstständigkeit, den jeder junge Mensch gehen sollte.

Miteinander reden

Machen Sie Ihren Teenagern die Freude, mit Ihnen verhandeln und einen Kompromiss finden zu dürfen. Vielleicht nach diesem Muster:

1. Der Jugendliche formuliert, was er will.
2. Die Eltern formulieren, was sie wollen.
3. Nun wird ausgiebig diskutiert, was jeweils dafür und was dagegen spricht.
4. Gemeinsam werden Alternativen gesucht.
5. Dann einigen Sie sich auf einen Kompromiss (und notfalls geben Sie als Eltern noch ein bisschen nach, damit Ihr Kind auch beim nächsten Mal wieder mit Ihnen diskutieren will).

Kapitel dreizehn
Kurskorrektur auf halber Strecke

Es war die schlimmste Phase meiner Pubertät. Mir ging es den ganzen Tag lang super und ich war gut drauf, bis ich vor unserer Haustür stand. Urplötzlich hatte ich schlechte Laune. Davon bekam ich dann ein schlechtes Gewissen, was meine Laune zusätzlich verschlimmerte. Ich war zu Hause verletzend und gemein zu jedem, der mir in die Quere kam. Damals hätte ich wirklich Tipps gebraucht, wie man mit diesem Gefühlschaos umgehen kann.

Ein Elternteil

Wer Teenager erzieht, weiß, dass es nicht ohne Enttäuschungen, Misserfolge und abgebrochene Brücken geht. Manchmal ist es auch dringend Zeit für eine Kurskorrektur.

Vielleicht haben Sie versucht, ein gutes Verhältnis zu Ihrem Teenager aufrechtzuerhalten, aber je mehr Sie sich bemühen, desto härter stößt Ihr Teenager Sie von sich. Sie fragen sich, wie man eine Beziehung verbessern soll, die nicht zu existieren scheint, und bereuen, in den vergangenen Jahren nicht mehr Zeit mit Ihrem Kind verbracht zu haben. Aber irgendwie sind diese Jahre einfach an Ihnen vorbeigegangen. Vielleicht haben Sie Ihre Erwartungen an Ihren Teenager aufgegeben, während dieser Ihre Enttäuschung schmerzlich spürt und darunter leidet? Werden Sie beide gerade von einem Nebel der Hoffnungslosigkeit verschluckt? Sie fragen sich: „Wozu soll ich es überhaupt noch versuchen? Die Beziehung ist vollkommen zerstört."

Oder vielleicht haben Sie das Gefühl, dass Sie im Grunde auf dem richtigen Weg sind und nur noch etwas Feinschliff brauchen, aber Sie wollen auf alles vorbereitet sein, was noch kommen könnte? Lesen Sie weiter! Ihnen allen gilt das folgende Kapitel.

Es gibt gute Nachrichten

Egal, in welcher Situation Sie sich befinden – Kurskorrekturen sind immer möglich. Aber diese Korrekturen fangen nicht bei Ihren Kindern an, sondern bei Ihnen! Wir können niemanden ändern – außer uns selbst. Wie gehen Sie mit Ihrem Teenager um? Behandeln Sie ihn mit demselben Respekt und derselben Höflichkeit, die Sie einem guten Freund entgegenbringen würden, ganz unabhängig von dessen Leistungen?

Annette hatte ihr Studium mit Auszeichnung abgeschlossen. Keinen Augenblick lang dachte sie daran, dass ihr Sohn Robin vielleicht nur ein mittelmäßiger Schüler werden könnte. In der Grundschule half Annette dem Jungen, gute Noten zu bekommen, aber im Gymnasium lehnte er diese Hilfe ab. Robins Zensuren gingen in den Keller und Annette war davon ebenso enttäuscht wie von seiner Zurückweisung.

Die Beziehung zwischen den beiden verschlechterte sich und Robin strengte sich in der Schule überhaupt nicht mehr an. Er konnte es seiner Mutter sowieso nicht recht machen. Annette gab sich alle Mühe, eine gute Mutter zu sein, aber sie musste akzeptieren, dass ihr Kind nur ein durchschnittlicher Schüler war.

Kinder haben ein Recht darauf, so respektiert zu werden, wie sie sind. Es ist auch nicht ihre Aufgabe, die Eltern mit Anerkennung und Bestätigung zu versorgen. An manchen Tagen werden die Teenager ihre Eltern glücklich machen, wenn sie gerade freundlich, motiviert und liebevoll sind. Aber Eltern sollten auch emotional stabil bleiben, wenn ihre Teenager nicht gut drauf sind und eine rebellische Haltung einnehmen.

Egal in welcher Situation Sie und Ihre Kinder sich gerade befinden, Kurskorrekturen sind immer möglich. Aber fangen Sie bei sich selbst an. Die beiden folgenden Fragen, mit denen wir uns als Nächstes beschäftigen, werden Ihnen helfen, die Beziehung zu Ihrem Teenager zu verbessern:

- *Wie kann das Vertrauen wiederhergestellt werden?*
- *Wie kann man effektiver mit einem widerspenstigen Teenager umgehen?*

Misstrauen erzeugt neues Misstrauen, aber wer seinem Teenager vertraut, wird dessen Herz erreichen. Wir wollen uns nun vier Reaktionsweisen von Eltern anschauen, die das gegenseitige Vertrauen zerstören. Wenn wir sie vermeiden, haben wir einen guten Schritt zur Verbesserung der Beziehung gemacht.

Ein Vater fragt seinen Sohn: Wenn du etwas an mir ändern könntest, was wäre das?
Sohn: Dass du mir vertraust!

Vier Einstellungen, die Vertrauen zerstören

Vielleicht ist die Beziehung zwischen Ihnen und Ihren Teenager von Misstrauen durchsetzt? Überlegen Sie, wie es dazu kam, dass die vertrauensvolle Nähe, die in den ersten Lebensjahren Ihres Kindes zwischen Ihnen bestand, zerbrochen ist. Vielleicht sind die folgenden vier Punkte ein Ansatz.

1. Einmal versagt – immer versagt

Es passiert häufig, dass Jugendliche einen Fehler machen und dann von den Eltern hören: „Wenn ich dir in diesem Bereich nicht vertrauen kann, wie soll ich dir dann auf anderen Gebieten etwas zutrauen?" Vertrauen ist kein einmaliges Geschenk, es muss dem anderen immer wieder neu entgegengebracht werden. Doch Eltern, die einmal von ihrem Teenager hintergangen wurden, tun sich oft schwer, in Zukunft wieder zu vertrauen.

Doch wie sollen Teenager das Vertrauen ihrer Eltern ohne einen Vertrauensvorschuss zurückgewinnen? Eltern könnten zum Beispiel sagen: „Aus dieser Situation haben wir alle etwas gelernt. Du hast gemerkt, wie wichtig es ist, dass du offen bist. Lass uns so weitermachen. Wenn wir uns Mühe geben, brauchen wir keine 24 Stunden, um das Vertrauen zwischen uns wiederherzustellen." Erscheint Ihnen die Zeitspanne zu kurz oder fühlt sich das an, als würde man Druck ausüben? In unserer Familie hat sich dieses Vorgehen bewährt. Wenn wir uns einen Tag lang alle darauf konzentriert haben, einander zu vertrauen, dann war der Vertrauensbruch wieder in den Hintergrund getreten.

2. Urteilen, ohne die näheren Umstände zu kennen

Jeder Angeklagte hat Anspruch auf einen fairen Prozess. Gilt auch für Ihren Teenager die Unschuldsvermutung? Leider gehen manche Eltern vom Schlimmsten aus, noch ehe die Faktenlage überhaupt geklärt ist.

» Thomas und Katharina waren für ein Wochenende verreist, ihr Sohn blieb allein zu Hause. Als sie zurückkehrten, war er nicht da, aber in der Küche quoll das Spülbecken von leeren

Bierdosen über. Thomas erzählte später, sein erster Impuls sei gewesen, sich auf seinen Sohn zu stürzen, sobald der nach Hause kam, um ihn zur Rede zu stellen. Stattdessen hielt er sich zurück und wartete, bis der Junge eine Erklärung lieferte.

Und was kam heraus? Irgendjemand hatte die Bierdosen auf ihr Grundstück geworfen, und der Junge hatte Angst, dass die Nachbarn denken könnten, er und seine Freunde hätten eine wilde Party gefeiert. Deshalb hatte er die Dosen im Spülbecken zwischengelagert, um sie später zu beseitigen.

Indem der Vater annahm, dass es eine gute Erklärung gab, verhinderte er eine Beschädigung des Vertrauens zwischen ihm und seinem Sohn. Wir selbst haben das mit unseren drei Söhnen nicht immer geschafft. Manchmal haben wir sie anhand der Indizien verurteilt, ohne die Klärung der Fakten abzuwarten.

3. Zu wenig Freiheit

Manchmal verlangen Eltern von ihren Kindern: „Verdient euch erst einmal unser Vertrauen." Und dann stellen sie eiserne Regeln auf, die den Jugendlichen keinerlei Spielraum lassen.

Aber wie können Teenager beweisen, dass sie vertrauenswürdig sind, ohne dass sie einen gewissen Entscheidungsspielraum haben?

Unser Sohn besaß seinen Führerschein noch nicht lange, als wir ihm abends das Auto überließen, um die drei Kilometer zu seiner Arbeit zu fahren. Eines Morgens wollte David sich eine Tasche voller Bücher aus dem Auto holen, die er dort vergessen hatte. Zu seiner Überraschung waren die Bücher über den ganzen Kofferraum verstreut. Was hatte der Junge mit dem Auto gemacht?

Es stellte sich heraus, dass er nachts auf einem leeren Parkplatz mit hoher Geschwindigkeit Slalom geübt hatte. Es gab ein klärendes Gespräch und ein paar Konsequenzen, aber er durfte weiterhin mit dem Auto zur Arbeit fahren. Ein Satz wie: „Du kriegst das Auto erst wieder, wenn du bewiesen hast, dass wir dir vertrauen können", ergibt keinen Sinn. Echtes Vertrauen kann nur entstehen, wenn Vertrauenswürdigkeit bewiesen werden kann.

4. Immer wieder an frühere Fehler erinnern

Eltern neigen dazu, ihren Kindern ihr früheres Versagen immer wieder vorzuhalten. Offensichtlich haben sie ihnen die Fehler der Vergangenheit nicht vergeben.

Eine 16-Jährige erzählte uns:

» Mein Vater hält mir ständig den einzigen Abend vor, an dem ich betrunken war. Ich hatte vorher nie etwas getrunken, mir wurde schlecht und ich hab meinem Freund das Auto vollgekotzt.

Ich hätte meinem Vater das nicht erzählen sollen. Er hat einfach nicht kapiert, dass das ein schreckliches Erlebnis für mich war. Seither kriege ich jedes Mal zu hören, dass ich bloß nichts trinken soll, wenn ich abends weggehe. Warum kann er mir keine neue Chance geben?

Man kann ja verstehen, dass der Vater sich um seine Tochter Sorgen macht. Aber so entsteht keine vertrauensvolle Beziehung. Eigentlich war es doch positiv, dass sie ihm von dieser Erfahrung erzählt hatte! Beginnend mit dem Dank für ihre Offenheit hätte er mit ihr darüber reden können, was sie in Zukunft in einer ähnlichen Situation tun könnte.

Der erste Schritt ist also, diese vier Verhaltensweisen abzulegen. Im nächsten Schritt kann dann das negative Verhalten durch positives ersetzt werden, indem wir den Teenagern bewusst Vertrauen schenken.

Dabei laufen Eltern natürlich immer Gefahr, enttäuscht zu werden. Selbst wenn ein Teenager eine schriftliche Erklärung abgeben würde, nie wieder das in ihn gesetzte Vertrauen zu enttäuschen, wäre das nur ein Stück Papier. Eltern müssen sich damit abfinden, dass Enttäuschungen nicht ausbleiben werden. Das ist der Preis, den sie bezahlen, damit Vertrauen wachsen kann.

Der Kinder- und Jugendpsychiater Foster Cline zeigt in seinem Buch „Parenting Teens with Love and Logic“ (Teenager mit Liebe und Logik erziehen), wie man Vertrauen wiederherstellen kann:

- *Übertragen Sie Ihrem Teenager Verantwortung.*
- *Gehen Sie davon aus, dass Ihr Teenager es gut machen wird.*
- *Wenn Ihr Teenager es vermasselt, zeigen Sie Mitgefühl, aber lassen Sie ihn die Konsequenzen auch spüren.*
- *Geben Sie Ihrem Teenager dieselbe Verantwortung direkt wieder. Denken Sie daran, dass Menschen aus ihren Fehlern lernen. Ihr Teenager wird Ihr Vertrauen spüren, mit dem Sie vermitteln: Du bist klug und du kannst aus Fehlern und Misserfolgen lernen.*[38]

Doch während wir unseren Kindern immer wieder neu Vertrauen schenken, brauchen wir auch uns selbst gegenüber Nachsicht. Wir machen nicht immer alles richtig, aber wir versuchen es. Vielleicht haben Sie das TeenPrep-Projekt und die Jahresbox eingeführt, aber es hat nur teilweise funktioniert. Manchmal helfen alle Konzepte nichts und man kann einfach nur seinem gesunden Menschenverstand oder dem Bauchgefühl vertrauen.

Eltern sind unvollkommen und manchmal tun sie Dinge, die das Vertrauen ihrer Teenager zerstören. Doch Eltern können auch aus ihren Fehlern lernen und sich bemühen, den angerichteten Schaden wieder in Ordnung zu bringen.

Da sein, präsent sein

Als Eltern wollen wir unseren Kindern einen sicheren Hafen und eine Startrampe ins Leben geben. Das Zuhause soll ein Zufluchtsort sein, an den sie in allen Stürmen des Lebens zurückkehren können. Es bedeutet den Jugendlichen viel, wenn sie Eltern haben, die da sind, wenn man sie braucht. Das stärkt die Beziehung und die Kommunikation.

Jugendliche müssen die Anwesenheit ihrer Eltern spüren. Präsenz bedeutet, klar zu erkennen, was geschieht, während es geschieht. Dieses Wahrnehmen von Gefühlen ist die Grundlage sicherer Bindungen und die Grundvoraussetzung für gesunde Beziehungen in allen Bereichen des Lebens.

Eine persönliche Anmerkung

Präsenz spielt für uns nicht nur in Bezug auf die Familie eine wichtige Rolle, sondern für uns ist auch das Bewusstsein der Präsenz Gottes von großer Bedeutung. Wir wissen, dass nicht alle unsere Leser aus einem religiösen Umfeld kommen. (Wenn das bei Ihnen nicht der Fall ist, können Sie die nächsten Zeilen überspringen.) Aber wenn Sie auch für geistliche Dinge offen sind, dann möchten wir Sie ermutigen, Gott zu vertrauen, dass er Ihnen im Umgang mit Ihren Teenagern helfen wird.

Wenn es bei uns manchmal hart auf hart kam, half uns der Glaube an einen Gott, der sich für uns und unsere Kinder interessiert. Wir haben darauf vertraut, dass er uns durch die Jahre der Pubertät unserer Kinder leiten würde, und haben uns gegenseitig immer wieder an einen Satz aus der Bibel erinnert: „Der Herr wird meine Angelegenheiten zu einem guten Ende führen" (aus Psalm 138). Wir führten ein Gebetstagebuch für jedes unserer Kinder, in dem wir unsere Sorgen und unsere Gebete notierten. Jedes Jahr, wenn wir uns Ziele für unsere Familie setzten, erstellten wir auch eine Gebetsliste für das kommende Jahr. Je mehr wir unsere Sorgen in Gebete verwandelten, desto weniger gingen wir unseren Teenagern auf die Nerven.

Wir haben es gewagt, Ihnen hier diesen Einblick zu gewähren, weil der Glaube für uns ein ungeheuer wichtiger Halt war, während unsere Kinder in der Pubertät waren. Wenn unsere Söhne sich von uns nichts sagen lassen wollten, dann war es so tröstlich, auf einen Gott zu vertrauen, der unsere Teenager liebt und sich um sie kümmert.

Im zwölften Kapitel haben wir Ihnen die neuen Forschungsergebnisse über die positiven Auswirkungen der Spiritualität vorgestellt. Wir möchten Sie ermutigen, Ihre spirituellen Überzeugungen immer mehr zu einer Quelle der Kraft werden zu lassen.

Wenn Vertrauensbruch zur Normalität wird

Wie soll man sich verhalten, wenn ein Teenager, dem man gern vertrauen möchte, immer wieder lügt, in Pornografie oder Drogenmissbrauch abrutscht oder ein anderes gravierendes Problem hat? Man kann dann nicht einfach den Kopf in den Sand stecken und blindlings vertrauen. Es gibt Situationen, in denen Ihr Teenager sein Recht auf Privatsphäre verwirkt hat und Sie als Elternteil eingreifen müssen. Wenn die

Situation schon länger andauert, empfehlen wir, dass Sie in einer Beratungsstelle oder bei einem Familientherapeuten Hilfe suchen, möglichst bei jemandem, der Ihre Werte teilt. Schon ein paar Termine können dazu beitragen, Ihren Teenager wieder auf den richtigen Weg zu bringen.

Dr. Siegel hat für solche Situationen das Beispiel des Wanderers gewählt, bei dem sich ein Splitter in den Fuß gebohrt hat. Wenn der Wanderer den Splitter ignoriert und trotzdem weitergeht, tut das weh, und er beginnt zu hinken. Wenn er sich die Zeit nimmt, den Splitter zu entfernen, oder sich dabei von jemandem helfen lässt, wird die weitere Wanderung ganz anders verlaufen. Ebenso kann kompetente Unterstützung dabei helfen, die ungelösten Probleme in Ihrer Familie zu bewältigen.[39]

Der Umgang mit einem widerspenstigen Teenager

» Unsere Tochter ist überhaupt nicht mehr kompromissfähig. Für sie gibt es nur noch ganz oder gar nicht. Entweder wir lassen sie machen oder sie widersetzt sich.

Wie geht man mit einem widerspenstigen Teenager um? Wenn wir die Antwort auf diese Frage wüssten, hätten wir uns längst zur Ruhe gesetzt und würden nur noch in den Alpen wandern. Nur eines haben wir herausgefunden: Je jünger der widerspenstige Jugendliche ist, desto einfacher ist es, die Beziehung zu verbessern.

Obwohl unsere Söhne manchmal kurz davor waren, offen zu rebellieren, konnten wir das immer noch irgendwie abwenden. Hatten wir einfach nur Glück oder haben wir auch etwas dazu beigetragen? Einer unserer Söhne hat uns das so erklärt:

Claudia: Ich bin froh, dass du als Teenager nicht so rebellisch warst. Was denkst du, woran das lag?

Sohn: Manchmal war ich schon versucht zu rebellieren, aber ich habe es einfach nicht getan.

Claudia: Was würdest du Jugendlichen raten, die voller rebellischer Gefühle sind?

Sohn: Ich würde ihnen sagen, dass sie zwar vorübergehend erreichen, was sie wollen, aber am Ende hat keiner etwas davon. Das ist so, wie wenn man an einer Felskante steht. Warum springt man nicht hinunter? Weil man weiß, wozu das führen würde.

Aus dem Familienarchiv der Arps

Tatsächlich, unser Sohn hatte die Vorteile und die zu erwartenden Konsequenzen gegeneinander abgewogen. Wir haben das so gedeutet: In die eine Waagschale hat er durchgemachte Nächte, Besäufnisse, Drogenexperimente oder andere Abenteuer gelegt, in die andere Waagschale die harmonische Beziehung mit uns. Und dann fiel die Beziehung zu uns mehr ins Gewicht.

Nein, wir sind nicht naiv. Natürlich hat er auch manchmal über die Stränge geschlagen, aber zumindest konnten wir drastische Ereignisse verhindern, die auch Jahrzehnte später noch Auswirkungen gehabt hätten.

Willensstarke Jugendliche neigen eher dazu, Widerstand zu leisten, aber ein starker Wille kann auch eine positive Eigenschaft sein. Wenn unsere Söhne sich unseren Anordnungen widersetzten, sagten wir uns oft, dass die wichtigen Persönlichkeiten in der Gesellschaft sicher über viel Willensstärke verfügten.

Wie können Eltern und Jugendliche die Jahre des Umbruchs überstehen und gleichzeitig die Beziehung aufrechterhalten? Hier sind einige Tipps zum Umgang mit widerspenstigen Teenagern:

1. Geben Sie den Teenagern so viel Freiheit wie möglich (aber wenn ein Nein nötig ist, dann stehen Sie auch dazu).

Je fester Sie die Zügel in der Hand halten, desto mehr wird sich Ihr Teenager dagegen wehren. Erlauben Sie deshalb alles, was irgend möglich ist, und verbieten Sie nur, was wirklich nicht geht. Bleiben Sie dann aber auch bei Ihrem Nein.

Ihr willensstarker Teenager wird Sie mehr respektieren, wenn Sie konsequent sind. Diskutieren Sie über alles, geben Sie Ihrem Kind auch viel Raum, seine Meinung und seine Gefühle auszudrücken. Wenn Sie einen Fehler gemacht haben, dann geben Sie das zu. Aber lassen Sie sich nicht zu etwas überreden, was Sie eigentlich falsch finden, nur um Ihre Ruhe zu haben.

Während wir in Wien lebten, half einer unserer Söhne in den Sommerferien in einem Pfadfindercamp mit. Er war damals 16. Wir hatten unseren Urlaub so geplant, dass wir ihn zehn Tage vor Ferienende im Camp abholen konnten.

Eines Abends rief er an. Begeistert erzählte er, dass er einen Luftwaffenoffizier kennengelernt hatte. „Er hat mich eingeladen, für eine Woche zu ihm auf die Luftwaffenbasis zu kommen. Cool, oder? Ihr braucht mich dann hier nicht abzuholen. Ich nehme den Zug nach Hause", ließ er uns wissen.

Wir hatten uns angewöhnt, wichtige Fragen nicht sofort zu beantworten, also sagte David, dass wir ihn zurückrufen würden. Mehrere Faktoren ließen uns zögern: Wir kannten diesen Mann nicht; wir hatten unseren Urlaub so geplant, dass wir unseren Sohn abholen und so das Bahnticket sparen konnten; und wir hatten das Gefühl, dass er ein paar ruhige Tage vor dem Schulbeginn brauchen würde.

Als wir unsere Entscheidung am Telefon mitteilten, gab es eine hitzige Diskussion, aber schließlich war unser Sohn bereit nachzugeben. Fand er unsere Entscheidung richtig? Überhaupt nicht! Selbst Jahre später dachte er immer noch, dass unsere Entscheidung falsch gewesen war. (Wir sind allerdings heute noch der Auffassung, dass wir richtig gehandelt haben.)

Willensstarken Jugendlichen fällt es schwer, die Entscheidungen ihrer Eltern zu akzeptieren. Wenn wir ihnen so viel Freiheiten wie möglich geben, werden sie die wenigen Male, wenn wir Nein sagen müssen, eher akzeptieren. Aber wir möchten noch einmal betonen: Dies kann bei jüngeren Teenagern funktionieren, deren Eltern immer noch einen großen Einfluss auf sie haben. Bei älteren Jugendlichen muss man andere Wege finden.

2. Immer wieder neu aufeinander zugehen

Manchmal zerbrechen Beziehungen oder man hat mit Jugendlichen zu tun, die sich nichts mehr sagen lassen. Bevor Sie in diesen schwierigen Situationen falsch reagieren und sich alles verschlimmert, empfehlen wir Ihnen, sich diese zwei Fragen zu stellen.

Erstens: „Wenn ich ausspreche, was ich gerade denke, wird uns das näher zusammenbringen oder wird es uns entzweien?“

Zweitens: „Können meine Worte die Meinung meines Gegenübers ändern? Kann ich die Überzeugungen des anderen beeinflussen?“

Eine Mutter hat diese Fragen ausprobiert, als die Beziehung zu ihrer Tochter gestört war. Sie schrieb uns: „Sie können sich gar nicht vorstellen, wie sehr mir Ihr Rat im Umgang mit meiner Tochter geholfen hat. Ich denke immer an diese zwei Fragen und prüfe jeden Satz, bevor ich ihn sage. Das hat wirklich etwas zwischen uns verändert. Meine Tochter spürt, dass ich ihr helfen möchte, mit ihren Problemen fertig zu werden.“

3. Die Privatsphäre des Teenagers respektieren

Kinder haben ein Recht auf Privatsphäre. Zu einer guten Erziehung gehört, dass Eltern das respektieren. Nur so kann sich Vertrauen zwischen Kindern und Eltern bilden. Eltern, die in den Sachen ihrer Kinder herumschnüffeln, missachten deren Rechte.

4. Ansprechbar sein

Heranwachsende streben nach immer mehr Freiheit, aber dazwischen brauchen sie auch den sicheren Hafen ihres Elternhauses. Manchmal wollen sie dort nur Zeit für sich allein haben, ein anderes Mal auch reden. Teenager müssen wissen, dass ihre Eltern immer für sie da sind und ihnen mit Rat und Tat zur Seite stehen (natürlich nur auf Wunsch!). Wenn es um Themen wie Ausbildung und Berufswahl geht, vertrauen Jugendliche ihren Eltern oft mehr als ihren Freunden.

5. Die Stärken fördern

Je begeisterter Teenager von etwas sind, desto weniger Unterstützung brauchen sie in dem Bereich (zum Beispiel bei einer Sportart). Es ist Aufgabe der Eltern, Bedingungen zu schaffen, unter denen ihre Kinder sich ausprobieren und ihre Stärken entwickeln können, soweit das für die Familie möglich ist.

6. Keine Schuldgefühle kultivieren

Unser Freund Jim Burns, den wir im neunten Kapitel schon erwähnt haben, arbeitet seit vielen Jahren mit Heranwachsenden. Er schrieb:

„Manche Jugendliche kommen scheinbar problemlos durch

die Pubertät, während andere einen steinigen Weg mit gefährlichen Kurven wählen. Ich beobachte, wie vorbildliche Eltern manchmal eher problematische Teenager haben, während die Kinder von Eltern, die selbst kaum im Leben zurechtkommen, erstaunlich gesund und stabil sind. Ich wünschte, es gäbe einen bestimmten Erziehungsstil, der zuverlässig funktioniert.

Allen, die Probleme mit Ihren Teenagern haben, möchte ich zurufen: Geben Sie die Hoffnung nicht auf! Ich begegne jeden Tag Teenagern, die plötzlich ihr Leben umkrempeln, die an den Schwierigkeiten auf ihrem Weg zum Erwachsenwerden gewachsen sind und wahrscheinlich ein erfolgreiches Leben führen werden. Liebe Eltern, bleiben Sie gelassen, bringen Sie sich auf angemessene Weise in die Beziehung zu Ihrem Teenager ein und werden Sie selbst emotional, geistig und körperlich so gesund wie irgend möglich.“[40]

Lassen Sie sich von diesem Zitat ermutigen und befolgen Sie den Rat. Wir möchten auch hinzufügen, dass Sie keine Schuldgefühle zulassen sollten. Das führt zu nichts. Stellen Sie sich stattdessen einfach vor, was für ein erfülltes Leben Ihr willensstarker Teenager eines Tages führen wird!

Was Experten sagen

Die perfekten Eltern gibt es nicht. Aber wir können authentische Beziehungen führen, die uns und unseren Kindern guttun. Es ist nie zu spät, die eingeschlagene Richtung zu ändern und ausgehend von einem tieferen Verständnis für unsere Kinder auch eine intensivere Beziehung zu ihnen aufzubauen.

Wissenschaft und Erfahrung zeigen, dass wir schädliche Verhaltensmuster ändern können, wenn wir über uns selbst nachdenken. Wir brauchen Geduld – mit uns selbst und mit unseren Teenagern. Wenn wir mit uns und anderen nachsichtig umgehen, können Veränderungen in Gang kommen.[41]

Zum guten Schluss

Nachdem wir drei Jungen großgezogen und mit zahllosen anderen Eltern und Teenagern geredet haben, sind wir absolut überzeugt davon, dass die Beziehung zwischen Eltern und Kindern letztlich entscheidend ist. Was auch immer zwischen Ihnen und Ihrem Teenager geschieht, es ist immer gefärbt von den Einstellungen, mit denen Sie diese Beziehung führen.

Wenn Sie den Eindruck haben, dass Sie etwas verbessern könnten, dann beginnen Sie heute damit. Vielleicht fangen Sie damit an, Ihrem Kind einen Vorschuss an Vertrauen zu schenken und in seinem Leben mehr Präsenz zu zeigen?

Werden Sie zum Wohlfühlfaktor im Leben Ihres Teenagers, indem Sie möglichst …

- ruhig bleiben, auch wenn die Stimmung hochkocht.
- viel Geduld aufbringen.
- ein Fan Ihres Teenagers sind.
- nicht mit Umarmungen und anerkennendem Schulterklopfen sparen.
- in seinem/ihrem Leben präsent sind und an allem Anteil nehmen.
- nicht vergessen, wie es war, als Sie selbst ein Teenager waren.
- ihn/sie bedingungslos lieben.

Prüfen Sie Ihre Einstellungen und Beziehungen immer wieder und nehmen Sie erforderliche Korrekturen regelmäßig vor. Sie tun das für ein großes Ziel, für lebenslange, herzliche Beziehungen zu Ihren Kindern. Denken Sie auch immer wieder daran, dass die Pubertät eine vorübergehende Phase ist, an deren Ende Ihr Teenager erwachsen sein wird. Genießen Sie die Reise, während Ihr Kaktus zu blühen beginnt!

Miteinander reden

Wenn sich eine Gelegenheit ergibt, dann sagen Sie Ihrem Teenager, wie wichtig Ihnen das gegenseitige Vertrauen ist und was Sie dafür tun wollen.

Sie wollen das, was in der Vergangenheit schiefgelaufen ist, nicht nur vergeben, sondern auch nicht wieder zur Sprache bringen.

Sie wollen in den Bereichen, in denen es bisher Reibereien gab (z. B. Piercing, Frisuren, Kleidung, Zimmer), mehr Entscheidungsfreiheit geben.

Ihr Teenager soll mehr Privatsphäre bekommen.

Fragen Sie auch:

„Woran merkst du, dass wir dir vertrauen?"

„Wann hast du das Gefühl, wir vertrauen dir nicht?"

„Was könnten wir tun, damit du dir sicher sein kannst, dass wir dir vertrauen?"

Kapitel vierzehn

Wenn manches anders ist: Von Alleinerziehenden und Patchwork-Familien

» Zwei Teenager als Stiefkinder zu bekommen, war eine große Herausforderung für mich. Erst allmählich habe ich verstanden, dass ich in Bezug auf meine Erfolge und Misserfolge nicht zu streng mit mir selbst sein durfte. Letztlich wird ein Stiefelternteil nie den gleichen Einfluss oder dieselbe Anziehungskraft auf ein Kind haben wie der biologische Elternteil.

Ein Stiefelternteil

Patchwork-Familien erinnern oft an ein morsches Schiff. Kaum hat man das eine Loch repariert, strömt an anderer Stelle das Wasser ins Boot. Wenn das pausenlos passiert, weiß man bald gar nicht mehr, was man zuerst tun soll – Löcher stopfen oder Wasser aus dem Boot schöpfen? Manche Patchwork-Familien schaffen beides gleichzeitig und machen ihr Schiff seetüchtig, andere kommen irgendwann nicht mehr hinterher und verlassen Schiff und Mannschaft. Wieder andere starten mit einem sinkenden Schiff, doch mit viel Engagement und Teamgeist kriegen sie es wieder flott.

Egal, in welche Kategorie Ihre Familie fällt, wahrscheinlich haben Sie auch schon festgestellt, dass es gar nicht so einfach ist, als Patchwork-Familie zu leben. Im zweiten Kapitel hatten wir uns verschiedene Persönlichkeiten und Erziehungsstile angeschaut. Für Patchwork-Familien gilt auch, was wir dort geschrieben haben, es ist nur etwas komplizierter. Sie müssen die Persönlichkeit jedes Einzelnen berücksichtigen – die der eigenen Kinder und der Stiefkinder, des Partners und der leiblichen Eltern, samt allen unterschiedlichen Erziehungsstilen. Gleichzeitig will Ihr Stiefkind oder Ihr Stief-Teenager vielleicht nichts mit Ihnen zu tun haben. Was für eine Herausforderung! Aber wir werden versuchen, Ihnen zu helfen, uns einige Missverständnisse über Patchwork-Familien anschauen und nach Möglichkeiten suchen, wie man die Kommunikation und die Beziehungen verbessern kann.

Meistens stellt man sich am Anfang alles einfacher vor, als es ist. Wir wollen über sieben verbreitete Irrtümer nachdenken, mit denen viele frischgebackene Stiefeltern ihre Reise antreten. Vielleicht kommen Ihnen manche dieser Annahmen bekannt vor?

1. Ich liebe meinen neuen Partner/meine neue Partnerin so sehr, nichts und niemand wird unser Glück trüben können.

Da platzt schon die erste Seifenblase. Am Anfang denkt man, alle Herausforderungen ließen sich mit Liebe überwinden. Das ist äußerst selten der Fall. Tatsächlich kann es Jahre dauern, bis sich alle Beteiligten wohlfühlen, und manche gemischten Familien erreichen diesen Zustand nie. Aber auch dann kann die Reise zumindest erträglich werden.

Doch seien wir ehrlich: Unrealistische Erwartungen können Lecks verursachen, die das Schiff zum Sinken bringen. Gerade diese erste irrige Annahme trägt dazu bei, dass zweite Ehen häufiger geschieden werden als erste. Der Umgang mit den Kindern des neuen Partners kann so belastend sein, dass die Liebe darunter erstickt. Aber grundsätzlich können Lecks repariert werden und es muss nicht zum Untergang des Patchwork-Schiffes führen.

Passen Sie Ihre Erwartungen der Realität an und arbeiten Sie gemeinsam an Ihrem Projekt. Lenken Sie Ihr Schiff in eine gute Richtung, indem Sie vergeben und um Vergebung bitten. Keiner muss perfekt sein, weder Sie noch Ihr Partner/Ihre Partnerin noch die Kinder und auch nicht alle anderen, die zur erweiterten Patchwork-Familie gehören.

2. Wenn ich mich genug anstrenge, werden alle gut miteinander auskommen und sich lieb haben.

Es ist die Aufgabe des Stiefelternteils, eine gute Beziehung zu den Stiefkindern herzustellen. Diese werden Sie (und ihre neuen Geschwister) nur lieben, wenn Sie fürsorglich an deren Leben Anteil nehmen. Es braucht Zeit und Kraft, damit diese Beziehung entstehen kann.

Seien wir realistisch: Sie müssen akzeptieren, dass der andere Elternteil (der/die Ex Ihres Partners/Ihrer Partnerin) immer ein Teil des Lebens Ihrer Stiefkinder sein wird. Manche Stiefeltern träumen von dem Tag, an dem diese Person sich in Luft auflöst. Aber das wird wahrscheinlich nicht eintreten.

Eine Stiefmutter hat es so formuliert:

» Ich habe mich damit abgefunden, dass meine Stiefkinder einen anderen Elternteil haben, den sie lieben und der immer zu ihrem Leben gehören wird. Also lerne ich, mich über das zu freuen, was Teil meines Lebens ist, und die Zeit zu genießen, die mein Partner und seine Kinder mit mir verbringen.

Die Erwartung, dass Jugendliche plötzlich einen neuen Stiefelternteil lieben können, ist unrealistisch und setzt die Kinder unter enormen Druck. Wie sollen sie es gleichzeitig dem neuen

Stiefelternteil und dem getrennten leiblichen Elternteil recht machen? Doch auch wenn sie den neuen Stiefelternteil mögen, ist es belastend für sie; denn dann haben sie möglicherweise das Gefühl, ihren abwesenden leiblichen Elternteil zu verraten.

3. Meine neuen Stiefkinder werden mich ins Herz schließen und ich werde zum/zur Ex meines Partners/meiner Partnerin (oder zum neuen Partner/zur neuen Partnerin meines/meiner Ex) eine gute Beziehung haben.

Wenn man nicht der leibliche Vater oder die leibliche Mutter eines Kindes ist, dann ist es einfach schwer, eine gute Beziehung aufzubauen, egal welche Rolle man im Patchwork-Beziehungsgeflecht einnimmt. Trotzdem steigt die Zahl derer, die sich dieser Hausforderung gegenübersehen. Da fast die Hälfte aller ersten Ehen geschieden wird, werden viele Teenager von Personen erzogen, die nicht ihre leiblichen Eltern sind. Stiefelternschaft ist in jeder Altersgruppe schwierig, aber bei Teenagern besonders.

Selbst unter den besten Stieffamilien-Bedingungen haben leibliche Eltern immer einen besonderen Platz im Herzen ihrer Kinder. Entsprechend schön ist es, wenn Sie Ihren Stiefkindern sagen können: „Ich bin nicht hier, um deine Mutter (oder deinen Vater) zu ersetzen. Ich liebe deinen Vater (oder deine Mutter) und möchte ein Teil seines/ihres Lebens sein – und ich möchte auch ein Teil deines Lebens sein. Aber mir ist klar, dass du das so nicht wolltest. Lass dir Zeit, um dich an alles zu gewöhnen. Du kannst dich auf mich verlassen; ich bin für dich da, wenn du mich brauchst."

Und dann nehmen Sie sich zurück und üben Sie sich in freundlicher Geduld. Drängen Sie Ihre Stiefkinder nicht, auch wenn diese viel Zeit brauchen, bis sie Ihnen gegenüber auftauen. In der Zwischenzeit können Sie Ihrem Stiefkind kleine

Dienste erweisen, kochen, was ihm schmeckt, ihm die Dinge kaufen, die ihm Freude machen, es zu einem Kinobesuch einladen oder Komplimente für seine Kleidung, Musik oder Frisur machen.

Wenn Sie Ihr Stiefkind aufrichtig unterstützen, wird die neue Familienkombination leichter zusammenfinden und die Kinder werden allmählich Vertrauen fassen.

Was Experten sagen

Wenn es einen leiblichen Vater oder eine leibliche Mutter gibt, der/die Kontakt zu den Kindern hat, dann versuchen Sie nicht, diese zu ersetzen. Vermeiden Sie auch, mit Ihren Stiefkindern über Loyalitätsfragen zu sprechen. Die Wahrscheinlichkeit, dass Sie damit das Gegenteil erreichen, ist groß.

4. Meine Kinder werden über die neuen Geschwister begeistert sein.

Nein, damit ist wahrscheinlich nicht zu rechnen. Wenn beide Partner eigene Kinder in die Beziehung mitbringen, wird das Leben komplizierter. Manchmal geht es tatsächlich gut – vielleicht hat sich Ihr Sohn schon immer eine große Schwester gewünscht. Aber oft wird die Anpassung an Stiefgeschwister eine Herausforderung sein, noch mehr, wenn Sie sich für ein weiteres gemeinsames Kind entscheiden.

Eine Mutter berichtet:

» Meine Stieftochter äußerte die Sorge, dass ich das neue Baby mehr lieben würde als sie. Ich versicherte ihr, dass ich sie alle gleich lieben könne. Aber als das Baby kam, wurde mir klar, dass ich zwar meine Stieftochter aufrichtig liebte, aber die Verbindung zu meinem eigenen Baby war viel tiefer. Und obwohl ich das nicht wollte, spürten es alle.

Überlegen Sie selbst: Ist es nicht naheliegend, dass Stiefkinder sich schnell ungeliebt oder unerwünscht fühlen, wenn sie wegen eines neuen Halbgeschwisterchens zurückstecken müssen? Auch leibliche Geschwister tun sich oft schwer, wenn ein Baby kommt. Nutzen Sie jede Gelegenheit, um Ihren Stiefkindern und auch den leiblichen Kindern aus erster Ehe zu versichern, dass sie unverändert geschätzt und geliebt werden. Beziehungen entstehen immer zwischen zwei Personen. Wenn Sie reihum Zeit zu zweit mit jedem Ihrer Kinder verbringen, können Sie jedem zeigen, dass es genauso wichtig ist wie die anderen.

Hier sind einige Tipps:

- Planen Sie Zeiten mit nur einem Kind. Solche Verabredungen werden die Beziehung stärken und die Eifersucht unter den Geschwistern lindern.
- Vergleichen Sie die verschiedenen Geschwister nicht miteinander.
- Reden Sie so viel und offen wie möglich miteinander. Versichern Sie allen Kindern: „Ich bin für dich da – alles, was du mir sagen willst, werde ich ernst nehmen und für mich behalten."
- Wenn Probleme auftreten, dann suchen Sie mit den Kindern gemeinsam nach Lösungen. Nehmen Sie sich Zeit, immer wieder nachzufragen, wie es jedem Einzelnen geht. Dann wird man Ihnen nach und nach glauben, dass Ihnen wirklich jedes Kind wichtig ist.

Was Experten sagen

Patchwork-Kinder brauchen Zeit, um sich an den neuen Erwachsenen in ihrem Leben zu gewöhnen. Manchmal brauchen sie sehr viel Zeit. Ermutigen Sie die Kinder auf diesem Weg, ihre Gefühle und Meinungen offen zu äußern.

5. Ich werde eine freundschaftliche Beziehung mit meinen Stiefkindern führen und sie nie bestrafen, dann werden sie mich auch mögen.

Ein weiterer Trugschluss. Wenn Ihre Stiefkinder jünger als achtzehn sind, dann werden Sie manchmal auch erzieherisch eingreifen müssen. Es wird unweigerlich zu Situationen kommen, die eine elterliche Reaktion erfordern. Wenn der leibliche Elternteil nicht zu Hause ist, dann trägt der Stiefelternteil die Verantwortung.

Es hilft, wenn man eindeutige Spielregeln für den Familienalltag einführt. Stellen Sie mit Ihrem Partner/Ihrer Partnerin und den Stief-Teenagern gemeinsam die Grundregeln auf (einschließlich der Konsequenzen bei Verstößen). Auch wenn der leibliche Elternteil nicht anwesend ist, gelten diese Regeln und erleichtern das Zusammenleben im Alltag zwischen Stiefkindern und neuem Elternteil. Darüber hinaus muss der Stiefelternteil zwar gefährliche Verhaltensweisen sofort unterbinden, aber die Konsequenzen für falsches Verhalten der Stief-Teenager sollten aufgeschoben werden, bis der leibliche Elternteil nach Hause kommt.

Wenn zu Ihrer Patchwork-Familie allerdings auch Kinder gehören, die jünger als fünf oder sechs Jahre sind, dann können Sie im Konfliktfall nicht warten, bis der andere Elternteil wieder zu Hause ist. Jüngere Kinder vergessen wieder, was sie falsch gemacht haben, und der leibliche Elternteil kann nicht erst Stunden später mit den Kindern über ihre Fehler reden. In diesem Fall muss der Stiefelternteil im Vorfeld mit dem leiblichen Elternteil aushandeln, wie die Konsequenzen aussehen sollen (eine Auszeit, ein Verlust von Privilegien usw.). Das muss aber ruhig geschehen, ohne Beschimpfungen des Kindes.

Stiefkinder erziehen zu müssen, kann manchmal sehr belastend sein. Eine Stiefmutter erzählte uns von der Aggression, die ihr von den Stiefkindern entgegenschlug, kaum dass der leibliche Vater aus dem Haus war. Innerlich setzte ihr das sehr zu, aber sie kämpfte darum, ruhig zu bleiben und es dem Vater der Kinder zu überlassen, sich darum zu kümmern. Aber nicht immer schaffte sie es. Wenn sie den Kindern böse Worte zurückgab, trieb das den Keil noch tiefer zwischen die Kinder und sie.

6. Mein/Meine Ex war schrecklich, deshalb werden meine Kinder die neue Person lieben und für die Veränderung dankbar sein.

Tatsache ist: Wahrscheinlich werden die Kinder ihren neuen Stiefvater oder ihre neue Stiefmutter zunächst weder akzeptieren noch lieben und werden sich von ihm/ihr nichts sagen lassen. Eine Stiefmutter berichtet:

Ich glaube, die größte Überraschung war für mich die mangelnde Akzeptanz der Stief-Teenager. Das hatte ich nicht erwartet. Dabei war es ja nicht so, dass ihr Vater mit mir ihre Mutter betrogen hätte. Wenn es so gelaufen wäre, würde ich verstehen, dass sie mich hassen. Aber für die Kinder fühlte es sich anscheinend trotzdem so an. Die Teenager erlebten, dass ihre Eltern nicht mehr zusammen waren und ihr Vater jetzt eine neue Frau hatte. Und das wollen sie nicht. Deshalb lehnen sie mich ab.

Das ist oft die Realität. Kinder ziehen ihre leiblichen Eltern den neuen Stiefeltern vor. Vielleicht begreifen sie vom Verstand her, dass diese neue Person es gut mit ihnen meint, vielleicht sogar besser als ihr leiblicher Elternteil, aber trotzdem hätten sie die beiden leiblichen Eltern am liebsten zusammen in einer Familie. Davon träumen die meisten Kinder und es dauert lange, bis sie sich davon verabschieden – wenn überhaupt. Das müssen alle Beteiligten verstehen. Von daher sollte man nicht sagen: „Dein Vater (oder deine Mutter) war so gemein zu dir. Du kannst froh sein, dass ich den Kontakt abgebrochen habe. Warum solltest du noch Zeit mit ihm/ihr verbringen wollen?" Das Kind empfindet die Situation ganz anderes.

Das gilt selbst dann, wenn Eltern ihr Kind misshandelt oder missbraucht haben, wenn das Kind vernachlässigt wurde, hungern musste oder geschlagen wurde. Sie wären trotzdem lieber beim leiblichen Elternteil. Kinder hassen die Mutter oder den Vater dafür, dass sie so schlecht von ihr/ihm behandelt wurden, und gleichzeitig sehnen sie sich nach ihr/ihm und wollen von ihr/ihm geliebt werden. Ihre ganze Wut richtet sich dann gegen die neue Person, die anscheinend den leiblichen Vater oder die leibliche Mutter verdrängen will.

» Unsere Ehe war ein Albtraum, auch für die Kinder. Wir lebten in ständiger Angst, und schon als sie noch sehr klein waren, fragten die Kinder, ob der andere Elternteil nicht einfach in einem anderen Haus leben könnte. Doch als die Trennung schließlich vollzogen war und ich annahm, sie würden ebenso erleichtert sein wie ich, wurde ich eines Besseren belehrt. Während ich diese Person am liebsten aus meinem Leben verbannt hätte, war den Kindern der Kontakt wichtig, auch wenn sie oft genug verletzt und traurig von den Besuchen zurückkamen.

Ein alleinerziehender Elternteil

Kinder in Trennungssituationen verstehen

Haben wir uns bisher vor allem mit Patchwork-Familien beschäftigt, so wollen wir jetzt einen Blick auf die grundsätzliche Situation der Kinder und Jugendlichen werfen, deren Eltern sich getrennt haben. Ihr Leid ist in vieler Hinsicht vergleichbar, ob ihre Eltern neue Partner haben oder nicht.

Es hilft Trennungskindern nicht, wenn die Situation schöngeredet wird. Altersgerecht sollte man ihnen sagen, warum der andere Elternteil an einem anderen Ort wohnt – doch möglichst sachlich. Reden Sie nicht über die Fehler des anderen, das würde die Kinder und Jugendlichen nur noch mehr verletzen. Wenn Kinder nachfragen und mehr wissen wollen, dann sind sie vermutlich auch alt genug, um mehr zu verstehen. Aber erzählen Sie nicht mehr, als das Kind oder der Teenager jeweils wissen will.

Wenn Kindesmissbrauch im Raum steht, braucht es besonders einfühlsame Worte, um dem Kind zu erklären, dass es den anderen Elternteil vorübergehend nicht oder nur eingeschränkt sehen kann. Dann gilt es, alle eigenen Gefühle zurückzuhalten und dem Kind zu versichern, dass es auch vom anderen Elternteil weiterhin geliebt wird.

Manche Eltern sind so wütend auf ihre ehemaligen Partner, dass sie versuchen, die Beziehung zwischen ihrem Kind/ihrem Teenager und dieser Person zu behindern. Dabei denken sie nicht daran, wie sehr sie ihr Kind damit verletzen, das als Waffe oder als Druckmittel eingesetzt wird.

In diese Kategorie fällt auch das unselige Verhalten, die Kinder als Boten zu missbrauchen („Du kannst deinem Papa/deiner Mama ruhig sagen, was ich davon halte …").

Was Experten sagen

Eltern im Scheidungskrieg sind oft extrem verletzt und erzählen den Kindern viel Negatives über den anderen/die andere. Von Eltern in dieser Situation zu verlangen, dies alles vor ihren Kindern zu verbergen, ist schier unmöglich. Aber die Gefahr ist, dass in den Kindern ein unbehagliches Gefühl der Verunsicherung und des Misstrauens wächst, besonders wenn der andere Elternteil ihnen seine entgegengesetzte Sicht der Dinge präsentiert.

Kinder und Jugendliche, die zwischen die Fronten ihrer Eltern geraten, leiden noch mehr als andere Trennungskinder. Sie werden oft ängstlich und unsicher, gehorchen schlechter und die Leistungen in der Schule lassen nach. Die Probleme ihrer Eltern beanspruchen viel Raum in ihren Gedanken.

Um wieder auf das Bild vom Schiff zurückzukommen: Keiner der beiden Elternteile hat das Recht, die Liebe seines Kindes zum anderen Elternteil zu zerstören. Wenn Sie versuchen, das Schiff Ihres/Ihrer Ex zu versenken, kann es passieren, dass Ihr Kind mit dem Schiff zusammen untergeht. Im Interesse einer gesunden emotionalen, kognitiven und sozialen Entwicklung der Kinder und Jugendlichen sollten sich geschiedene Eltern gegenseitig in Ruhe lassen und Konflikte meiden.

Scheuen Sie sich nicht, eine Beratung in Anspruch zu nehmen, wenn Ihre Situation schwierig ist. Aber halten Sie die Kinder und Jugendlichen aus Ihren Problemen heraus – ganz besonders in der Pubertät. Teenager kommen mit der Trennung der Eltern am ehesten zurecht, wenn sie mit beiden Elternteilen eine Beziehung führen können.

Was Experten sagen

Wenn Sie als getrennte Eltern etwas Gutes für Ihre Kinder und Jugendlichen tun wollen, dann reden sie neutral übereinander und – wenn vorhanden – auch über deren neue Partner. Ersparen Sie den Kindern Loyalitätskonflikte, so können Sie Ihre Kinder stärken und allen das Leben erträglicher machen.

Ein Hinweis für Alleinerziehende: Es kann sehr wehtun, wenn es eine neue Person an der Seite Ihres/Ihrer Ex gibt. Trotzdem, kämpfen Sie nicht gegen diese Beziehung an – um Ihrer Kinder willen. Das kann schwer sein. Vielleicht ist Ihnen diese neue Person zutiefst unsympathisch, vielleicht sind Sie trauriger als je zuvor. Dennoch sollten Sie Ihren Kindern kein schlechtes Gewissen machen, wenn diese sich mit der neuen Person gut verstehen.

Manche Kinder und Jugendliche mögen den neuen Stiefelternteil so lange, bis der leibliche Elternteil anfängt, die Person vor dem Kind zu kritisieren. Der Versuch, einem Kind oder Jugendlichen die Freude an einer neuen Stiefelternbeziehung zu nehmen, schadet seiner Entwicklung sehr. Das Kind wird sich schuldig fühlen, als wäre es Verrat am anderen Elternteil, diesen Menschen zu lieben.

Machen Sie sich klar, dass Sie Angst haben, die Liebe Ihres Kindes zu verlieren oder teilen zu müssen, deshalb ist Ihnen diese neue Person so zuwider. Vertrauen Sie darauf, dass Ihr Kind Sie auf jeden Fall lieben wird! Gestatten Sie ihm, von verschiedenen Erwachsenen geliebt und umsorgt zu werden. Wenn Sie möchten, dass Ihr Kind die Scheidung so gut wie möglich übersteht, dann deuten Sie nicht einmal an, dass Sie diese neue Beziehung missbilligen.

Klingt das unrealistisch? Ja, natürlich. Aber bemühen Sie sich zumindest, mit vielen kleinen Schritten (und unvermeidlichen Rückschritten) auf dieses Ziel zuzugehen, aus Liebe zu Ihren Kindern. Und wenn Sie an die Kraft des Gebets glauben, dann beten Sie. In dieser extrem schwierigen Situation sollte man auf keine denkbare Hilfe verzichten.

Wer das Sorgerecht hat, kann alles bestimmen?

Auch das ist ein Irrtum. Sie haben keinen Einfluss auf das, was in der anderen Wohnung passiert. Das mag schwer zu akzeptieren sein – vor allem, wenn Sie vor der Trennung im Alltag die engere Beziehung zu den Kindern hatten. Sie müssen lernen loszulassen und darauf zu vertrauen, dass es Ihrem Kind auch beim anderen Elternteil gut gehen wird. Ihr Teenager geht bei seinem Vater zu spät ins Bett? Die Mutter kocht nicht genug Gemüse? Der Vater schaut mit dem Teenager Filme an, die erst ab achtzehn freigegeben sind? Nun, ob Sie es mögen oder nicht, das ist dann einfach so.

Was Experten sagen

Erklären Sie Ihren Kindern, dass Mama und Papa seit der Trennung auf zwei verschiedenen Planeten leben, die nichts miteinander zu tun haben. Nur die Kinder dürfen beide Welten erforschen und auf beiden Planeten zu Hause sein. Wenn das Kind auf dem Papa-Planeten ist, dann lebt es dort mit den anderen Bewohnern dieses Planeten zusammen und hält sich an ihre Regeln. Kommt es danach auf den Mama-Planeten, ist es in einer anderen Welt, die auch schön und spannend ist.

Dieses Konzept ist auch für Eltern hilfreich. Wer Kinder davon abhalten will, sich auf dem anderen Planeten zu Hause zu fühlen, stört ihre emotionale Entwicklung. Das Kind oder der Jugendliche fühlt sich dann an einem Ort, der ihm vertraut sein sollte, fremd, unsicher und deplatziert.

Wer Einfluss auf die Vorgänge im anderen Haus nehmen will, setzt die Kinder oder Teenager unter Druck und bringt sie in vielen Fällen dazu, die Eltern gegeneinander auszuspielen. Wenn ein Teenager trotzig erklärt: „Bei Papa/Mama darf ich das immer!“, dann unterdrücken Sie Ihre Empörung und versuchen Sie nicht, dem anderen Haushalt Ihre Regeln vorzuschreiben. Nein, es ist einfach so. Dort darf Ihr Teenager das und bei Ihnen nicht.

Manche Eltern versuchen, solche Fragen gerichtlich zu klären, was viel Kraft und Geld kosten kann – und wenig bringt. Man kann es auch mit einer Mediation versuchen und an die Einsicht des anderen Elternteils appellieren. Aber solange keine Kindeswohlgefährdung vorliegt, bleibt Ihnen kaum etwas anderes übrig, als sich mit der Situation abzufinden.

Ein Stiefelternteil schilderte das Problem der unterschiedlichen Regeln zwischen den getrennten Elternhäusern so:

> Die Frage der unterschiedlichen Erziehungsstile ist für uns ein großes Problem. Wir könnten unsere Teenager erfolgreich zusammen erziehen, wenn die Regeln in beiden Häusern gleich wären. Die Prioritäten und Werte hier sind aber ganz anders als dort. Wenn man sich scheiden lässt und eine neue Partnerschaft eingeht, hat man nicht nur die Probleme aus den ersten Ehen am Hals, sondern auch die Erziehungsformen verschiedener Elternhäuser.

Wenn die Kinder und Jugendlichen zwischen zwei Patchwork-Planeten hin- und herwandern, wo es jeweils noch Halb- und Stiefgeschwister gibt, kann dies zu viel Streit zwischen neuen Ehepartnern, Ex-Partnern und Kindern führen.

Eine andere Stiefmutter erzählte:

> Manchmal wollen unsere leiblichen Kinder nicht einsehen, dass ihre Halbgeschwister bei ihrer leiblichen Mutter zusätzliche Privilegien haben. Unsere Teenager verstehen nicht, warum sie bei uns nicht dieselben Privilegien haben können. Aber bei uns gelten andere Regeln. Wir erinnern sie dann daran, dass die Situation ihrer Halbgeschwister anders ist als ihre. Das sorgt immer wieder für Konflikte.

Wie verhält man sich richtig, wenn sich ein Kind über sein zweites Zuhause aufregt? „Dort muss ich um 21 Uhr ins Bett gehen, ich hasse das! Bei dir bin ich viel lieber, hier darf ich wenigstens länger aufbleiben!“ Egal wie tröstlich sich das für Sie anfühlen würde, sagen Sie nicht: „Ich weiß, hier ist es schöner für dich, ich bin ja auch deine richtige Mama/dein richtiger Papa.“ Damit helfen Sie Ihrem Kind nicht. Versuchen Sie, so zu antworten: „So schlimm ist das aber nicht. Klar, früh ins Bett zu müssen, das gefällt dir nicht. Aber hier gibt es auch Dinge, die du nicht magst. So ist das nun mal. In unseren Häusern gibt es einige Regeln, die gleich sind, wie ‚nicht lügen' und ‚nicht stehlen', aber manches ist auch verschieden, wie die Schlafenszeit."

Weigern Sie sich, negativ über den anderen Planeten zu sprechen. Genauso wichtig ist es, nicht über Ihre/Ihren Ex zu lästern. Eine Stiefmutter klagte:

» Die Ex meines Mannes war meist sehr hasserfüllt uns gegenüber. Sie hat mit allen Mitteln versucht, die Liebe meiner Stiefkinder zu ihrem Vater zu zerstören, und beschimpfte ihn bei jeder Gelegenheit – vor den Kindern.

Eines Tages hatte ich meine beiden Stief-Teenager im Auto. Die Ältere begann sich in abfälligem Ton über eine Regel im Haus ihrer Mutter zu beschweren. Ich unterbrach sie und sagte: „Ich will das nicht hören. Bei deiner Mutter ist vieles anders als bei uns, aber wir reden nicht schlecht über sie. Und ich hoffe natürlich, dass du dich bei deiner Mutter auch nicht über deinen Vater und mich beschwerst. Wir versuchen alle, unser Bestes zu geben, und es tut mir leid, wenn du mit manchem nicht einverstanden bist."

Das war eine reife Leistung dieser Stiefmutter! Sie hielt manches im Haus der leiblichen Mutter für falsch und wusste auch, dass diese Frau ihr gegenüber nicht fair war. Trotzdem ließ sie nicht zu, dass das Mädchen schlecht über seine Mutter redete. Sie wollte sich nicht gegen diese Frau aufhetzen lassen.

Diese Stiefmutter hielt sich an die goldene Regel und verhielt sich so, wie sie auch gern von der anderen Frau behandelt worden wäre (obwohl sie wusste, dass diese es nicht tat). Das nennt man auch „erwachsen sein" – seinen Stolz hinunterschlucken und Dinge sagen und tun, die im Interesse der betroffenen Kinder richtig sind.

Zum guten Schluss

Ob Sie alleinerziehend unterwegs sind oder in einem Patchwork-Schiff reisen, schenken Sie Ihren Kindern, Teenagern, Stiefkindern und Stief-Teenagern so viel Liebe und Mitgefühl wie irgend möglich.

Erwarten Sie gleichzeitig nicht zu viel von ihnen. Sie hatten vermutlich weder ein Mitspracherecht bei der Trennung ihrer Eltern noch bei deren erneuter Partnerwahl. Lassen Sie den Kindern Zeit, um in Ruhe in der neuen Situation anzukommen.

Auch der ständige Wechsel zwischen den beiden Planeten kostet viel Kraft. Strecken Sie immer wieder die Hand aus, senden Sie Signale der Fürsorge und Freundlichkeit und akzeptieren Sie alle Kinder so, wie sie sind, ohne Bedingungen zu stellen. Ist das nicht genau das, was Sie sich für sich selbst auch wünschen würden? Also machen Sie sich an die Arbeit, reparieren Sie die Lecks, schöpfen Sie das Wasser aus dem Rumpf und halten Sie die Segel in den Wind!

Miteinander reden

Reden Sie mit Ihrem Partner, Ihren älteren Kindern, einer Freundin oder einem Freund über die Dinge, die Sie nach dem Lesen dieses Kapitels beschäftigen.

Welche Patchwork-Familien-Irrtümer hatten Sie bisher für wahr gehalten?

Wo möchten Sie umdenken? Gehen Sie die Punkte einzeln

durch und seien Sie ehrlich zu sich selbst. Fragen Sie auch, wenn möglich, wie Ihr Partner, Ihre Kinder oder Stiefkinder und der andere Elternteil das sehen.

Überlegen und diskutieren Sie, wie Sie die Kommunikation und das Vertrauen zwischen Ihnen und Ihren Stief-Teenagern verbessern können.

Nutzen Sie alltägliche Gelegenheiten, um Ihren Stief-Teenagern immer wieder zu sagen, welche positiven Eigenschaften Sie an ihnen schätzen.

Verabreden Sie sich mit jedem Stiefkind einzeln – lassen Sie es auswählen, was Sie zusammen machen, und freuen Sie sich auf die gemeinsame Zeit! Sparen Sie dabei nicht mit Lob und Komplimenten.

Teil vier

Locker bleiben – Akzeptieren, was man nicht ändern kann

Kapitel fünfzehn

Locker bleiben – kann man das lernen?

Als ich vierzehn war, war mein Vater so dumm,
dass ich ihn kaum ertragen konnte.
Aber als ich einundzwanzig wurde, war ich doch erstaunt,
wie viel der alte Mann in sieben Jahren dazugelernt hatte.
Mark Twain

Liegen Sie manchmal nachts wach, weil Sie sich Sorgen um Ihre Teenager machen? Kreisen Ihre Gedanken um die Schulnoten Ihres Kindes, um den Kleiderstil, die vielen Stunden am Bildschirm, die Posts bei TikTok, seine Clique oder die anstehende Berufswahl? Zucken Sie zusammen, wenn Sie ein Martinshorn hören? Angst entsteht meist dann, wenn wir uns für Dinge verantwortlich fühlen, die außerhalb unserer Kontrolle liegen. Je älter die Kinder werden, desto mehr trifft das zu.

Wir haben Jahre damit zugebracht, unsere Kinder zu erziehen. Jetzt, wo sie Teenager sind, müssen sie lernen, eigene Entscheidungen zu treffen. Es gibt immer noch Zeiten, in denen man sie beraten kann, aber auch Zeiten, in denen man sie loslassen muss. Es ist schwer mitanzusehen, wie sie mühsam ihren eigenen Weg suchen, es kaum schaffen, ihre vielen Termine unter einen Hut zu bringen, wie sie von gedankenlosen Mitschülern verletzt werden und mit widersprüchlichsten Gefühlen zu kämpfen haben. Und mitten in diesem Chaos sollen Eltern ruhig bleiben? Wie kann man sich entspannen, wenn man sich für das alles verantwortlich fühlt? Das ist nicht leicht, aber wir müssen unsere Kinder ziehen lassen.

Es ist mit einem stürmischen Flug zu rechnen

Vielleicht geht es Ihnen ja wie unserer Freundin Toni und Flugreisen sind für Sie kein Vergnügen, schon gar nicht, wenn es Turbulenzen gibt. Als Toni wieder einmal bei stürmischem Wetter fliegen musste, sah sie hinter jedem Luftloch eine neue Katastrophe: „Vielleicht geraten wir in einen Hurrikan. Oder wir stoßen im Nebel gegen einen Berg!"

Da ertönte die Stimme des Flugkapitäns: „Für die nächsten ein, zwei Stunden kann es turbulent werden, da wir direkt über den Wolken fliegen. Danach dürfte es wieder ein ruhiger Flug werden." Nach dieser Ansage ging es Toni gleich viel besser. „Eigentlich doch schön, über den Wolken zu fliegen", versuchte sie sich selbst Mut zu machen.

Die Teenagerjahre haben Ähnlichkeit mit einem solchen Flug. Dabei können Sie Ihrem Teenager die Turbulenzen auf seiner Reise durch die Pubertät nicht ersparen.

Wenn wir verstehen, wo die Erschütterungen herrühren, wird uns das beruhigen und wir können vielleicht auch schon anfangen, uns auf die kommenden Jahre zu freuen, in denen es wieder ruhiger wird. Doch manchen Eltern fällt es sehr schwer, sich auf dieser Reise zu entspannen. Vielleicht finden Sie sich in den folgenden drei Charakterisierungen wieder?

1. Mitarbeiter im Abschirmdienst

Manche Mutter oder mancher Vater fürchtet, dass der Ehepartner erfährt, wenn ein Kind beispielsweise gelogen hat oder sonst in Schwierigkeiten steckt. Sie haben Angst, dass der Partner wütend wird und sich die Beziehung zum Kind verschlechtert.

Oder sie vermitteln auf anderen Gebieten, zum Beispiel unter den Geschwistern oder zwischen den Kindern und ihren Großeltern oder auch zwischen den Jugendlichen und ihren Lehrern. Sie wollen, dass es allen gut geht. Deshalb versuchen sie, alle Konflikte zu lösen, sogar zwischen den Kindern und deren Freunden.

Eine Mutter hat sich bei einem Lehrer beschwert, ihr Kind hätte eine Eins für die Hausarbeit verdient, aber nur eine Drei bekommen. Warum tat sie das? Weil sie die Arbeit selbst geschrieben hatte! Bei so viel Engagement wird die Pubertät wohl eher kein entspannter Flug!

2. Mikro-Manager

Wer das Leben seines Teenagers bis ins Kleinste regeln will, der kann auf der Reise durch die Pubertät nicht locker bleiben. Natürlich sind die Absichten gut, Eltern wollen ihre Kinder vor Fehlern und späteren Nachteilen im Leben bewahren. Aber damit nehmen sie sich zu viel vor. Sie können Ihre Kinder nicht zu jeder Party begleiten und über manche Entscheidungen Ihrer Kinder werden Sie gar nicht informiert.

Wenn Sie das betrifft, dann steigen Sie aus dieser Rolle aus, atmen Sie tief durch und finden Sie sich mit dem Gedanken ab, dass Ihr Teenager auch Fehler machen wird. Oft sind die negativen Konsequenzen genau das, was die Jugendlichen brauchen. Damit sie als Persönlichkeit wachsen und reifen können, sind Probleme und Schwierigkeiten unerlässlich. Und falsche Entscheidungen von Teenagern, die noch zu Hause wohnen, sind denen junger Erwachsener allemal vorzuziehen. Doch auch wenn das logisch nachvollziehbar ist, für Eltern ist es nicht leicht, ihren Teenagern beim Fehlermachen zuzusehen.

Eltern, die entspannt durch die Pubertät ihrer Kinder kommen wollen, müssen lernen, loszulassen und auch auf

Manipulation zu verzichten. Da hilft die Jahresbox nicht nur den Kindern, sondern auch den Eltern, geplant und bewusst immer mehr Verantwortung in die Hände der Teenager zu legen.

3. Büroassistent

Eltern, die das Leben ihrer Teenager zu ernst nehmen und feststellen müssen, dass sich viele Ereignisse und Entscheidungen ihrer Kontrolle entziehen, reagieren frustriert. Andere, die ihre Kinder beschützen wollen, helfen manchmal zu viel.

In dem Jahr, als unser Ältester sich um einen Studienplatz bewarb, erlag Claudia anfänglich der Versuchung, als seine Sekretärin zu agieren. Zum Glück wies eine gute Freundin sie darauf hin, so zog sie sich wieder aus den Aufgaben unseres Sohnes zurück und überließ es ihm, ob er seine Unterlagen rechtzeitig abschickte oder nicht. Nicht alle Bewerbungen wurden pünktlich verschickt, aber bei den Colleges, an denen unser Sohn wirklich interessiert war, hat er auch keine Frist versäumt.

Tatenlos zuzuschauen, wie ein Teenager wichtige Schulaufgaben vor sich herschiebt, sein Training vergisst oder nicht rechtzeitig für Klausuren lernt, ist anstrengend. Sie haben vielleicht auch schon die Erfahrung gemacht, dass eine freundliche Ermahnung genau das Gegenteil bewirken kann.

Entspannen Sie sich!

Aber wie können Sie sich entspannen, während Sie an all die Fehler denken, die Ihre Teenager machen könnten? Hier sind fünf Ansätze, die anderen Eltern geholfen haben, locker zu bleiben.

Teenager durch die Pubertät zu begleiten, kann an die Substanz gehen, und den Eltern bleibt oft wenig Zeit für sich selbst. Umso wichtiger ist es, eigene Bereiche zu pflegen. Vielleicht schließen Sie sich einer Gruppe an, die sich mit Dingen beschäftigt, die Ihnen Freude machen. Oder Sie helfen einmal die Woche ehrenamtlich im Altenheim oder im Krankenhaus.

Auch Sport kann helfen, bei sich selbst zu bleiben und Stress abzubauen. Während Sie auf den Tennisball eindreschen, joggen oder im Schwimmbad Ihre Bahnen ziehen, können Sie Ärger und Enttäuschungen verarbeiten. Auch eine Gymnastik-Gruppe kann zu einer wertvollen Unterstützung werden, um Anspannung zu reduzieren.

Was Experten sagen

Körperliche Bewegung ist gut fürs Gehirn. Man fühlt sich besser, hat Kontakt mit anderen und tut dem Körper etwas Gutes. Auch das Immunsystem profitiert und man ist weniger anfällig für chronische Krankheiten. Untersuchungen haben sieben Faktoren ermittelt, die dem Denken und Fühlen, den Beziehungen und dem Körper zugutekommen, wenn man sie regelmäßig ins tägliche Leben integriert: Bewegung, Aufenthalt in der Natur, Kontakt mit Menschen, den Fokus immer nur auf eine Sache richten, Entspannung, ausreichend schlafen, spontan und verspielt sein.[42]

» Die Kinder erinnerten mich immer wieder daran, dass ich schon lange von einem Motorrad träumte. Sie schenkten mir kleine Motorräder, Kalender und Geburtstagskarten mit Motorradmotiven. Nun habe ich endlich den Schritt gewagt – ich bin so dankbar, dass ich wirklich etwas Eigenes habe! Und die Kinder sind so stolz auf mich. Sie haben sich sehr verändert. So viele Jahre lang freuten sie sich, wenn ich meine Zeit mit ihnen verbrachte. Jetzt mache ich ihnen eine Freude, wenn ich für mich alleine eine schöne Motorradtour mache!

Eine alleinerziehende Mutter

2. Stärken Sie die Beziehung zu Ihrem Partner oder einer anderen wichtigen Person

Studien haben gezeigt, dass die Kleinkindphase und die Pubertät die zwei Lebensabschnitte sind, in denen die Beziehung der Eltern am meisten unter Druck gerät. Ein Ehemann gab zu: „Wenn es um die Kinder geht, sind wir uns oft uneins." Ein anderer bekräftigte:

Unsere Gespräche drehen sich fast ausschließlich um unsere Teenager, um ihre Probleme, mögliche Lösungen und um unsere Verletzungen. Wir sind gar keine eigenständigen Personen mehr, nur noch Eltern von Teenagern.

Was können Paare dem entgegensetzen? Unser Vorschlag: Planen Sie jede Woche bewusst einen Termin zu zweit, auch wenn Sie im ersten Moment denken, dazu fehle Ihnen die Zeit.

Wie wäre es, einmal die Woche zusammen zu frühstücken oder essen zu gehen? Ein befreundetes Ehepaar geht jeden Montagabend in ein Restaurant, während ihre Tochter einen eigenen Termin hat. Wichtig: In dieser Zeit darf nicht über Teenager-Themen geredet werden!

Wenn möglich, legen Sie ab und zu ein Ehe-Wochenende ein, in dem Sie sich bemühen, nicht an die Kinder zu denken. Wir versuchen, das mehrmals im Jahr zu tun. Die Pubertät geht vorbei und die Teenager werden irgendwann ausziehen, aber Ihre Ehe soll ein ganzes Leben lang bestehen. Investieren Sie in Ihre Zukunft – Ihnen selbst und Ihren Kindern zuliebe.

3. Genug Schlaf, gesunde Ernährung und emotionale Gesundheit

Eltern von Teenagern müssen manchmal Nachtschicht machen, ähnlich wie Eltern von Babys. Die Wochenenden, an denen man sonst erholsame Ausflüge gemacht hat, dienen jetzt der Unterstützung der Teenager. Aber einen Abend pro Woche sollten Sie sich freihalten, um früh schlafen zu gehen. Und nehmen Sie sich für den Freitag nicht zu viel vor, damit sie ausgeruht in das turbulente Wochenende gehen können.

Tun Sie alles, was in Ihrer Macht steht, um körperlich und seelisch gesund zu bleiben, wozu auch eine ausgewogene Ernährung gehört.

4. Entwickeln Sie einen Sinn für Humor

Wenn es bei Ihnen zu Hause immer lustig zugeht, dann sind Sie zu beneiden. In manchen Familien wird viel gelacht, aber andere müssen hart dafür arbeiten.

An unserem Kühlschrank hängen immer noch lustige Cartoons und gute Witze, das haben wir aus den Jahren der Pubertät beibehalten. Sie sollen uns daran erinnern, dass wir immer auch das Komische in jeder Situation entdecken wollen. Dazu zählt die Notiz über die „verräterischen Spuren“: Es macht keinen Spaß, wenn man gerade den Küchenboden geputzt hat, und schon gibt es wieder neue Dreckspuren. Bei uns war das ständig so. In meinem Ärger hängte ich (Claudia) einen Zettel an den Kühlschrank:

> Gesucht:
> Unbekannter Kücheneindringling
> Einen Euro Belohnung
> für jeden Hinweis, der zur
> Identifizierung
> des Unbekannten führt,
> der regelmäßig schwarze Spuren
> auf dem Küchenboden hinterlässt!

Hat das etwas bewirkt? Nun, die Jungen haben gelacht. Und es waren seltener schmutzige Schuhe in der Küche unterwegs. (Tatsächlich treten die Spuren auch heute noch manchmal auf, meist wenn die Kinder und Enkel zu Besuch sind. Aber wir haben sie neu definiert: Das sind jetzt keine Dreckspuren mehr, sondern wir sehen sie als „Spuren der Liebe".)

Ebenso versuchten wir, das Problem mit den Schultasche, Jacken und Sporttaschen, die sich in unserem kleinen Flur stapelten, mit Humor anzugehen. Auch diese Kampagne begann mit einem Zettel an der Kühlschranktür:

> Umzüge – zuverlässig und schnell!
> Die Spedition Arp bewegt
> Ihren Besitz von A nach B.
> Für nur 20 Cent pro Gegenstand
> bringen wir alles an seinen Ort.

Ein anderes Mal erhielt ein Sohn eine Einladung zu einer Zimmer-Putz-Party und von Zeit zu Zeit bekamen alle Kinder einen Schlechte-Laune-Gutschein überreicht:

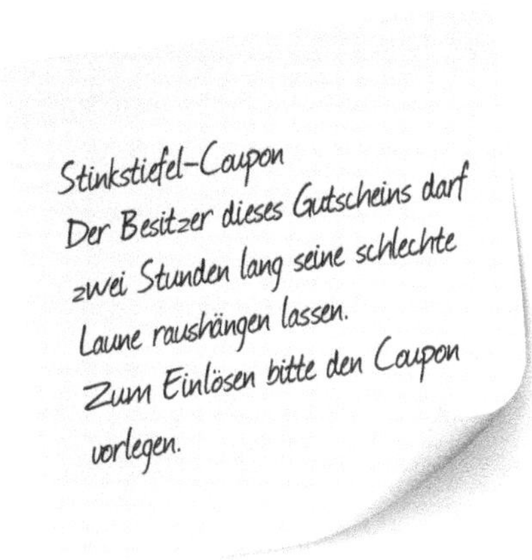

Fast jeder Situation kann man auch etwas Lustiges abgewinnen. An einem Abend passierte Claudia derselbe Fehler wie einem unserer Söhne: Sie vergaß ihre Gartenschuhe vor der Haustür, er seine Fußballschuhe. Am nächsten Morgen fehlte jeweils einer davon. Wir lachen heute noch darüber und warten nur darauf, dass der Nachbarshund vorbeirennt und dabei einen Fußballschuh und einen Gartenschuh trägt.

Denken Sie daran: Lachen und Entspannung gehen Hand in Hand.

Was Experten sagen

Lachen ist eine ernste Angelegenheit, wenn es um die Gehirnmasse geht. Wenn Sie spontan sind und Spaß haben, wächst Ihr Gehirn. Sich mit anderen auf anregende, vergnügliche und vorurteilsfreie Weise auszutauschen, trägt in allen Lebensphasen zu Gesundheit und Erfüllung bei.[43]

Als die Kinder noch klein waren, gab es eine Phase, in der ich bei den Mahlzeiten regelmäßig unter den Tisch kroch, um Scherben aufzusammeln und das aufzuwischen, was meinen Kindern aus der Hand gefallen war. Ich schimpfte immer dabei, bis mir bewusst wurde, dass ich sowieso putzen musste, ob ich mich aufregte oder nicht. Also bat ich meine Kinder, „armer schwarzer Kater“ mit mir zu spielen und meinen Kopf zu streicheln, während ich zwischen ihren Füßen sauber machte. Das hat uns zum Lachen gebracht und half uns allen.

Inzwischen passiert das kaum noch, die Kinder sind Teenager. Aber wenn etwas zu Bruch geht, dann grinsen sie immer noch und überlegen, ob sie wieder den „armen schwarzen Kater“ brauchen oder ob sie sich selbst um das Problem kümmern wollen.

Eine alleinerziehende Mutter

5. Schließen Sie sich einer Elternselbsthilfegruppe an oder gründen Sie eine

Der Austausch mit anderen Eltern kann die Reise durch die Pubertät sehr vereinfachen. Für uns wurden diese Gespräche überlebenswichtig, sowohl für unsere psychische Gesundheit als auch für unsere Ehe. Wir waren so erleichtert, dass andere Familien ähnliche Herausforderungen hatten wie wir. Welch eine Ermutigung, von anderen zu hören, dass das, was wir gerade erlebten, bei ihnen genauso gewesen war, aber irgendwann auch wieder aufgehört hatte.

Die Freundschaften, die damals entstanden, wurden uns sehr kostbar und mit einigen dieser Eltern haben wir immer noch Kontakt – mittlerweile zeigen wir uns die Fotos unserer erwachsenen Kinder und Enkelkinder.

Wir hätten eine Idee für Sie:

Erstellen Sie eine Liste mit Eltern von Teenagern, zu denen

Sie Kontakt haben, und fragen Sie sie, wer Lust hätte, eine Elterngruppe zu gründen – dieses Buch kann die Grundlage für Ihre Gespräche sein. Während Sie sich austauschen, werden Sie viel von den anderen Eltern lernen. Wir würden uns sehr über Ihr Feedback freuen. Wenn Sie mögen, können Sie uns unter www.10GreatDates.org erreichen.

Zum guten Schluss: Der Weg hat ein Ziel – Vorbereitung auf das leere Nest und das volle Haus

Da die Arbeitswelt immer mehr Flexibilität verlangt und die Individualisierung zunimmt, können junge Erwachsene das Elternhaus oft erst spät verlassen, um eine eigene Familie zu gründen. Ihre berufliche Situation erfordert es mitunter auch, dass sie vorübergehend wieder nach Hause zurückkehren. So lebten in Deutschland 34 % der 25-jährigen Söhne 2019 noch bei den Eltern, bei den Töchtern waren es 21 %.[44]

Eine ältere Freundin mit drei erwachsenen Kindern und sieben Enkelkindern erzählte uns damals, dass erwachsene Kinder eines Tages mit Partnern und Enkeln zurückkehren. Sie wies uns darauf hin, dass mit dem Anwachsen der Familie auch die Beziehungen komplizierter werden und es mehr Möglichkeiten gibt, sich zurückzunehmen und demütig zu bleiben.

Jetzt, da wir selbst ein leeres Nest haben, wissen wir, wovon sie sprach. Umso mehr wollen wir Sie ermutigen, die Reise durch die Pubertät zu genießen. Nehmen Sie sich bewusst Zeit dafür und freuen Sie sich an Ihren Kindern und Jugendlichen. Jedes heranwachsende Kind ist auf seine ganz besondere Art ein Wunder.

Sammeln Sie die liebevollen Gesten und Erinnerungen. Lehnen Sie sich nicht gegen das Chaos auf. Widersetzen Sie sich der Angst vor der Zukunft und ziehen Sie das Pflänzchen auch nicht aus der Erde, um die Entwicklung der Wurzeln zu begutachten. Genießen Sie die guten Zeiten und freuen Sie sich auf alles, was das Leben mit erwachsenen Kindern bringen wird. Auch dann wird nicht immer alles gut laufen. Aber eine liebevolle Beziehung zu den Kindern wird sich als tragfähig erweisen.

Das Einzige, was zählt, ist die Beziehung. Heute. Morgen. Für immer.

Miteinander reden

Sprechen Sie mit Ihrem Partner und Ihren Teenagern über die Bereiche, für die Sie sich verantwortlich fühlen, die Sie aber nicht kontrollieren können.

Erzählen Sie von den Interessen, die Sie außerhalb von Arbeit und Haushalt haben und für die Sie sich vielleicht noch nie Zeit genommen haben.

Fragen Sie Ihren Partner, was Sie in dieser Woche tun können, um Ihre Beziehung zu verbessern.

Fragen Sie Ihre Teenager, wie Sie das Lachen und den Humor in Ihrer Familie fördern könnten.

Überlegen Sie, ob Sie eine Selbsthilfegruppe für Eltern gründen und dieses Buch als Reiseführer durch die Pubertät verwenden wollen.

Du lehrst zu fliegen,
aber sie fliegen nicht deinen Flug.
Du lehrst zu träumen,
aber sie träumen nicht deinen Traum.
Du lehrst zu leben,
aber sie leben nicht dein Leben.
Doch in jedem Flug, in jedem Traum, in jedem Leben,
wird immer die Spur des gelehrten Weges zu finden sein.
Mutter Teresa[45]

Dank

Unser besonderer Dank gilt den Eltern, Teenagern, Psychologen, Erziehungsberatern und Forschern, die wertvolle Beiträge aus dem „echten Leben“ zur Aktualisierung dieses Buches geleistet haben. Alle zu nennen, die im Laufe der Jahre mitgewirkt haben, würde den Rahmen einer Danksagung sprengen. Einige Personen, die an dieser Überarbeitung beteiligt waren, möchten wir jedoch erwähnen. Vielen Dank, Aaron Larson, Laura Friend, Susanne und Markus Mockler, Barbara und Michael Mogel und Petra Barrientos. Ohne eure Hilfe und Unterstützung wäre dieses Update wahrscheinlich nicht zustande gekommen.

Wir möchten uns auch bei allen Mitarbeitern des Brunnen Verlags bedanken, allen voran Ralf Tibusek, Hartmut Schweitzer und dem Marketing-Team, die sich seit vielen Jahren für die Verbreitung dieses Buches einsetzen und uns zu dieser Aktualisierung ermutigt haben. Besonders danken wir unserer Lektorin, Konstanze von der Pahlen, für ihre Ermutigung und Geduld angesichts aller Verzögerungen und Terminverschiebungen, die sie uns immer wieder gewährt hat. Du warst großartig!

Außerdem geht ein großes Dankeschön an unsere Übersetzerin, Beate Zobel. Es war ein Segen, während dieses Prozesses direkt mit dir zusammenarbeiten zu dürfen. Du wurdest nicht nur zu unserem Sprachrohr, sondern hast auch deine Erfahrungen mit uns geteilt und damit einen bedeutenden Beitrag zu dieser Aktualisierung geleistet. Dabei bist du uns zu einer lieben Freundin geworden! Vielen Dank!

Über die Autoren

Die Sozialwissenschaftler und Bestsellerautoren Claudia und David Arp referieren und schreiben regelmäßig über Erziehungs- und Beziehungsthemen. Ihre Bücher sind internationale Bestseller, darunter „Mit dem Kopf durch die Wand. Willensstarke Kinder verstehen und begleiten" und „Pubertät in Sicht. So begleiten Sie Ihr Kind zwischen 9 und 13", das auf der BILD-Beststellerliste stand und in einer Sonderausgabe von Geo-Wissen zum Thema „Pubertät" vorgestellt wurde.

Arps sind Eltern von drei erwachsenen Kindern und wissen aus eigener Erfahrung, wie herausfordernd Jugendliche zwischen 13 und 18 Jahren sein können, wenn sie die Geborgenheit der Kinderjahre hinter sich gelassen und die schillernde, irritierende Welt der Pubertät betreten haben. Claudia und David Arp unterstützen Eltern darin, ihre Teenager zu verstehen, sie durch diese herausfordernde Zeit zu begleiten und auf das Erwachsensein vorzubereiten.

Die erfolgreichen Autoren haben sich intensiv mit psychologischen und soziologischen Erkenntnissen zu dieser Phase des Familienlebens auseinandergesetzt. Praktisch, unterhaltsam und ermutigend zeigen sie auf, wie Eltern genug Sicherheit und Freiheit geben können, damit ihre Kinder diese Phase auf dem Weg ins frühe Erwachsenenalter und darüber hinaus souverän meistern.

Als ihre Söhne in der Pubertät waren, lebten Claudia und David Arp über zehn Jahre lang in Deutschland und Österreich. Mittlerweile wohnen sie in Washington D. C. Wenn sie nicht gerade schreiben oder Vorträge halten, kann man sie beim Wandern in den Alpen antreffen – einer ihrer Lieblingsbeschäftigungen! Um mehr über die Autoren zu erfahren oder sie zu kontaktieren, besuchen Sie www.10GreatDates.org.

Anmerkungen

1 Allein auf Jungen zwischen fünfzehn und siebzehn Jahren entfällt fast ein Drittel (31,4 %) der tödlichen Unfälle von Kindern und Jugendlichen … Diese ereignen sich bei Kindern und Jugendlichen hauptsächlich im Straßenverkehr (52,6 %). Vgl. https://edoc.rki.de/bitstream/handle/176904/2066/278pLewASwOWo.pdf?sequenc=1 (Zugriff am 22.4.2022).
2 https://www.mindful.org/amazing-tumultuous-wild-wonderful-teenage-brain/# (Zugriff am 22.4.2022).
3 Vgl. Michael Winterhoff, SOS Kinderseele (München: Bertelsmann, 2013), S. 107, 120, 149.
4 Friedrich Christoph Oetinger, deutscher Theologe, 1702–1782.
5 Interessantes oder witziges Bild, Video o. Ä., das in sozialen Netzwerken schnell weit verbreitet wird.
6 https://theydiffer.com/difference-between-personality-and-behavior/ (Zugriff am 29.04.2022).
7 Daniel J. Siegel, Brainstorm the Power and Purpose of the Teenage Brain (New York: Tarcher/Penguin, 2015) S. 252–253. Dieses und alle folgenden englischsprachigen Zitate übersetzt von Beate Zobel.
8 Siegel, Brainstorm the Power and Purpose of the Teenage Brain, S. 219, 225, 227.
9 Richard M. Lerner, The Good Teen. Rescuing Adolescence from the Myths of the Storm and Stress Years (New York City: Harmony, 2008), S. 43.
10 Ebd., S. 35.
11 Für das Folgende vgl. Barbara Strauch, Warum sie so seltsam sind. Gehirnentwicklung bei Teenagern (Berlin: Berlin Verlag, 2003).
12 Vgl. https://www.bayernkurier.de/inland/3637-komasaufen-kommt-aus-der-mode/ (Zugriff am 22.4.2022). Und: https://www.rki.de/DE/Content/Gesundheitsmonitoring/Gesundheitsberichterstattung/GBEDownloadsJ/FactSheets/JoHM_2017_02_Rauschtrinken_Erwachsene.pdf?__blob=publicationFile (Zugriff am 22.4.2022).
13 Vgl. https://my.clevelandclinic.org/health/diseases/15253-attention-deficit-disorder-without-hyperactivity-add-in-adults (Zugriff am 22.4.2022). Und: How to Help Girls With ADHD: https://childmind.org/article/how-to-help-girls-with-adhd/ (Zugriff am 22.4.2022).

14 Mary Pipher, Reviving Ophelia (New York: Ballantine Books, 1995), S. 73.

15 „Introversive psychische Störungen sind bei Mädchen häufiger. Hierzu zählen Depressionen, soziale Ängstlichkeit und Essstörungen. Die Häufigkeit dieser Störungen beträgt je nach Erfassungsinstrument und -kriterien zwischen 12 und 23 %. Extroversive Störungen, wie Störungen des Sozialverhaltens, herrschen bei Jungen vor. Die Prävalenz liegt weltweit bei etwa 5 bis 10 %. Deutliche geschlechtsspezifische Unterschiede werden in dieser Lebensperiode offensichtlich. Die Ein-Jahresprävalenz selbstverletzenden Verhaltens beträgt bei Jungen etwa 14 % und bei Mädchen 25 %. Der Konsum von legalen und illegalen Drogen zählt zu den risikosuchenden Verhaltensweisen." Aus: http://draloisdengg.at/bilder/pdf/ErwachsenwerdenIstSchwer_Beate%20Herpertz-Dahlmann_DAEBT2013.pdf (Zugriff am 22.4.2022).

16 „Instagram Toxic for Teen Girls": https://www.nbcbayarea.com/news/local/instagram-toxic-for-teen-girls-research-suggests/2657820/ (Zugriff am 23.3.2022).

17 Die Bibel, Jakobus 1,19.

18 Charles Swindoll, Home, Where Life Makes Up Its Mind (Portland, OR: Multnomah Press, 1980), S. 51.

19 Vgl. https://www.gottman.com/blog/the-magic-relationship-ratio-according-science/ (Zugriff am 26.3.2022).

20 Vgl. https://www.universiteitleiden.nl/en/news/2022/04/parental-criticism-hurts-a-glimpse-inside-the-adolescent-brain (Zugriff am 24.4.2022).

21 Siegel, Brainstorm the Power and Purpose of the Teenage Brain, S. 4.

22 https://www.trainee.de/ratgeber/bewerbung/positive-charaktereigenschaften/ (Zugriff am 23.4.2022).

23 https://www.stern.de/editorial-wurzeln-und-fluegel-fuer-unsere-kinder-3266026.html (Zugriff am 23.4.2022).

24 Siegel, Brainstorm the Power and Purpose of the Teenage Brain, S. 33.

25 Studien weisen darauf hin, dass der Konsum von E-Zigaretten erhebliche Auswirkungen auf die Gesundheit der Atemwege hat. Das Abhängigkeitspotenzial von nikotinhaltigen E-Zigaretten ist mit dem des herkömmlichen Tabakrauchens vergleichbar. Vgl. https://econtent.hogrefe.com/doi/10.1024/1422-4917/a000831 (Zugriff am 23.4.2022).

26 Jim Burns, Understanding Your Teen (Downer Green, IL: Inter-Varsity Press, 2017) S. 34–35.

27 Siegel, Brainstorm the Power and Purpose of the Teenage Brain, S. 45.

28 Vgl. https://www.bzga.de/fileadmin/user_upload/PDF/studien/Drogenaffinitaet_Jugendlicher_2019_Basisbericht.pdf (Zugriff am 24.4.2022).

29 Vgl. https://www.infodrog.ch/files/content/2007/senn_partydrogen_therapeutische-umschau_vol64-nr2.pdf (Zugriff am 24.4.2022).
30 Vgl. https://www.statista.com/statistics/330695/number-of-smartphone-users-worldwide/ (Zugriff am 14.4.2022).
31 Vgl. https://www.br-online.de/jugend/izi/english/Basic_Data_Children_and_Media.pdf (Zugriff am 14.4.2022).
32 Vgl. https://www.bankmycell.com/blog/smartphone-addiction/ (Zugriff am 14.4.2022).
33 Vgl. https://www.netdoktor.de/news/computerspielsucht-jetzt-offiziell-eine-krankheit/ (Zugriff am 4.4.2022).
34 Vgl. http://clok.uclan.ac.uk/13319/1/Nicky%20Stanley%20Pornography%20Sexual%20Coercion.pdf (Zugriff am 15.4.2022).
35 Lisa Miller, The Spiritual Child. The New Science on Parenting (New York: St Martine's Press 2015), S. 178.
36 Sissy Goff/David Thomas/Melissa Trevathan, Are my Kids on Track? (Minneapolis: Bethany House, 2017), S. 223.
37 Vgl. https://thefamilydinnerproject.org/resources/faq/ (Zugriff am 16.4.2021).
38 Foster Cline, Parenting Teens with Love and Logic (Colorado Springs: Piñon Press, 2006), S. 139–140.
39 Siegel, Brainstorm the Power and Purpose of the Teenage Brain, S. 33.
40 Burns, Understanding Your Teenager, S. 126–129.
41 Siegel, Brainstorm the Power and Purpose of the Teenage Brain, S. 140.
42 Ebd., S. 310.
43 Ebd., S. 291–292.
44 Vgl. https://www.destatis.de/DE/Presse/Pressemitteilungen/2020/08/PD20_N045_122.html (Zugriff am 18.3.2022).
45 https://gedankenwelt.de/die-perfekte-mutter-existiert-nicht-doch-es-gibt-unzaehlige-arten-eine-gute-mutter-zu-sein/ (Zugriff am 17.4.2022).